U0165896

藝術與法律

沈中元 ◎著

五南圖書出版有限公司

再版序

自從2009年寫了《藝術與法律》一書後，人生有了許多奇幻的旅行。

教學本職上，除了空大專任教書，接了國立臺灣師大表藝所，及國立臺灣大學職涯中心兼任副教授的教學工作；人生得英才而教之，教與學之間更為相長。我從三十歲開始在大學教書，教了二十六年後，更虛心求教，在知識的旅行上，更為謙卑。

行政工作上，我擔任空大新北中心主任，新北市樹林社區大學校長，再擔任空大臺北中心主任，有了更多為學生服務的機會。空中大學是終身學習的單位，我跟我的五千學生一起學習，從服務裡得到快樂，讓自己行政服務的旅行，更為謙卑。

七年過去，五南出版社希望我能將文稿做些修正，我也知道藝術及法律的趨勢就像鄉民的名言：「丞相，風起了。」要隨著時代，做最新風向風速的更新。故再版的書裡，將文化創意產業發展法做了最新的評述，就現狀最夯的廣播電視電影管理的政策，做了最新的論述，以期讓讀者有最新的學術面向及思考。年紀漸長，對學術研究的長途旅行，也更謙卑。

我用眼淚祭奠美與歲月，用豪情分享愛與歡笑；在父母親都上天堂後，學習他們努力不懈的風範，在人間的道路上，更勇敢前行。

沈中元　序於2016年8月

序

人生常在轉彎後，看見更美麗的風景。

我從沒想過學法律，轉彎會擔任文化局長；更沒想過，局長卸任回學校後，轉念會寫出一本《藝術與法律》的書。

法律的思維是嚴謹的、理性的、邏輯的；藝術的發想是不羈的、感性的、多樣的；要在這兩者之間找到連結的「達文西密碼」，再加以解碼以藍芽傳輸，這根本就像「湯姆克魯斯的不可能的任務」，或像「周杰倫的不能說的祕密」，基本上是「偵查不公開」、「持續蒐證中的」……

但藝術既是一種創造，文化既是一種生活，法律就有保護其行為之必要。

在「藝術與法律」跨領域的學術研究中，藝術家如何透過法律的學習獲得權利保障？文化人如何透過法律的看護找到資產保存與產業商機？法律人如何為藝術創造建構保護的制度與規範？法律人如何為文化發展解決可能遇見的爭議？都是在「藝術與法律」的思考中，我們希望解決的問題。

本書從一般民眾需要發想，從藝術創作立場思考，擬定幾種文化藝術學習必備的法律知識入門，讓讀者從容學習。如創作者不能不懂「著作權法」，文化人不能不知「文化資產保存法」，文化藝術團體一定要通「文化藝術獎助條例」，一般民眾希望了解「文化創意產業發展法」。這些因為與你的生活息息相關，所以本書透過好奇與追求，與你一起探索「藝術與法律」的知識。

當然，藝術與法律的範圍甚廣，還有公共藝術設置、政府藝文採購、藝術市場拍賣、藝術消費者保護等內容，因為時間有限，只能先作主要法律內容之分析，其他日後再撰寫補上。且因我才學有限，本書如有任何錯誤或疏漏，我都將虛心改進加以修正。

能夠寫這本書，特別要感謝臺灣師大表演藝術所所長林淑眞教授，及上海音樂學院藝術管理所所長鄭新文教授的提攜，給我機會在研究所教這門課，藉由教學相長整理研究的資料，才能有系統的寫出一本書。

空中大學陳松柏校長、許道然系主任、賴維堯主任、系上老師們的照顧，

指導教授臺灣大學古登美教授、復旦大學俞正樑教授的栽培，也是我深深感恩的。幸運能兼學務長與學生互動我很開心，珍惜能有工作教書解惑我很知足，感謝能有機會演講傳播觀念我很痛快，這些都是我很感恩的生命與生活。

　　感謝我的家人，在我多變好動的人生旅程中支持我。父母親的堅毅卓絕是我學習的榜樣、大姊及姊姊們的愛護，都讓我有勇氣持續努力。岳父母的疼惜、姻親們的關心，都讓我有溫暖繼續加油。妻子張雪芳的愛戀相隨、貼心照顧、溫柔鼓勵，更讓我有力量寫完一本書。

　　轉彎以後，看見更美麗風景，出書以後，知道自己知識的不足，未來的日子，我一定會更加努力。

沈中元　序於2009年1月

目錄

第五章　藝術與文化資產保存

第六章　藝術與文化藝術獎助

附　錄

表目次

圖目次

第一章　著作權的基本觀念

第一節　文化藝術創作與著作權

一、文化藝術創作與著作權之關係

　　周杰倫的歌曲紅遍海峽兩岸，成爲表演藝術工作者成功的案例。但2007年周杰倫與舊東家阿爾發經紀公司契約期滿，新的經紀公司杰威爾爲了他的音樂創作著作權歸屬，阿爾發老闆吳宗憲不惜要與周杰倫對簿公堂，導致因著作權爭議，當時錢櫃、好樂迪KTV，一度面臨無周董的歌可唱的窘境。

　　方文山是著名之歌詞創作者，所寫的《東風破》、《菊花臺》、《青花瓷》、《蘭亭序》膾炙人口。方文山的詞，因付費網站提供歌曲下載時，抽取一定比例的著作授權權利金，因而使他從「水電工」變成紅極一時的「歌詞達人」，在家中作詞，就能享受著作權之成果，並爲自己賺進大把鈔票。

　　雲門舞集的舞蹈詮釋古典與現代的交融、名聞海內外。但2008年，一把大火燒掉了雲門的大多數典藏資產，林懷民堅毅的訴說這是雲門的另一場試煉，社會大眾亦期盼著，這代表臺灣的舞團再起。雲門的表演已經有了品牌與口碑，其演出劇碼所衍伸的影音影像之著作權經濟效益，應會讓雲門重新站上世界舞臺。

　　幾米的畫，細膩中勾勒情感，有自己的創作風格。在創作成品廣受歡迎後，墨刻經紀公司將《地下鐵》，藉藝術授權改編成電影創作、設計成辦公用品的藝術圖騰，將幾米的藝術名聲推向另一個高峰。

　　村上隆的「櫻桃LV包包」，創造了藝術與時尚結合的新趨勢。2008年，村上隆來臺灣訪問名盛一時。村上隆的畫之所以能夠賣出一億元，是藝術創業與藝術契約結合的著作權成果。

　　若沒有著作權保障，作曲作詞者辛苦創作發表後，馬上被盜拷重製傳送，誰還願意買正版CD回家？若沒有著作權保障，學者辛苦研究寫了一本書，馬上被整本影印散發，誰還願意花錢買這本書閱讀？若沒有著作權保障，拿著DV進電影院盜錄《海角七號》，回家燒錄一片賣給同學，誰還願意花錢進電影院看導演及演員的表演著作？

　　文化藝術的創作工作，不論是歌唱、舞蹈、戲劇、美術、攝影、錄音、或是建築、電腦程式設計等領域，工作者以全新的創作來增進文化的進步，推動文明的發展，對於人類的文化資產有著智慧累積的貢獻。但藝術工作是智慧的創新推動，社會必須對創作人之智慧成果給予權利保障，才能鼓勵更多的人，投入創作的活動，帶動更進一步的文化發展。

　　所以必須制定著作權相關法律保障，「為保障著作人著作權益，調和社會公共利益，促進國家文化發展，特制定本法。本法未規定者，適用其他法律之規定。」（著作權法第1條）藉此保障著作人的權益，使其創作獲得權利基礎，預防權利受到侵害，及在權利受到侵害時能將其排除，在受到侵害後能有法律途徑之救濟。

　　權利保障不是無限制的。若是完全無顧社會需求，完全壟斷著作人的權利，有時反而造成社會進步的使用限制。社會大眾若有公益需要，利用其創作以增進文化發展，應從調和社會公共利益出發，適用「合理使用」之例外情形，使著作人權利獲得保障同時，亦能兼顧社會公益，達到社會大眾亦能享受創作成果的雙贏。

二、著作權（Copyright）與「智慧財產權」（Intellectual property right）

　　社會大眾常說：「版權所有、翻印必究」，許多人誤以為版權就是著作權。其實著作權涵蓋的範圍，不僅是「出版、印刷」而已。依《著作權法》規定的著作權之種類，有重製權、公開口述權、公開播送權、公開上映權、公開演出權、公開傳輸權、公開展示權、改作權、編輯權、散布權及出租權等，權利範圍較「版權」概念來的廣大，且更符合科技時代保護著作權之特性。

　　「智慧財產權」（Intellectual property right，中國內地稱為知識產權），依據1967年「成立世界智慧財產權組織公約」的規定包括：

1. 文學、藝術及科學之著作。
2. 演藝人員之演出、錄音物以及廣播。
3. 人類之任何發明。
4. 科學上之發現。
5. 產業上之新型及新式樣。
6. 製造標章、商業標章及服務標章，以及商業名稱與營業標記。
7. 不公平競爭之防止。
8. 其他在產業、科學、文學及藝術領域中，由精神活動所產生之權利。

「智慧財產權」其範圍更泛指人類智慧從事創作工作所得到的成果，加以法律保障的權利總體稱呼。涵蓋著作權、專利權、商標權、營業祕密法、積體電路電路布局保護法、植物品種及種苗法、光碟管理條例、電腦處理個人資料保護法、電子簽章法等，涉及除了文化藝術，更寬廣且精深的知識領域。

綜言之，智慧財產權涵蓋著作權範圍，智慧財產權範圍更廣泛，更專業、更深入科技層面。著作權則屬「文學、科學、藝術或其他學術範圍之創作」的權利保護。

第二節　著作權保護之要件

　　從事文化藝術的工作，作一首曲、跳一支舞、畫一幅畫、拍一張照片，其成品可能甲覺得很有藝術價值，乙卻覺得根本看不懂是天馬行空？到底什麼樣的創作成品，可以受到著作權的保護呢？

　　著作權法第3條：「著作係指屬於文學、科學、藝術或其他學術範圍之創作。」可見著作受保護的要件，至少有以下要件：

一、著作是獨立創作且具有原創性

　　不論是文學、科學、藝術或其他學術範圍之創作，需是自己獨立或與他人共同創作之具原創性之成品，且非抄襲而來。（蕭雄淋，2005：99）

　　人類文明的演進是持續的，確實無人能將前人之文化資產，如石板般的斷層切割；我們創作時所用的知識，當然多少受了前人智慧累積的影響。但只要在前人的知識基礎上，有自己之表達創見，就受到著作權保護。

　　音樂家蕭邦創作了多首交響樂章，你在作曲時也許無意間一個音節與其類似；王菲以《我願意》一首歌唱紅，你創作一首歌歌詞完全不同，但歌名仍取名「我願意」與其相同。這樣的例子不勝枚舉，完全新奇的或完全無類似的創作實務上並不多見，但只要是你重新詮釋，獨立創作，既使沒有新奇性、沒有高藝術價值、只要創作本質沒有與他人完全相同，就是著作權保護的客體。

二、著作權保護的是客觀表達而非主觀思想

　　依本法取得之著作權，其保護僅及於該著作之表達，而不及於其所表達之思想、程序、製程、系統、操作方法、概念、原理、發現。（著作權第10條

之1）我們在學習中，承襲前人的觀念與智慧，經由思考後而創作了獨立的成品；其間可能經過一樣的觀念（如歌詞裡要用韻腳），一樣的思想（如想表現親子之間的大愛），一樣的製程（如在電腦裡用word軟體寫下小說），但只要最後創作的成品是獨立而原創的，是自己以自己之意念做出表達的，就是著作權保護之對象。

三、須在著作權法創作保護的法律範圍

人類的智慧，如上節所述「智慧財產權」保護的範圍更大，所以須在著作權創作的範圍內，以「文學、科學、藝術或其他學術範圍之創作」為保護範圍。

著作保護是以推動人類全體的進步發展為前提，所以既成的規範、公益的事由，不得為著作權之標的，以免限制後影響社會知識流通影響文明發展。如：(1)憲法、法律、命令或公文。(2)中央或地方機關就前款著作作成之翻譯物或編輯物。(3)標語及通用之符號、名詞、公式、數表、表格、簿冊或時曆。(4)單純為傳達事實之新聞報導所作成之語文著作。(5)依法令舉行之各類考試試題及其備用試題。（著作權法第9條）都不得為著作權之標的。

四、抄襲與獨立創作

著作權保護獨立的創作。但作品與作品間常有「雷同」或「神似」情形發生，常會聽到有人指控別人「抄襲」他的著作，致侵害他的著作權。

其實著作權法並沒有使用「抄襲」的字眼，著作「抄襲」應該是指著作間構成「重製權」或「改作權」的侵害。如甲將乙所發表的論文，未引註解出處，原封不動地放到自己發表的新書中，作為某一個章節，著作權法上會認為

甲侵害乙文章的「重製權」。

　　實務上認為著作權人要主張他人的著作「抄襲」時，必須要符合兩個要件：「一個是要證明他人有「接觸」自己的著作，另一個是他人的著作與自己的著作「實質相似」。由於要證明有「接觸」會比較困難，實務上也會透過著作發行的數量、通路、時間、知名度等，推斷有高度接觸的可能性，或是當著作構成「實質相似」時，如果被指稱「抄襲」的人沒有辦法證明是「獨立創作」的時候，也可推定有「接觸」的可能。」（賴文智，2007：8）

　　實務上創意並非常是世界獨一無二，有時確實會有平行的、相同的獨立創作的可能性，也會有實質相似的可能。證明「獨立創作」的方式，通常是保留著作創作歷程的紀錄，畫家的手稿，音樂家的DEMO帶，雕刻家的原創模型，都可以證明自己的獨立創作，即便實質相似，只要能說出自己創作之新時代意涵，即有抗辯空間。

　　著作不論「全部重製」或「部分重製」，都屬著作權法中之「重製」。如未取得著作財產權人之授權而擅自重製者，均屬侵害著作權之行為。至於侵害重製權之行為，其重製之份量達於被重製之著作之「相似比例」為何，會達到「抄襲」之標準？本法並無任何規定，應依「重製行為之態樣」，「利用之質量」，按社會客觀標準分別考量。例如抄襲之部分，公認是被抄襲著作之精華所在，則縱其比例不高，仍易被認定為實質相似或抄襲。就著作權法之適用而言，語文著作之「抄襲比例」並無任何計算標準，應依具體個案之情形考量認定。

第三節　著作人之確定

一、著作人之確定與推定

　　「著作人於著作完成時享有著作權。但本法另有規定者，從其規定。」「在著作之原件或其已發行之重製物上，或將著作公開發表時，以通常之方法表示著作人之本名或眾所周知之別名者，推定為該著作之著作人。」（著作權法第10條、第13條）可見法律規定只要著作創作完成時，不需要註冊，不需要登記，不一定要發表，發表時也不一定要用本名，就已受到著作權法的保護。

　　當然，為免爭執權利時舉證不易，創作完成時能有記錄或證據或證人，或能將創作歷程加以紀錄保存，將來在爭訟時能舉證證明，更有保障。

　　但社會行為裡，受雇完成創作的現象甚為普遍，所以法有明定，「先指定受僱人或受聘人為著作人；但尊重契約自由私法自治之規定，有特約者從其特約」，視有無特約除外規定來判斷著作權人之歸屬。「受雇人於職務上完成之著作，以該受雇人為著作人。但契約約定以雇用人為著作人者，從其約定。」

　　「出資聘請他人完成之著作，除前條情形外，以該受聘人為著作人。但契約約定以出資人為著作人者，從其約定。」（著作權法第11、12條）

　　著作人雖擁有著作人格權，但不一定擁有著作財產權。例如臺灣的「橙果設計」，以優異的設計及蔣友柏之名聲，成功行銷兩岸，但所設計之成品的著作財產權，是「橙果設計」該公司的？還是公司裡優異的設計師的呢？僱用人投資大量資金提供了創作環境，負擔風險，應在投資收益上有所平衡才是？這些取決於出資聘用之人聘任之初，是否有以特約議定著作財產權人，造成著作財產權人的變動。

　　故規定：「以受雇人為著作人者，其著作財產權歸雇用人享有。但契約約定其著作財產權歸受雇人享有者，從其約定。」「以受聘人為著作人者，其著作財產權依契約約定歸受聘人或出資人享有。未約定著作財產權之歸屬者，其著作財產權歸受聘人享有。前項規定著作財產權歸受聘人享有者，出資人得利用該著作。」

二、著作權之存續期間

著作權法的立法目的，是在保護著作人的著作權、促進國家文化發展，是一種用來鼓勵著作人從事創作活動的方式。但若保護無限期，反而阻礙利用該著作之空間，影響國家文化的發展。因此，著作權法對於著作財產權保護的期間加以限制，只要著作受法律保護的期間屆滿後，就成為全民共同的文化資產，不再受著作權法保護，人人都可以加以利用。

著作權的存續期間計算上有幾種情形：

1. 「著作財產權，除本法另有規定外，存續於著作人之生存期間及其死亡後五十年。但是著作於著作人死亡後四十年至五十年間首次公開發表者，著作財產權之期間，自公開發表時起存續十年。如果是共同著作之著作財產權，則存續至最後死亡之著作人死亡後五十年。」（著作權法第30條）

2. 惟若是法人為著作人之著作，「其著作財產權存續至其著作公開發表後五十年。但著作在創作完成時起算五十年內未公開發表者，其著作財產權存續至創作完成時起五十年。」（著作權法第33條）

3. 另外攝影、視聽、錄音及表演之著作財產權，因為在創作時所投入的心力或財力，相對較其他著作為輕，故存續至著作公開發表後五十年，較一般保護期間為短。

4. 在期間計算上，著作權的存續期間，以該期間屆滿當年之末日為期間之終止。（例如2009年到期，是指到那年的最後一天）

第四節　著作之類型

　　著作的類型融入在我們的生活裡。讀一本暢銷書、聽一首流行歌、看一場芭蕾舞、畫一幅水墨畫、拍一張寫眞照、上網查Google Map、下載一支周杰倫MTV《稻香》、看一場電影《投名狀》、欣賞上海發展的建築模型、用Powerpoint做公司簡報、聽一場蔡依林「唯舞獨尊演唱會」；生活裡處處皆見著作權規範的保護類型。

　　著作類型分別上，「本法所稱著作，例示如下：一、語文著作。二、音樂著作。三、戲劇、舞蹈著作。四、美術著作。五、攝影著作。六、圖形著作。七、視聽著作。八、錄音著作。九、建築著作。十、電腦程式著作。」（著作權法第5條）「就原著作改作之創作爲衍生著作，以獨立之著作保護之。」（著作權法第6條）「就資料之選擇及編排具有創作性者爲編輯著作，以獨立之著作保護之。」（著作權法第7條）「表演人對既有著作或民俗創作之表演，以獨立之著作保護之。」（著作權法第第7條之1）試說明如下：

一、語文著作

　　語文著作是指「語言及文字著作」。因著作權保護的是獨立而有原創性之創作；所以好友聊天爆料、陌生人禮貌問候，並非著作；但專題演講、貴賓致詞、講堂上課，已屬以語言獨立創作之類型，皆屬語言著作。學者認爲：「限於以自己之思想或感情創作的口述，如以他人之文字著作加以口述，例如朗讀他人之詩，無論朗讀如何高明，均非屬語言著作。」（蕭雄淋，2005：104）由此推演，臺灣知名之電視節目「全民大悶鍋」，摹仿政治人物之演講，是一種表演著作，而非語言著作。

　　文字著作如詩、詞、小說、劇本、學術論文應無疑義，但若是將他人演講做成紀錄，將教授課堂上課內容做成筆記，並無獨創性，應屬口述著作之重製

行為，而非文字著作。

生活上，若在分手後將前男友的情書公開結集成書出版（如徐志摩與陸小曼的情書）則有討論空間。如是簡單之問候或觀念通知，非文學藝術或學術之表達，應非文字著作；但如屬後者，著作人屬於對方，雖著作物（情書或信）在你手中，但未得他方同意擅自出版，則屬侵害著作權。

二、音樂著作

音樂是一種以音跟律結合之藝術創作，包含曲、譜、歌詞及其他之音樂著作。

純音律及節奏的著作如交響曲，加入歌詞及合聲的著作如流行歌曲；包含了節奏（rhythm）、旋律（melody）、合聲（harmony）幾個要素。學者認為「節奏之速度、強弱安排組合本已變化有限，且又受制於美學的要求，故節奏本身不易認為有原創性而為著作權保護之標的。」（羅明通，2005：207）本文認為除少數以擊鼓節奏，作為原創性要素之音樂表現方式外，音樂著作應以樂曲及樂譜作為保護對象。

樂曲以旋律為主軸，將音律、節奏、合聲做美學的有機組合，產生獨創的音樂，是著作權的保護標的。但音樂的變化跨界、多樣；如陶喆獲得原詞曲人之同意，將《月亮代表我的心》重新編曲演唱輕快版本，是屬原創作的衍生改作著作，亦有獨立著作權。王力宏的《蓋世英雄》，將京劇的一段熟悉的唱腔及詞句，放在RAP的節奏間，以此創作全新的歌曲，京劇口白已屬創作之元素，屬於全新獨立之音樂創作。著作權法第3條規定：「改作：指以翻譯、編曲、改寫、拍攝影片或其他方法就原著作另為創作。」所以若擅自將他人之歌曲予以編曲，未得原作曲人之同意，是侵害著作權。

樂曲是動態的旋律組合，樂譜是樂曲的靜態紀錄，兩者有機的組合形成著作權保護對象。理論上樂曲是一種旋律可以沒有樂譜而口傳，所以樂譜無離開

音律獨自存在之可能性，不會獨立成為著作權。學者謂：「樂曲無曲譜而以普通之方法做成譜曲，此時不在原曲著作權上產生新的著作權，猶如語言之著作加以筆錄，不產生獨立之文字著述。惟如以獨特之方法做成譜曲，則成立新的著作。」（蕭雄淋，2005：105）本文認同此見解。

　　如周杰倫《不能說的祕密》旋律動人，某甲聽見音律後，若獲得著作權人之同意或授權，雖本無公開曲譜，但甲以自己獨創性之方法紀錄，做成適合初學者彈吉他的簡譜、或高階程度的人學習鋼琴之曲譜，甲以周杰倫的樂曲音律，獨立創作樂譜販售，是屬新的著作。金庸小說《笑傲江湖》中，有由兩位江湖高人共同譜成之稀世曲譜：「笑傲江湖之碧海潮生曲」，以今日法律觀點言，旋律及曲譜皆屬新創，屬共同之獨立創作，受著作權之保護。

三、戲劇、舞蹈著作

　　戲劇包含歌劇、話劇、默劇及以各種技巧表現劇情之藝術表現方式，舞蹈係以身體韻律或與其他媒材結合之動作。

　　若是對白、敘述、腳本等以文字表現之劇本著作，是屬語文著作之一種。將劇情以人物、聲光、動作、語言的方式表演出來，是屬戲劇著作。一齣偶像劇、韓劇、或兒童劇，都是戲劇著作都屬著作權保護之範圍。

　　舞蹈著作係以身體韻律或與其他媒材結合，具有獨創性之肢體連續動作，受到著作權保護。但並不是所有的身體舞蹈都是著作權保護範圍，隨意的搖擺、社交國際標準舞、土風舞蹈、民俗舞蹈，若僅是「運動」或「娛樂」性質，缺乏獨立創作性，並不受著作權保護。須以思想或肢體的結合，表現出一定高度的創作性，非一般人所重複之標準動作，才具有創作性之保護要素。

四、美術著作

依著作權法第5條第1項各款著作內容例示規定：「美術著作：包括繪畫、版畫、漫畫、連環圖（卡通）、素描、法書（書法）、字型繪畫、雕塑、美術工藝品及其他之美術著作。」一般而言，其內容是屬視覺藝術的表現範圍。

以獨立之創作畫一幅圖畫、版畫、漫畫、卡通，是屬獨立著作，畫中所描繪的角色如Hello kitty、小叮噹、小飛俠等、其肖像權是屬著作權保護範圍，要將其商品化需獲得著作權人同意。

雕塑及美術工藝品須具有獨創性才受保護。至於是不是「量產」就非美術工藝品而屬工業產品排除在保護範圍？本文認為現在「限量生產」，作為收藏之美術工藝品現象已漸普遍，如好神公仔、媽祖公仔等；應以是否具備高度之美術鑑賞性整體觀之，才是判斷的重要依據。如好神公仔，是依據民間神祇所創作之Q版的美術工藝品，其精心設計具有原創性，縱便與全家便利商店合作量產十萬組，亦不能因量產而謂其非美術著作。

五、攝影著作

依著作權法第5條第1項各款著作內容例示規定：「攝影著作：包括照片、幻燈片及其他以攝影之製作方法所創作之著作。」攝影須以構圖、光線、遠近等技術對被攝影對象做出攝影，仍須具有原創性的攝影語言表達才是攝影著作。隨手拍攝花鳥、風景，因為沒有著作人的原創性在裡面，不受著作權法的保護。而有無原創性，需依個案之創作過程及創作成果作個別判斷，實務上常有某甲因為用到某乙之照片，而被某乙告訴侵害其著作權之個案，使用時不得不慎。

至於看見某攝影名家之作品很美，以同樣的角度、位置，重複拍攝，是否因抄襲而侵害著作權呢？前文已述思想、觀念是可學習的，只要該攝影作品以

自己的獨立技巧原創攝影出來，雖背景相同、作品相當類似，創作人仍各自享有攝影著作之著作權。中國黃山上的著名景點「迎客松」，不知有多少萬人在前面攝影留影，但縱然取景相同，只要有原創性仍各自擁有獨立之著作權。

六、圖形著作

依著作權法第5條第1項各款著作內容例示規定：「圖形著作：包括地圖、圖表、科技或工程設計圖及其他之圖形著作。」地圖之作者，以自己的智慧及原創表現方式，紀錄地球上之各種自然及人文生態現象，若無相當之知識基礎實無法繪出，故應給予著作權保護。地圖創作，無論成品是平面如臺灣觀光導覽圖，是立體如地球儀，是數位如Google Map，都成為保護客體。

科技或工程設計圖，因牽涉高科技智慧專利，涵蓋工程結構之高知識核心，有獨創性應有著作權之保護。其他圖形如人體經脈模型、天文運行模型，都屬高度原創性之著作而應給予保護。

七、視聽著作

依著作權法第5條第1項各款著作內容例示規定：「視聽著作：包括電影、錄影、碟影、電腦螢幕上顯示之影像及其他藉機械或設備表現系列影像，不論有無附隨聲音而能附著於任何媒介物上之著作。」

視聽著作應涵蓋視覺及聽覺之美學組合創作。如電影、MTV、DVD、VCD等，視聽著作一般屬於多數人之共同創作，從劇本、錄影、錄音、燈光、音樂不同面向，組合成一個創作成品。

現今流行音樂的行銷方式最常見用MTV打歌，MTV若是全新著作則擁有著作權，所以未得其同意任意下載、傳輸或播出是侵害著作權的。

八、錄音著作

依著作權法第5條第1項各款著作內容例示規定：「錄音著作：包括任何藉機械或設備表現系列聲音而能附著於任何媒介物上之著作。但附隨於視聽著作之聲音不屬之。」

錄音著作與既有著作之錄音不同。錄音著作是以獨立創作之方法完成一聲音的錄製。既有著作之錄音，如演唱會之錄音、演講之錄音，是屬既有著作之重製，未經授權而錄製，侵害的是既有著作的重製權。例如將不同唱片裡的好聽歌曲，剪接錄音成歌曲精選集，是屬後者。

九、建築著作

依著作權法第5條第1項各款著作內容例示規定：「建築著作：包括建築設計圖、建築模型、建築物及其他之建築著作。」如臺北101大樓，中正紀念堂，該建築物本身具有原創性，成為著作權保護對象。

所以未得臺北101大樓之授權，不得以其建築模型作為其他商品之外觀設計，否則侵害著作權。但以臺北101大樓為背景，拍攝跨年晚會情侶照，因該大樓外觀是公共財，故有合理使用之主張。

十、電腦程式著作

依著作權法第5條第1項各款著作內容例示規定：「電腦程式著作：包括直接或間接使電腦產生一定結果為目的所組成指令組合之著作。」

電腦程式是一種數位語言，經由工程師的智慧設計，其「數位途徑」及編碼的數位語言程式，構成軟體的原創性。所以Microsoft微軟公司的各種軟體，

電動遊戲的軟體開發，成爲保護的對象，爲他們累積了驚人的智慧財富。

十一、衍生著作

　　衍生著作又稱改作著作。著作權法第3條規定：「改作：指以翻譯、編曲、改寫、拍攝影片或其他方法就原著作另爲創作。」就原著作改作之創作爲衍生著作，以獨立之著作保護之。衍生著作之保護，對原著作之著作權不生影響。（著作權法第6條）試說明如下：

(一) 翻譯

　　翻譯係將一種語文轉換成另一種語文之著作。甲要將乙之著作從中文轉譯成英文，需要乙同意其改作，改作後甲乙各自就中、英文著作擁有獨立之著作權。

(二) 編曲

　　編曲是音樂上將曲改變演奏形式的方法，如將交響樂曲改編成流行樂風，將合唱曲改編成鋼琴獨奏曲，這種將既存的音樂形成改變而有新的創作成品，成立音樂的衍生著作。

　　但如只是取樂曲之一小節加以演唱，或將原樂曲添加一小節旋律，或只將音樂曲目音律轉調，都不具有原創性而不受著作權保護。

(三) 改寫

　　將原來之語文著作轉換語文表現之方式稱之爲改寫。如將小說寫成電影劇本，將詩歌寫成歌曲，都是典型的改寫改作。但如是將事實或新聞寫成小說或劇本，僅係事實本身的故事化，應無侵害著作權。

(四) 拍攝影片

拍攝影片就是將語文或美術著作等加以影像化。在獲得原著作權人授權改作成影片後，成立新的著作權。如將金庸小說《射鵰英雄傳》，獲金庸授權後拍成港劇或電影，取得新的著作權保護。

十二、編輯著作

編輯著作是：「就資料之選擇及編排具有創作性者為編輯著作，以獨立之著作保護之。」「編輯著作著作人專有將其著作改作成衍生著作或編輯成編輯著作之權利。但表演不適用之。」（著作權法第28條）

編輯係將資料做有創作性之編排，如將散文集結成書，將同性質之論述整理成論文集，經由編輯者的智慧創作編排，而成為新的著作。但因著作人本專有改作其著作的權利，故編輯行為需獲得各被收編人之同意或授權。

另外因許多智慧係屬公共財，任何人應得利用之。「政治或宗教上之公開演說、裁判程序及中央或地方機關之公開陳述，任何人得利用之。但專就特定人之演說或陳述，編輯成編輯著作者，應經著作財產權人之同意。」（著作權法第62條）

實務上，數位時代裡因資料龐大，資料的編輯整理、選擇及編排經由創作性之整理，亦有著作權之產生。將資料整理成數位資料庫供收費檢索，亦屬著作權存在之型態。如臺灣數位法律資料庫之法源法律網，編輯法律資料供人檢索成立新的編輯著作權，就曾因遭到其他法律資料庫，涉嫌抄襲其編排之資料而提起訴訟，獲得一審勝訴判決。

十三、表演著作

表演著作：「表演人對既有著作或民俗創作之表演，以獨立之著作保護之。」「表演之保護，對原著作之著作權不生影響。」（著作權法第7條之1）

內政部著作權委員會說明：「所謂表演，係指對既有著作以演技、舞蹈、歌唱、彈奏樂器或其他方法加以詮釋，所成之新著作。」由於不同之表演者有著不同的表演方式及風格，具有獨立之原創性，應以新的著作加以保護。但原著作權人本有該著作之公開演出權、公開發表權等，所以欲以表演獲得新的著作權，應獲得原著作人同意。但若是模仿秀或獨立之演出，自屬本身之著作與他人無關。

十四、共同著作與結合著作

著作權法第8條規定：「二人以上共同完成之著作，其各人之創作，不能分離利用者，為共同著作。」最高法院八十六臺上第七六三號判決謂：「共同著作，其要件有三：(1)需二人以上共同創作；(2)需創作之際有共同關係；(3)需著作為單一之型態，致無法將個人創作部分與以分割而為個別之利用。」

如MTV中，導演、演員、攝影師、燈光師等人共同創作完成一支視聽著作，無法分割，共同擁有著作權。

但若為共同利用之關係，將著作互相結合而成為一新的著作，但個別著作仍可獨立分離而利用，是為結合著作。如曲與詞，結合為歌曲之創作，拍成MTV，此時曲、詞、MTV之攝像，皆可獨立分離而成單一之音樂著作、語文著作、視聽著作，故是結合著作之具體範例。

第二章　著作人格權與著作財產權

第一節　著作人格權

　　著作權之權利本質採二元說，意思是將著作人擁有之著作人格權及著作財產權，分別獨立成權利保護之客體。著作人就人格上之利益屬著作人格權，為保護之標的，其專屬於著作人本身，不得讓與或繼承。但著作財產權係就著作物上衍生之財產上的權利，屬財產權之性質，得自由轉讓、分割或繼承。

　　「著作權：指因著作完成所生之著作人格權及著作財產權。」「著作人格權專屬於著作人本身，不得讓與或繼承。」（著作權法第3條、第21條）

　　著作人格權是就著作人的人格利益加以保障之權利，如著作人的名譽、聲望等精神上之權利。不但有專屬性，且我國採永久保護制度，縱著作人死亡或消滅，關於其著作權之保護，仍視同生存及持續。

　　著作人格權包含三項內容，試說明如下：

一、公開發表權

　　公開發表：指權利人以發行、播送、上映、口述、演出、展示或其他方法向公眾公開提示著作內容。（著作權法第3條）著作人就公開發表權，有權利決定要不要發表？在哪裡發表？什麼時間發表？

　　但公務員如係受僱人或受聘人，又未在契約上約定著作權為受僱人或受聘人享有者，基於公務體系權力關係之特殊性，為避免任意公開發表，侵害公法人之著作財產權者，例外限制公務員的公開發表權。「著作人就其著作享有公開發表之權利。但公務員，依第11條及第12條規定為著作人，而著作財產權歸該公務員隸屬之法人享有者，不適用之。」（著作權法第15條）

　　其次也可依推定方式，推定著作人同意公開發表其著作。有下列情形：（著作權法第15條）

　　1. 著作人將其尚未公開發表著作之著作財產權讓與他人或授權他人利用

時，因著作財產權之行使或利用而公開發表者。

2. 著作人將其尚未公開發表之美術著作或攝影著作之著作原件或其重製物讓與他人，受讓人以其著作原件或其重製物公開展示者。

3. 依學位授予法撰寫之碩士、博士論文，著作人已取得學位者。

4. 依第11條第2項及第12條第2項規定，由雇用人或出資人自始取得尚未公開發表著作之著作財產權者，因其著作財產權之讓與、行使或利用而公開發表者，視為著作人同意公開發表其著作。

二、姓名表示權

著作人得以公開之方式，表示著作人之姓名，以彰顯其名譽、資格或地位，至於表示的是本名、別名、字號或刻意不具名，皆是其姓名表示權之權利範圍。「著作人於著作之原件或其重製物上或於著作公開發表時，有表示其本名、別名或不具名之權利。著作人就其著作所生之衍生著作，亦有相同之權利。」

「利用著作之人，得使用自己之封面設計，並加冠設計人或主編之姓名或名稱。但著作人有特別表示或違反社會使用慣例者，不在此限。」在出版著作時，有將設計人之名稱加列在著作人旁，若是一群人合著，慣例上表示的是主編或是召集人之姓名，此時縱然不表示著作人姓名，皆為合法之利用。

「依著作利用之目的及方法，於著作人之利益無損害之虞，且不違反社會使用慣例者，得省略著作人之姓名或名稱。」例如MTV在播放時，顯示詞曲及演唱者姓名，有時並未將導演或攝影師之名字公開表示，並不違反其合法適用。

三、禁止不當改變權

「著作人享有禁止他人以歪曲、割裂、竄改或其他方法改變其著作之內容、形式或名目致損害其名譽之權利。」（著作權法第17條）此禁止不當改變權，旨在保護著作本是一完整性之客體，不容以不當之方式改變，導致著作權本身遭受名譽之損害。

著作之名目一般指稱為標題或名稱，具有與著作內容一體性，成為著作之表徵，故必須保護。但若僅是名目相同未涉內容之改變，卻未必構成侵害之要件，如同一個歌名「龍的傳人」，歌曲韻律歌詞內容完全不同，不構成不當改變之情形。

第二節　著作財產權

著作財產權係著作人取得之屬於財產權性質之權利，享有所有權及得處分、轉讓、分割或繼承之物權性質。

著作財產權的內容一般包含：(1)重製權；(2)公開口述權；(3)公開播送權；(4)公開上映權；(5)公開演出權；(6)公開傳輸權；(7)公開展示權；(8)改作權；(9)編輯權；(10)散布權；(11)出租權；(12)輸入權。

著作權之侵害，涉及公開使用，使得著作財產權之經濟利益因此受到損害即屬之。如僅是自己本身之合理使用，會有阻卻違法之事由。如「公眾：指不特定人或特定之多數人。但家庭及其正常社交之多數人，不在此限。」（著作權第3條）故在飯店的餐廳舉行大學同學會，助興高歌一曲，是在正常社交之多數人前傳輸播送具著作權之歌曲，解釋上因屬合理使用，就不會侵害歌曲之公開演出權。

一、重製權

所謂重製是指：「以印刷、複印、錄音、錄影、攝影、筆錄或其他方法直接、間接、永久或暫時之重複製作。「著作人除本法另有規定外，專有重製其著作之權利。」「表演人專有以錄音、錄影或攝影重製其表演之權利。」（著作權法第22條）

重製的概念，是將著作有形的以各種方法重複製作，不論時間的長短，能夠持久及穩定一段時間，使人能認知其內容的行為。因為有形體，所以如果是表演他人之著作或口述，屬於公開演出或公開口述之利用，而非重製。在電腦的RAM上複製或存檔、將他人之著作盜版大量印刷、拿他人之書籍在校門口全本影印、在CD上燒錄他人之著作、看《海角七號》時偷偷錄影都屬重製概念。

　　但隨著數位化科技之進步，重製不再以有形為限。如「專為網路合法中繼性傳輸，或合法使用著作，屬技術操作過程中必要之過渡性、附帶性而不具獨立經濟意義之暫時性重製，不適用之。但電腦程式不在此限。」「前項網路合法中繼性傳輸之暫時性重製情形，包括網路瀏覽、快速存取或其他為達成傳輸功能之電腦或機械本身技術上所不可避免之現象。」（著作權法第22條）

　　以此論述，則現在普遍使用之網路超連結，因未在電腦硬體上留下副本，僅在網路上看見「過渡性、附帶性而不具獨立經濟意義之暫時性重製」，故非屬重製概念。此種「在網站上設置超連結連上其他網站內頁」的情況，原則上不致於造成對他人重製權之侵害。不過仍應注意選擇連結的網站，如果明知他人網站內的著作是盜版作品，或有侵害著作權之情事，而仍然透過鏈結的方式，提供予公眾，則有可能成為侵害「公開傳輸權」之共犯或幫助犯，將會有侵害著作權之危險。

　　將音樂之劇本、曲譜影印散發，本屬重製之一種；在數位時代後，將重製行為的概念加以擴張，「於劇本、音樂著作或其他類似著作演出或播送時予以錄音或錄影」亦屬重製。

　　建築設計圖本是獨立創作之一種，無正當理由將其印刷或影印當屬重製侵害著作權。但若將其概念擴大、依樣施工施作，是屬重製概念的擴張。「依建築設計圖或建築模型建造建築物者」，亦屬重製。

　　網際網路發展後，部落格成為新興的交友或分享型態。大多數成功經營的部落格，分享個人的心情故事、照片、或發表專業知識、結合相似社群，進而使得人氣增加。就部落格之利用型態而言，可分為平臺業者（如Yahoo或無名小站等）、開版之版主及上網利用之網友三者共同組成。其中部落格內容由版主、網友創作或提供，包括文字、照片、影片、背景音樂，這些內容是否有相關著作權之授權，就成了侵權與否之判斷基準。

　　平臺業者常都是透過使用規定或服務條款等定型化契約之規定，來對版主及網友加以規範，就著作權法而言，著作人於著作完成時享有著作權之規定，以版主及部落客為其所創作內容之著作權人，而平臺業者可取得著作人之授權自由利用該等著作之權利。

　　但網友將內容上傳彼此之部落格之行為，涉及著作權法所規範之「重製」及「公開傳輸」，就上傳之內容而言，若部落格中出現未經他人同意或授權的著作物，即有可能發生違反著作權法「重製」及「公開傳輸」的問題。

　　重製概念可說是著作權利用最重要的一環。沒有著作財產權人的同意，對他人的著作加以重製，除非符合本法合理使用的規定，否則就會侵害「重製權」。

二、公開口述權

　　公開口述：「指以言詞或其他方法向公眾傳達著作內容。」「著作人專有公開口述其語文著作之權利。」

　　著作人之語言及文字著作，如演講若未經同意，將其在公開場合之演講錄音後，在公開場合播放是侵害公開口述權，如在電臺播放，則侵害公開播送權。如劇本未經著作人同意，在公開場合朗誦，亦屬侵害公開口述權。

　　但並不是所有的著作都享有公開口述權，公開口述權之內容以「語文著作」為限。因為只有語文著作才能利用語言加以口述，其他的著作因為著作型態不能以語言的形態呈現著作的原貌，無法以口述的方法來傳達著作人創作之內容，不能享有公開口述權。

　　學者認為「不需要逐字逐句朗讀才算是侵權，如果整個演講或授課內容是講述他人著作的主要內容，除非符合引用或其他合理使用的規定，否則，司法實務也認為構成公開口述權的侵害。」（賴文智，2007：16）本文認同此見解。

三、公開播送權

公開播送：「指基於公眾直接收聽或收視為目的，以有線電、無線電或其他器材之廣播系統傳送訊息之方法，藉聲音或影像，向公眾傳達著作內容。由原播送人以外之人，以有線電、無線電或其他器材之廣播系統傳送訊息之方法，將原播送之聲音或影像向公眾傳達者，亦屬之。」（著作權法第3條）

公開播送是指基於公眾直接收聽或收視為目的之傳輸播送，所以如是私人之間的手機傳播或攝影播出則否。傳輸的方法係以有線電、無線電或其他器材之廣播系統傳送訊息，例如有線電視「第四臺」提供電視節目觀看，或廣播電臺以廣播器或強波器播送歌曲。

公開播送係指藉由技術「一點對公眾多點」主動而持續的傳播，如果是在著名的YOUTOBE點選你喜歡的MTV觀看，因是經由你以「使用者點選後才會傳播內容」，則是屬公開傳輸權。

原播送人以外之人亦適用此規定，例如有線電視系統業者，將CNN衛星訊號傳播至客戶處，都屬公開播送行為。

四、公開上映權

公開上映：「指以單一或多數視聽機或其他傳送影像之方法，於同一時間向現場或現場以外一定場所之公眾，傳達著作內容。包含電影院、俱樂部、錄影帶或碟影片播映場所、旅館房間、供公眾使用之交通工具或其他供不特定人進出之場所。」（著作權法第3條）

準此，在電影院裡放映電影及商業廣告，在高爾夫球俱樂部放「老虎伍茲」之初學高爾夫學習影帶，在三溫暖休息室喝咖啡看奧運比賽，在KTV包廂中看伴唱帶唱歌，在旅館房間看HBO，在捷運上看電視新聞，在飛機上看電影，在遊覽車上看伴唱帶唱卡拉OK，都屬公開上映。但現在合法購得之視聽

著作，已有「公播版」及「家庭版」之別，如上映的是公播版，則無侵害著作權之虞。

　　曾有國內最大KTV連鎖業者，被控告未經音樂創作人授權，播放伴唱帶音樂供顧客演唱，法院判決KTV業者敗訴之案例。是因為音樂著作包括「公開上映權」、「公開演出權」等權利。KTV業者在營業場所公開播放伴唱音樂，一般已有公開上映的授權；但播歌供消費者演唱，屬於音樂著作公開演出行為，則另須有公開演出的授權。消費者與KTV業者均有參與公開演出的行為，但消費者在KTV營業場所唱歌，已支付相當費用，並沒有違反著作權法的故意，故判決KTV業者敗訴。

　　又電影係「視聽著作」，若將電影的內容節錄三分鐘精采片段，並於公開場合開會前，為會議進行暖場播放，則會涉及「重製」及「公開上映」他人著作之行為，必須事先取得著作財產權人的同意，否則即屬侵害著作權。

五、公開演出權

　　公開演出：「指以演技、舞蹈、歌唱、彈奏樂器或其他方法向現場之公眾傳達著作內容。以擴音器或其他器材，將原播送之聲音或影像向公眾傳達者，亦屬之。」（著作權法第3條）

　　著作人除本法另有規定外，專有公開演出其語文、音樂或戲劇、舞蹈著作之權利。表演人專有以擴音器或其他器材公開演出其表演之權利。但將表演重製後或公開播送後再以擴音器或其他器材公開演出者，不在此限。錄音著作經公開演出者，著作人得請求公開演出之人支付使用報酬。（著作權法第26條）

　　藝術文化工作者，以其智慧創作出原創性的著作，但因科技的進步，CD及MP3之普及，創作之經濟效益，隨著科技設備之進步，造成唱片銷售率下滑。所以應藉由公開演出權的保障，創造更多的著作權效益。周杰倫、王力宏全球巡迴演唱會、愛爾蘭踢躂舞表演、愛樂交響樂團臺灣巡演，都因公開演出

創造了龐大效益、故公開演出權益形重要。

　　但將表演重製後或公開播送後，再以擴音器或其他器材公開演出者，因已藉由科技界面，向大眾公開演出，則喪失公開演出權。

　　錄音著作雖非現場演出，但以擴音器或其他器材，將原播送之聲音或影像向公眾傳達者，亦屬公開演出，有「公開演出報酬請求權」。曾有連鎖火鍋店案例，因販賣食物時為增進用餐氣氛，播放十首未獲授權的曲子而遭起訴。所以不論是百貨公司、咖啡廳館，7-11便利商店，聽到廣播電臺正在播放歌曲，雖然廣播電臺已經取得公開播送之授權，但就這些場所而言，透過擴音設備播放的行為，是公開演出的行為，要另外向著作權人取得授權。

　　曾有臺北車站周遭許多店家，遭中華民國錄音著作權人協會（ARCO）的稽查人員，要求他們關掉店內的電視，立刻停止公開播放電視或音樂否則就要收費，因而起了爭執。依著作權法第3條第1項第9款規定，公開演出指以演技、舞蹈、歌唱、彈奏樂器或其他方法向現場之公眾傳達著作內容。以擴音器或其他器材，將原播送之聲音或影像向公眾傳達者，亦屬之。故業者於營業場所裝設電視機，單純接收電視節目訊號，如果沒有再將原播送之聲音或影像傳送到另外的收視設備者，應屬「單純開機」，並無著作權法所稱「公開演出」之利用行為，無須向著作財產權人或著作權仲介團體洽取授權。若業者於接收電視、廣播電臺播送之訊號外，另外加裝擴音設備或其他器材，再擴大播送的效果，則會涉及「公開演出」音樂著作及錄音著作之行為。

　　依照使用者付費原則，有公開演出利用著作之行為，則須依法向著作財產權人或著作權仲介團體洽商授權，進而支付使用報酬取得合法利用。

六、公開傳輸權

　　公開傳輸：「指以有線電、無線電之網路或其他通訊方法，藉聲音或影像向公眾提供或傳達著作內容，包括使公眾得於其各自選定之時間或地點，以上

述方法接收著作內容。」（著作權法第3條）著作人除本法另有規定外，專有公開傳輸其著作之權利。表演人就其經重製於錄音著作之表演，專有公開傳輸之權利。（著作權法第26條之1）

公開傳輸是因應數位科技時代網路上流通之特性新增的權利。以互通性電腦及網際網路傳輸為特色，讓公眾可以隨時隨地到網路上去瀏覽著作內容的權利。與公開口述、公開播送、公開演出等單向之傳統傳達方式不同。學者認為「前者之接收者接收著作內容，不限特定時間地點，後者則以公眾直接收視及收聽為目的，播送與接收之時間點相同，無法隨時存取。」（蕭雄淋，2005：161）由此可知公開傳輸權，為透過網路特性，自行在選定之時間地點，以互動傳輸方式播出或收取在網路資源裡的各項內容。依此新觀念，在教育電臺主持之節目，播出時屬公開播送，但播出後放置在網頁上提供隨選視訊，是屬公開傳輸。

因為公開傳輸的限制，所以在網路上將文章、音樂或影片等著作上傳或下載，轉貼儲存，都是屬於重製的行為。傳送出去給他人瀏覽，除合理使用之例外，則侵害了公開傳輸權。

凡是未經著作權人同意，把他人的著作放在網路上讓更多的人瀏覽，不但會造成侵害重製權的問題，還會侵害到著作財產權人的公開傳輸權。透過網路交換軟體p2p，將儲存在電腦中他人的著作檔案，主動提供網友下載，以及把各種資訊貼上網讓大家共享，易造成違反著作權法的困擾。網站或BBS站的版主，對於網友貼上網的內容，如果不確定是作者同意在網路上流通的，最好刪除，免得發生侵害公開傳輸權的糾紛。

其次像是寄發e-mail已成為生活裡的互動習慣，主動傳遞文章、圖片等資訊寄給很多網友，這就涉及重製權及公開傳輸權的行使，也要取得著作權人的同意。如果僅僅轉寄給家人或一、二位朋友，可以認為是著作權法上之合理使用。但是把這些作品轉寄給多數朋友時，除非所轉寄的屬於著作權法不保護的法律、命令、公文、標語、表格等作品外，實難主張著作權法上之合理使用，即有侵害他人的重製權及公開傳輸權之虞。

臺灣某工程師，為衝高點閱率，在自己Blog轉貼音樂試聽連結，推薦自己

喜歡的音樂和影片，提供一千七百首音樂超連結供網友欣賞，結果被法官認為是盜版共犯，因為被告觸犯著作權法第92條擅自以公開傳輸之方法侵害他人之著作財產權的規定，被判刑10個月。

公開傳輸權的用語是「網路」或其他通訊方法，因此如果是在手機上下載最新的流行歌曲、圖鈴或遊戲，也要受到公開傳輸權的規範。

EMI、新力博德曼音樂（Sony BMG Music Entertainment）和華納音樂（Warner Group Co.）等音樂業者及這些公司在大陸的分公司，以百度縱容使用者免費下載音樂為由，控告百度涉嫌侵犯數百首歌曲的著作權，要求百度中止下載服務。百度公司（Baidu.com）也因提供免費音樂下載而被法院判屬侵權，必須對科藝百代（EMI Group Plc.）的大陸合作夥伴付出七萬元人民幣的賠償。這項判決結果對類似案例具有關鍵影響。

網際網路科技發展迅速，上網下載受著作權法保護的MP3音樂檔案，涉及侵害音樂與錄音著作財產權人之重製權；如果僅供個人或家庭使用的話，在「少量下載，且不至於對音樂產品市場銷售情形造成不良影響」的情況下，才可主張屬於合理使用的行為，不會構成著作財產權的侵害。

臺灣飛行網公司，也因提供非法下載MP3音樂檔案而敗訴。其所提供kuro軟體固為一中性之科技，該科技之本身並無合法與否之問題，端視行為人如何運用。惟當科技之提供者，明知其所提供予他人使用之科技，可能被用以作為犯罪之工具，侵害法律所保護之法益，但其為追求自己之商業利益，竟對外以該科技具有此一功能為主要訴求而推銷之，誘使他人付費使用或購買。則其對於將來確實發生使用者利用該科技作為犯罪工具，造成法益被侵害之結果及因果歷程，自然係其「事先可預見，且不違背其以該科技供使用者作為犯罪工具之本意」，自可認其具有「不確定之犯罪故意」，而不得於事後再以該科技仍可供其他合法用途使用，不知行為人，會以之作為犯罪工具為由，推諉其不知情。

七、公開展示權

公開展示：指向公眾展示著作內容。（著作權法第3條）著作人專有公開展示其未發行之美術著作或攝影著作之權利。（著作權法第27條）所適用公開展示權之著作，爲「美術著作或攝影著作之原件或其重製物。」

美術著作或攝影著作，無法以口述或表演來探知創作內容之精義，如果又未發行，公眾無法了解其創作內涵，所以特別規定得以公開展示之方式，將原件或重製物展示，讓公眾了解其創作內涵。但其他類別的著作，例如語文著作、音樂著作、視聽著作、錄音著作等，並沒有公開展示權。

公開展示的書，如果是已經發行的攝影集、美術集，可以大量傳閱展示。但在藝廊裡，公開展示某畫家的最新作品，該美術著作只有原稿，並沒有複製畫銷售，該藝廊需要取得作者有關「公開展示」的授權。

除了作者外，若是將該畫作賣出給某收藏家，若是禁止該收藏家將來公開展示該著作，也失去人類智慧著作分享之原意，所以特別規定美術著作或攝影著作原件或合法重製物之所有人或經其同意之人，可以公開展示該著作原件或合法重製物。（著作權法第57條）

在公開陳列及展示行爲上，我們在商店看見商家陳列販賣盜版的書或電腦軟體；如果行爲人明知是盜版品，卻意圖散布而將其陳列在貨架上讓人購買，這種公開陳列的行爲，除了書是「美術或攝影著作」侵害公開展示權外，還侵害了散布權，縱然還沒有人來買，也是違法的。

八、改作權

改作：「指以翻譯、編曲、改寫、拍攝影片或其他方法就原著作另爲創作。（著作權法第3條）著作人專有將其著作改作成衍生著作或編輯成編輯著作之權利。但表演不適用之。」（著作權法第28條）

　　本文在著作類型之衍生著作內容篇幅，已有基本說明，準此，將《達文西密碼》英文版翻譯成中文版；將《龍的傳人》重新編曲成搖滾版；將金庸小說《大漠英雄傳》改寫成電視劇本；將名演說家的演講拍攝成影片或錄製成演講CD的錄音著作販賣，都需要獲得原著作權人同意其改作，否則就侵害了該著作權人的改作權。

　　獲得改作權後，就原著作改作之新創作為衍生著作，以獨立之著作保護之。衍生著作之保護，對原著作之著作權不生影響。

九、編輯權

　　「就資料之選擇及編排具有創作性者為編輯著作，以獨立之著作保護之。」（著作權法第7條）著作人專有將其著作改作成衍生著作或編輯成編輯著作之權利。但表演不適用之。（著作權法第28條）

　　本文在著作類型之編輯著作內容篇幅，已有基本說明。編輯係將原著作加以整理、增刪、組合、及做有創作性之編排，而產生新的編輯著作，所以需原著作權人同意其編輯，否則侵害其編輯權。

　　如名詩人余光中八十大壽，其學生陳芳明教授將其一生精彩的文章，編輯成祝壽文集，是屬新的編輯著作。張愛玲的小說因李安的電影《色、戒》而再度受到推崇，出版商獲張愛玲之著作授權，將張愛玲的小說精選後出《張愛玲精選集》，都是新的編輯著作。

十、散布權

　　散布：「指不問有償或無償，將著作之原件或重製物提供公眾交易或流通。」（著作權法第3條）著作人除本法另有規定外，專有以移轉所有權之方

式，散布其著作之權利。表演人就其經重製於錄音著作之表演，專有以移轉所有權之方式散布之權利。（著作權法第28條之1）「在中華民國管轄區域內取得著作原件或其合法重製物所有權之人，得以移轉所有權之方式散布之。」（著作權法第59條之1）

散布權（Right of Distribution）或稱為發行權，是指著作權人專有散布其著作物，使之在市場上交易或流通的權利。通常散布著作的方式有兩種，一種是以買賣、贈與等移轉所有權的方法，一種是以出租或出借的方法，將著作物提供公眾交易或流通。所散布的著作物指有體物的著作原件或重製物，散布之介面是提供給公眾而非私人。

著作權人的名譽或經濟利益，經由市場上著作物的發行、銷售、傳播，而產生重大影響，所以重製權、散布權、傳輸權，都是重要的著作權內涵。未得著作權人同意任意重製或散布，就侵害了著作權。準此，在商家或路邊攤販，看見有人販賣盜版之光碟或仿冒之名牌包，其行為至少侵害了著作權人之重製權及散布權，雖然還沒有人來買，檢察官或警察不必等到著作財產權人來告，都可以直接查緝取締，逕行偵辦起訴。

但若過度擴張散布權之解釋，反而使的著作物的流通產生限制。為了調和著作人之散布權，及著作原件或重製物所有人之物權的衡平，著作權法也規定在我國的管轄區域內，取得著作原件或其合法重製物所有權之人，得以移轉所有權之方式散布之，並不需要再徵得著作人的同意。學術上稱之為「權利耗盡原則」（或稱第一次銷售原則），所謂「權利耗盡原則」，是指著作人或其授權的人，把著作原件或重製物之所有權移轉給別人的同時，就已喪失了其散布權。所以某甲向乙買一本書，乙移轉書的所有權同時對該書的散布權亦同時耗盡。甲獲得書的所有權及新的散布權，可以上網拍賣二手書而不會構成侵權行為。

表演人的散布權，比起其他類別的著作人要受到限縮，只能就被重製在錄音著作裡的表演享有散布權，如果是被重製在錄音著作以外的其他類型著作裡面，或者是單純錄影下來的重製物，或現場演出的錄影帶，就不能享有散布權。原因是表演人的表演是對既有的著作予以詮釋，和一般著作法律給予的保

護程度也不同。

十一、出租權

「著作人除本法另有規定外，專有出租其著作之權利。表演人就其經重製於錄音著作之表演，專有出租之權利。」（著作權法第29條）著作原件或其合法著作重製物之所有人，得出租該原件或重製物。但錄音及電腦程式著作，不適用之。（著作權法第60條）

著作權人除了可以將著作發行、散布以獲得報酬之外，也可以把他的著作出租給他人，以獲得租金增加著作財產權收益。如電影公司在首映後，將電影DVD授權影音光碟出租店進行出租，收取授權出租的權利金，影音光碟出租店取得合法出租的授權後，將DVD出租給消費者。

本法所指稱的著作類型均有出租權之適用，僅表演人限縮解釋，就其經重製於錄音著作之表演，專有出租之權利。現場表演、或重製於攝影之表演，就不在適用範圍。

且為增近流通性，著作原件或其合法著作重製物之所有人，得出租該原件或重製物。亦適用「權利耗盡原則」。因此，出租店只要合法買進小說、漫畫，擁有該著作的所有權，就可以依據著作權法第60條，以所有人的身分出租，但盜版品不在保護範圍內。並不是所有的著作都只要有所有權就可以出租，「錄音著作」和「電腦程式著作」因為很容易重製，所以是出租權例外著作。

曾有「威望國際」平行輸入影片，擁有該影片所有權出租該影片，遭到好萊塢八大片商臺灣區專屬授權之「得利影視公司」，控告侵害著作權之例。我國著作權法禁止「真品平行輸入」（著作權法第87條第4款），因此平行輸入之重製物，不能主張「權利耗盡原則」之適用，亦不能行使出租權。

十二、輸入權

「輸入權」是指不管國內有無代理商，輸入國外物品均須得到原著作財產權人之同意。「眞品平行輸入」是指自國外進口臺灣已有著作權代理人之物。國外未經著作財產權人同意而輸入著作原件或其重製物者，視爲侵害著作權。（著作權法第87條第4款）

此規定是爲了保護著作權人之「市場區隔」的權利，同樣一張CD，同樣一本《哈利波特》，各國之國民所得不同，有不同之售價，各國互相協議保護以收公平之效。

但有下列情形之一者，前條第4款之規定，不適用之：（著作權法第87條之1）

(一)爲供中央或地方機關之利用而輸入。但爲供學校或其他教育機構之利用而輸入或非以保存資料之目的而輸入視聽著作原件或其重製物者，不在此限。

(二)爲供非營利之學術、教育或宗教機構保存資料之目的而輸入視聽著作原件或一定數量重製物，或爲其圖書館借閱或保存資料之目的而輸入視聽著作以外之其他著作原件或一定數量重製物，並應依第48條規定利用之。

(三)爲供輸入者個人非散布之利用或屬入境人員行李之一部分而輸入著作原件或一定數量重製物者。

(四)附含於貨物、機器或設備之著作原件或其重製物，隨同貨物、機器或設備之合法輸入而輸入者，該著作原件或其重製物於使用或操作貨物、機器或設備時不得重製。

(五)附屬於貨物、機器或設備之說明書或操作手冊隨同貨物、機器或設備之合法輸入而輸入者。但以說明書或操作手冊爲主要輸入者，不在此限。

簡言之，以上情形是合理使用，因此例外允許輸入。如學術、文化、教育、宗教利用之交流，或一定數量以下公司人使用，隨同貨物、機器或設備之合法輸入而輸入者之附著物或手冊，在合理使用下不會侵害著作權。

十三、表演人之保護

表演著作：「表演人對既有著作或民俗創作之表演，以獨立之著作保護之。」「表演之保護，對原著作之著作權不生影響。」（著作權法第7條之1）

一個好的表演，對著作之詮釋及普及，影響巨大。方文山寫的中國風歌詞中，《胡同裡的貓》由溫嵐演唱，知道的人甚少；但方文山同樣中國風之歌詞《菊花臺》、《青花瓷》，由於周杰倫的CD大賣，歌詞著作獲得大幅度的重視，產生著作財產權之商業價值。同樣一首貝多芬的曲子，由愛樂交響樂團或臺灣省交響樂團詮釋，會有不同精神與風貌。所以表演人之表演具有創意，應列入保護範圍。

但表演有時為即興的，有時為模仿的，有時為嚴格彩排重新詮釋的表演；在創意表達的「高低度」上有所不同。故著作權法不以「表演著作」稱之，而僅稱為「表演，以獨立著作之態樣保護之。」其實一個具有高度原創性的表演，雖是對既有著作的詮釋，但本身已是一種「衍生著作」的態樣。

對音樂改成音樂劇的表演如「ABBA」合唱團的音樂劇《Mamma mia》，已成為戲劇舞蹈著作；溫金龍以二胡詮釋西洋歌曲，已成為錄音著作；《那一夜我們說相聲》的表演受到歡迎出版DVD，已成了視聽著作，針對個案的表演創作程度，判斷權利保障之範圍。

所以看雲門舞集時不能錄音錄影，以免影響重製權，買了王力宏北京演唱會DVD，不能擷取一條曲子放在網路上供人瀏覽否則侵害公開傳輸權。對表演人就其經重製於錄音著作之表演，保留專有以移轉所有權之方式之散布權及出租權。

但如果對於表演人的權利保護過當，可能造成著作在流通上的困難，因此，「表演人專有以擴音器或其他器材公開演出其表演之權利。但將表演重製後或公開播送後再以擴音器或其他器材公開演出者，不在此限。」「表演人就其經重製於錄音著作之表演，專有公開傳輸之權利。」（著作權法第26條之1）對於表演人的保護，僅限於第一次的公開演出權、公開播送權，如果已經重製或公開播送後就喪失公開演出及播送權，是適用權利耗盡原則的案例。

第三章　著作權之變動

第一節　著作權讓與及藝術授權

一、著作權讓與之可分性

著作權如前章所述，分為著作人格權及著作財產權。其中著作人格權專屬於著作人本身，不得讓與或繼承；但著作財產權屬準物權的一種，可以讓與、授權他人利用，而產生權利之變動，並因存續期間期滿而造成權利消滅。著作人可將著作財產權與著作人格權分離，單獨讓與；也可將著作財產權之內涵，全部讓與、或分割後部分讓與。

「著作財產權得全部或部分讓與他人或與他人共有。」（著作權法第36條）例如甲寫了小說，可保留著作人格權，而將著作財產權賣給了出版社完成讓與行為。但在讓與的權利標的裡，甲可以只讓與重製權，但保留公開口述權、改作權等其他著作權利。

著作財產權與著作物所有權之概念不同。例如，甲將一幅畫賣給了乙且交付，乙獲得的是畫作原件的物之所有權，並未因買賣而獲得其他畫上所屬之著作財產權。乙收藏畫後將來要做其他著作權方面的利用，仍須獲得著作財產權人甲之同意。

再者，著作財產權的性質既屬準物權的一種，其權利就會因契約行為而產生變動。常見的有買賣（或藝術市場之拍賣）、債權強制執行之拍賣、贈與、互易或因著作財產權人死亡而繼承產生的變動。

契約行為，本有要式契約與非要式契約兩種，著作權契約並不像房地產買賣是屬要式契約，法無明文規定應屬契約自由，為非要式契約，經雙方口頭承諾也會產生契約讓與效力。但為明確計，宜以書面確定讓與之權利內容，並以證據來證明當事人讓與之真意，以免爭訟。

臺灣著名之武俠小說家古龍，《小李飛刀》、《流星蝴蝶劍》、《絕代雙驕》等武俠小說著膾炙人口，但因古龍生前豪氣以口頭許諾很多出版商著作權，致其死後造成出版商間的爭訟，以至作品無人願意促銷，著作普及度逐漸沒落甚為可惜，可為借鏡。

二、著作權讓與之範圍

「著作財產權之受讓人，在其受讓範圍內，取得著作財產權。著作財產權讓與之範圍依當事人之約定；其約定不明之部分，推定爲未讓與。」（著作權法第36條）著作權人通常因不明其權利，在行使讓與契約時成爲法律之弱者，故若有約定不明處，推定爲未讓與仍屬原著作權人，以茲保護。

本書第一章已說明著作類型，第二章並說明著作權內容，特將著作權得讓與，整理如下：

表3-1 著作權得讓與之標的範圍

著作權讓與與著作類型	重製權	公開口述權	公開播送權	公開上映權	公開演出權	公開傳輸權	公開展示權	改作權	編輯權	散布權	出租權	輸入權
語文	◎	◎	◎		◎	◎		◎	◎	◎	◎	◎
音樂	◎		◎		◎	◎		◎	◎	◎	◎	◎
戲劇舞蹈	◎		◎		◎	◎		◎	◎	◎	◎	◎
美術	◎		◎			◎	◎	◎	◎	◎	◎	◎
攝影	◎		◎			◎	◎	◎	◎	◎	◎	◎
圖形	◎		◎			◎		◎	◎	◎	◎	◎
視聽	◎		◎	◎		◎		◎	◎	◎	◎	◎
錄音	◎		◎		◎	◎		◎	◎	◎	◎	◎
建築	◎		◎			◎		◎	◎	◎	◎	◎
電腦程式	◎		◎			◎		◎	◎	◎	◎	◎
衍生	◎		◎			◎		◎	◎	◎	◎	◎
編輯	◎		◎			◎		◎	◎	◎	◎	◎
表演	◎		◎			◎				◎	◎	

1. 表演人專有以錄音、錄影或攝影重製其表演之權利。
2. 「表演人專有以擴音器或其他器材公開演出其表演之權利。但將表演重製後或公開播送後再以擴音器或其他器材公開演出者，不在此限。」
3. 「表演人就其經重製於錄音著作之表演，專有公開傳輸之權利。」
4. 表演人就其經重製於錄音著作之表演，專有以移轉所有權之方式散布

之權利。

　　5. 表演人就其經重製於錄音著作之表演，專有出租之權利。

　　茲以著作權讓與之實例，說明讓與契約之內容：（參經濟部智慧財產局網頁資料，www.tipo.gov.tw，2008，作者修正）

著作財產權讓與契約範例

立契約人○○○（著作財產權讓與人，以下稱甲方）與○○○（受讓人，以下稱乙方），甲方願將其本契約標的著作財產權讓與給乙方，雙方同意訂定本契約，並約定條款如下以共同遵守：

第1條　（讓與標的）

　　　　甲方願將其所享有○○○（以下稱本著作，如附件）之著作財產權讓與給乙方。

第2條　（報酬之交付）

　　　　乙方應支付甲方價金新臺幣○○元整。

第3條　（不利行為之禁止）

　　　　甲方自本契約成立後，不得將本著作全部或一部自行或委託他人售，或另行變更書名發行或編印，以及為其他不利於乙方銷售之行為。

第4條　（權利瑕疵擔保及協助訴訟義務）

　　　　甲方擔保其對本著作有讓與著作財產權之權利。甲方並擔保本著作之內容並無不法侵害他人權利或著作權之情事。若甲方違反本條之擔保事項而致乙方遭受損害時，乙方得隨時解除本契約並向甲方請求損害賠償。

　　　　乙方如因本契約標的遭致任何第三人控訴其侵害著作權及其他相關權利時，應立即以書面通知甲方，甲方有協助處理解決之義務。如最後經法院確定判決或經甲方認可之和解，乙方應賠償該第三人時，甲方應賠償乙方因此所遭致之一切損害（包括但不限於對第三

人之賠償、律師費用等）。

第5條 （損害賠償）

當事人若有違本契約各條款之情事，應賠償他方因此所遭受之損害。

第6條 （契約之補充及解釋）

本契約若有未盡事宜或不明之處，依著作權法及其他相關法令定之。

第7條 （爭端之解決與管轄法院）

甲乙雙方同意，對因本契約所引發之一切糾紛，應本誠信原則解決之。

如有訴訟之必要，雙方同意以○○地方法院為第一審管轄法院。

第8條 （契約之作成與修改）

本契約一式二份，由雙方各執乙份為憑。

本契約若有任何修改，應由雙方協議另以書面為之，並附於本契約之後作為本契約之一部分。

立契約人

甲　方：○○○

統一編號（或身分證號碼）：

住址：

乙　方：○○○

統一編號（或身分證號碼）：

住址：

中華民國　　○○　　年　　○○　　月　　○○　　日

三、藝術授權

　　文化藝術工作者以其創作獲得著作權，雖可以讓與之方式獲得創作之經濟利益；但讓與後著作權之相關權利已屬受讓人，原著作權人對讓與的部分就喪失了權利，對創作者未來時間，經由努力提升自己創作水平後，藝術成就增加所衍生之商業利益，未必全然有利。所以藝術工作者，會考慮仍保留著作財產權，而將相關之權利經由契約授權之方式，由被授權人加以利用創造更多名譽與價值。

　　「著作財產權人得授權他人利用著作，其授權利用之地域、時間、內容、利用方法或其他事項，依當事人之約定；其約定不明之部分，推定為未授權。」（著作權法第37條）

　　故授權契約應將授權之地域（什麼國家或什麼地方範圍？）時間（什麼時間？什麼期間？）內容（授權的是什麼著作權之內容？）利用方法（被授權後以什麼方法進行著作權之行使與利用？）其他事項（授權的費用與擔保人或擔保責任？），明確於授權契約中表示，達成契約協議後再簽授權契約，以保雙方權益。

　　茲以音樂授權之實例，說明授權契約之內容：（經濟部智慧財產局網頁資料，www.tipo.gov.tw，2008）

音樂錄音授權契約範例

立契約人＿＿＿＿＿（著作財產權人，以下簡稱甲方）＿＿＿＿＿（被授權人，以下簡稱乙方），就乙方欲利用甲方音樂著作予以錄音之授權事宜，經雙方協議，達成合意如下：

第1條　授權標的

　　　　甲乙雙方同意，本契約之授權標的為甲方享有著作財產權之下列標的：

　　　　(一)著作名稱：　　　　　　〔□歌詞□歌曲〕

　　　　(二)著作人：

(三)著作種類：音樂著作

(四)著作完成日期：

第2條 授權範圍

甲方同意授權乙方將授權標的錄製成錄音著作。

第3條 授權期間

□自本契約立約日起生效，至＿＿＿＿年＿＿＿＿月＿＿＿＿日止。

□自本契約立約日起，至授權標的之著作財產權消滅時止。

（註：期間由當事人雙方協議確定）

第4條 授權費用

□免費使用。

□授權費用總額新臺幣＿＿＿＿元整。

□其他計算方式：＿＿＿＿〔例如給付版稅的方式〕。

（註：費用由當事人雙方協議確定）

第5條 著作人格權

(一)甲方就授權標的享有之著作人格權，若授權標的為尚未公開發表之著作，甲方同意乙方得因利用錄製完成之錄音著作，而公開發表授權標的。

(二)若甲方對授權標的並未享有著作人格權，甲方應負責協助乙方取得前項之授權。

第6條 權利擔保

甲方擔保授權標的，並未侵害第三人之著作權或其他權利。乙方若因利用授權標的致涉及第三人之著作權或其他權利時，一經乙方通知，甲方應依據乙方要求方式出面協助解決，並應賠償乙方因此所遭受之任何損失，包括但不限於損害賠償金及和解金。

第7條 再授權之禁止

未經甲方書面同意，乙方不得單獨將授權標的再授權與第三人利用。

第8條　契約解釋原則

(一)本契約如有未盡事宜，依著作權法及相關法令解釋之。

(二)本契約以中華民國法令為準據法。

(三)本契約任一部分若經解釋認定無效，並不影響其他部分之效力。

第9條　契約修正

甲乙雙方同意，本契約之任何修正，應以書面合意為之。

第11條　管轄法院

(一)甲乙雙方同意，本契約若有產生爭議，應依誠信原則協商解決。

(二)若因本契約涉訟，雙方同意以臺灣＿＿＿＿地方法院為第一審管轄法院。

第12條　契約書份數

本契約一式兩份，由甲乙雙方各執乙份為憑。

立契約書人：

甲方：

代表人：〔若為個人則免填〕

身分證統一編號：

地址：

乙方：

代表人：〔若為個人則免填〕

身分證統一編號：

中華民國　　○○　年　　○○　月　　○○　日

此時依契約之生效要件，應檢視契約當事人是否爲著作權人？是否具行爲能力？授權之標的是否合法？是否明確？是否可能？授權範圍是否在有權處分之範圍內？授權期間即授權費用是否明確？履行契約之能力及權利擔保？授權後是否規定再授權之禁止？其次契約之解釋、契約之修正、訴訟之管轄，是否都已明定？檢視完成無虞後，簽名完成有效之著作權授權契約。

但因授權有專屬授權或非專屬授權（同一權利授權給多數人），授權後可經著作權人同意爲「次授權」，爭訟行爲時，誰有訴訟之當事人權利？都應明訂以資明確。著作權法37條規定即爲此而定：「前項授權不因著作財產權人嗣後將其著作財產權讓與或再爲授權而受影響。」「非專屬授權之被授權人非經著作財產權人同意，不得將其被授與之權利再授權第三人利用。」「專屬授權之被授權人在被授權範圍內，得以著作財產權人之地位行使權利，並得以自己名義爲訴訟上之行爲。著作財產權人在專屬授權範圍內，不得行使權利。」

四、音樂著作強制授權

著作權之授權，一般依當事人之意思自由決定是否授權他人利用，但如果是以法律之強制力，強迫著作權人依一定制度授權他人利用，是爲強制授權。在著作的類型上，以音樂著作的流通性相對較高，若加以獨占，對社會文化之進步發展未必正向，故特創設「音樂著作之強制授權制度」，以解決此問題。

「錄有音樂著作之銷售用錄音著作發行滿六個月，欲利用該音樂著作錄製其他銷售用錄音著作者，經申請著作權專責機關許可強制授權，並給付使用報酬後，得利用該音樂著作，另行錄製。」「前項音樂著作強制授權許可、使用報酬之計算方式及其他應遵行事項之辦法，由主管機關定之。」（著作權法第69條）

準此，申請強制授權的要件是：

(一)時間上，必須錄有音樂著作之銷售用錄音著作發行滿六個月。此用以

保護原錄音著作之製作人，因爲其用來銷售必投資相當資金製作行銷，應保障其相當之期間以利銷售。

　　(二)用途上，必須欲利用該音樂著作錄製其他銷售用錄音著作者。若申請後係用來錄製收藏用之錄音著作則不符其要件。

　　(三)對價上，必須獲得申請著作權專責機關許可強制授權，並給付使用報酬。

　　因音樂強制授權是法律特許之例外，所以銷售地及撤銷、廢止，都有明文規定，以免過度擴張造成權利濫用。「依前條規定利用音樂著作者，不得將其錄音著作之重製物銷售至中華民國管轄區域外。」「依第69條規定，取得強制授權之許可後，發現其申請有虛僞情事者，著作權專責機關應撤銷其許可。」「依第69條規定，取得強制授權之許可後，未依著作權專責機關許可之方式利用著作者，著作權專責機關應廢止其許可。」（著作權法第70條）

五、藝術契約

　　藝術工作者因專心於創作，對法律事務較爲陌生。但藝術文化工作者舉凡「受聘創作時、未明定事後著作權之歸屬？」「受聘創作無法依約完成創作物時、涉及之賠償？」「創作完成後，受邀展示或演出時與主辦單位間的權利義務？」「演出時與場地提供者簽訂的是租賃或使用借貸契約？」「著作行銷時與代理或經紀商之權利義務？」「藝術團體成員本身與團體間之僱傭契約？」藝術工作後續所牽涉的法律事務，與創作者的權利關係甚深，必須要有基本的法律觀念才能應對。

　　契約的成立、生效、履行、給付價金、交付標的物、移轉所有權，無法律行時契約之確保、無法履行契約的損害賠償；在民法皆有詳細規範，他文再就法律事務詳述。

　　在此針對藝術工作者，以契約當事人立場，應該注意之事項做一簡單說

明，以免因不知成爲法律上之弱者：

(一)契約當事人：藝術工作者簽約前應審視與你簽約之當事人，是否有行爲能力？所簽的契約是否爲有效之契約？需知無行爲能力人，縱使買了你的畫作，也會因無行爲能力造成買賣契約之無效。

(二)契約的種類：是買賣藝術作品的買賣契約？還是借藝術品至文化局展示的使用借貸或消費借貸契約？是委任你以100萬元在三個月內創作一件藝術創作的委任契約？還是藝術家標到公共藝術創作的政府採購案，約定三個月後幾幅創作品的承攬契約？是藝術家經由藝術經紀公司代理，至國家音樂廳租借場地，自負表演票務成敗的有償演出契約？還是文化局給付固定演出酬勞，由文化局賣票自負盈虧之演出契約？是舞團與舞者間的僱傭契約？還是雕塑家授權自己雕塑品得在國內製作小型雕塑模型行銷的授權契約？凡此複雜狀況，除民法之有名契約外，藝術家當事人自己當然可以自己之特殊狀況，而有契約之特約事項或附款；這些，都牽動契約之效力與履行，必須先做定位。

(三)契約之標的：契約履行的標的是音樂的勞務演出？還是繪畫的實體之創作？標的物應如何給付？是分期還是一次給付出版價金？如張學友的「雪狼湖」音樂劇因感冒不能履行時，是否有替代方式？在臺灣演出時因聲音沙啞，影響水準聽眾可否要求退費或減少價金？都是契約簽訂時必須考慮的層面。

(四)契約之條件：如愛樂交響樂團應邀到國內演出，有關演出費用、住宿、交通、生活開支、是否參加記者會？是否參加媒體節目錄影促銷票務？飛機座位是經濟艙還是商務艙？酒店級數如何？有多少旅遊休息時間？均須鉅細無遺明列，未能列舉之狀況依誠實原則雙方如何議定？都是契約執行無爭議之要項。

(五)契約之確保、終止與解除：如何給付訂金以確保契約之執行？發生不可抗力因素時如何終止？發生爭議時如何解除？都是簽訂契約時需注意的。

(六)侵權行爲時之損害賠償：因可歸責於當事人之一方，致契約無法履行時，損害賠償責任之歸屬？

凡此都是契約訂定至履行之注意事項，藝術工作者簽訂藝術合約時，需逐一檢視，方能保障自身之權利。

第二節 製版權、權利管理電子資訊與防盜拷措施之保護

一、製版權

　　製版權與出版權不同。出版權是依據出版契約而產生之權利義務，製版權則是著作權為了讓古籍古畫等一些喪失著作權的著作，能夠透過某種方式加以活化，進而產生商業價值的制度。藉此鼓勵古籍之整理重現其時代意義，鼓勵字畫、書法之美術著作收藏家，加以整理發行，以促進文化之發展。

　　「利用無著作財產權或著作財產權消滅之文字著述或美術著作，經製版人就文字著述整理印刷，或就美術著作原件以影印、印刷或類似方式重製首次發行，並依法登記者，製版人就其版面，專有以影印、印刷或類似方式重製之權利。」「製版人之權利，自製版完成時起算存續十年。」（著作權法第79條）

　　準此，適用之標的是「無著作財產權或著作財產權消滅之文字著述或美術著作」兩種，其他著作不包含在內。利用之方式是「就文字著述整理印刷，或就美術著作原件以影印、印刷或類似方式重製首次發行」，經由依法登記後，擁有「就其版面，專有以影印、印刷或類似方式重製之權利」，其製版權的存續期間依法為十年。

　　因此甲將《資治通鑑》，整理後重新製版印刷；將王羲之的書法真跡、原件加以影印印刷、出版重製，經向經濟部智慧財產局依據「製版權登記辦法」申請登記許可後，專有十年之製版權。他人不得就其出版物加以重製、改做或公開傳輸，否則侵害其著作權。

二、權利管理電子資訊

　　創作後，通常會在著作之原件或其已發行之重製物上，或著作公開發表

時，表示著作人之本名或眾所周知之別名者，以表示權利之狀態，並讓該資訊讓大眾可得而知，才能進行聯繫著作權相關事宜。這樣的表示狀態就是權利管理資訊，如以數位化處理揭示，就是權利管理電子資訊。權利管理資訊，若未經著作權人同意或授權而逕行移除或變更，在經過數位化傳輸快速擴散，對真正的著作權人之權益影響甚大，故須對數位化電子化的權利管理資訊專責保護。「權利管理電子資訊：指於著作原件或其重製物，或於著作向公眾傳達時，所表示足以確認著作、著作名稱、著作人、著作財產權人或其授權之人及利用期間或條件之相關電子資訊；以數字、符號表示此類資訊者，亦屬之。」（著作權法第3條）

　　保護的方式就是規定除例外情形，權利管理電子資訊不得任意移除或變更，違者依著作權法第96條規定，處一年以下有期徒刑、拘役或科或併科新臺幣二萬元以上二十五萬元以下罰金。「著作權人所為之權利管理電子資訊，不得移除或變更。但有下列情形之一者，不在此限：一、因行為時之技術限制，非移除或變更著作權利管理電子資訊即不能合法利用該著作。二、錄製或傳輸系統轉換時，其轉換技術上必要之移除或變更。」（著作權法第80條之1）

　　但有些利用人惡性重大，明知權利管理電子資訊是遭非法移除或變更，卻仍加以利用因而侵害著作權，是屬明知並有意使其為之的故意犯，一樣依著作權法第96條加以處罰以維權利。「明知著作權利管理電子資訊，業經非法移除或變更者，不得散布或意圖散布而輸入或持有該著作原件或其重製物，亦不得公開播送、公開演出或公開傳輸。」（著作權法第80條之1）

三、防盜拷措施之保護

　　著作權人未免自己之權利遭受損害，積極採取了一定有效之方式來防止他人侵害其著作權，這些方式既是著作權人所刻意實施，自有保護其防護措施不被破壞之必要。「防盜拷措施：指著作人所採取有效禁止或限制他人擅自進

入或利用著作之設備、器材、零件、技術或其他科技方法。」（著作權法第3條）

　　「著作權人所採取禁止或限制他人擅自進入著作之防盜拷措施，未經合法授權不得予以破解、破壞或以其他方法規避之。」「破解、破壞或規避防盜拷措施之設備、器材、零件、技術或資訊，未經合法授權不得製造、輸入、提供公眾使用或為公眾提供服務。」（著作權法第80條之2）

　　但為社會公益之利用，規定有例外之情形，不適用防盜拷措施的保護規定。「一、為維護國家安全者。二、中央或地方機關所為者。三、檔案保存機構、教育機構或供公眾使用之圖書館，為評估是否取得資料所為者。四、為保護未成年人者。五、為保護個人資料者。六、為電腦或網路進行安全測試者。七、為進行加密研究者。八、為進行還原工程者。九、其他經主管機關所定情形。前項各款之內容，由主管機關定之，並定期檢討。」（著作權法第80條之2）

第三節　著作權仲介團體

　　著作權人雖擁有著作權，但社會活動複雜頻繁，如果每件利用情形都要找到著作權人，對著作權人及利用人都是一種辛苦的過程。於是創建一個仲介的制度，讓專業的人或專責的單位團體，負責利用雙方的權益義務，變成爲一種利用的最佳途徑。「著作財產權人爲行使權利、收受及分配使用報酬，經著作權專責機關之許可，得組成著作權仲介團體。」「團體之許可設立、組織、職權及其監督、輔導，另以法律定之。」（著作權法第81條）

　　於是主管機關依法推動了「著作權仲介團體條例」的公布施行，並訂定「著作權仲介團體設立許可申請須知」、「著作權仲介團體規費收費準則」、「著作權相關案件規費收費標準」、「經濟部智慧財產局著作權審議及調解委員會組織規程」等行政命令，依法審查著作權仲介團體法人之設立，以行使權利、履行義務、收受並分配使用之報酬。

　　著作權仲介團體之設立採強制設立登記之規定，未登記不得執行仲介業務。「未依本條例組織登記爲仲介團體者，不得執行仲介業務或以仲介團體名義爲其他法律行爲。」「違反前項規定者，其所訂之個別授權契約或概括授權契約無效；因而致他人受損害者，行爲人應負賠償責任。行爲人有二人以上者，連帶負責。」（著作權仲介團體條例第9條）設立之程序及許可，成立後成爲社團法人之董事會運作，法有明訂不細敘述。

　　但既是介於著作權人及利用人間之仲介團體，有權利收取管理費用，並以自己之名義與利用人簽約，以自己之名義爲訴訟或訴訟以外之行爲。有義務依法令執行仲介業務，並編造著作財產權之目錄，使用報酬之收費表，並每年提撥百分之十辦理公益事項。在對會員間雖收取管理費用，亦須定期分配使用報酬。「仲介團體應依個別授權契約或概括授權契約範本及使用報酬收費表，以自己之名義，與利用人訂立個別授權契約或概括授權契約，並收受使用報酬。」「仲介團體應依使用報酬之收受及分配方法，將所收受之使用報酬，扣除管理費後之餘額，定期分配予著作財產權人。」（著作權仲介團體條例第24條、34條）

第四章　著作權之限制與侵害救濟

第一節　著作權之合理使用

　　著作人雖因著作權法保護，擁有不被他人侵害的權利。但是法律體系或基於公益原則、比例原則，或因促進國家發展實際之需要，得對著作財產權人給予一定之限制，讓使用人有主張「合理使用」之空間，以調和社會公益及私益。

　　著作之合理使用，規範在著作權法第44條至第66條。除規範各種合理使用之態樣，並說明應審酌一切情狀，作為個案衡量判斷之基準。

　　依權利使用時不同之目的或態樣，分別說明如下：

一、因立法或行政目的之合理使用

　　「中央或地方機關，因立法或行政目的所需，認有必要將他人著作列為內部參考資料時，在合理範圍內，得重製他人之著作。但依該著作之種類、用途及其重製物之數量、方法，有害於著作財產權人之利益者，不在此限。」（著作權法第44條）

　　此處利用之主體是中央或地方機關之公務員，用途是用做內部參考資料。但書規定係指：雖係合理重製，但數量及方法卻仍不能影響著作人之經濟利害；如文化局推動文化創意產業教育訓練，不能將花建老師的「文化魔戒」一書影印給全局每人一本，影響花建老師之著作權。

二、司法程序使用之合理使用

　　「專為司法程序使用之必要，在合理範圍內，得重製他人之著作。」（著作權法第45條）此處指司法程序之民刑事裁判、行政訴訟等書狀，故警察為維

護集會遊行之秩序得將演說加以錄影、律師為了寫辯護意旨書得將學者書中論點重製、法官為了寫判決書得將雙方辯護意旨加以重製,皆為司法程序使用之必要情形。

三、學校授課需要之合理使用

「依法設立之各級學校及其擔任教學之人,為學校授課需要,在合理範圍內,得重製他人已公開發表之著作。」(著作權法第46條)此處既明指依法設立之各級學校,則補習班或短期研習班並不適用。

所以老師上課時用的投影片或教學講義,引用他人之圖或表格,或對教科書中之內容做出節錄及解釋,在合理範圍內,不會侵害著作權。

智慧局曾針對到底學校老師為授課需求的合理重製範圍為何,參考美國和香港的實務,歸納出下列幾項重點,一併提供予讀者參考:(賴文智・王文君,2007:335)

(一) 基本原則

1. 上課指定之教科書不應以影印的方式代替購買。

2. 教師為授課目的所影印的資料對於已經出版銷售的選集、彙編、合輯或套裝教材不應產生市場替代的效果。

3. 應由教師自行衡量需不需要重製別人的著作,而不是接受第三人要求或指示而重製。

4. 教師授課的合理使用,係出於授課臨時所生的需要,因受到時間的拘束和限制,無法合理期待及時獲得授權。

5. 同一教師關於同一資料如在每一學期反覆重製、使用時,應徵求權利人授權。

6. 影印本應註明著作人、著作名稱、來源出處、影印日期等,並應向學

生說明著作資訊，及提醒學生尊重著作權，及不可再行影印或重製給其他人。

(二) 有關重製的數量或比例

　　1. 供教師自己使用時，限重製一份：爲供學術研究、教學或教學準備之用，可根據教師個人的需求，由其本人或他人，複製一份下列之著作：(1)書籍之一章。(2)期刊或報紙中之一篇著作。(3)短篇故事、短篇論文或短詩，而不論是否來自集合著作。(4)書籍、期刊或報紙中之一張圖表（chart）、圖形（graph）、圖解（diagram）、繪畫（drawing）、卡通漫畫（cartoon）或照片（picture）。

　　2. 供教室內的學生使用時，可重製多份：(1)所重製的影印本，限於相關課程的學生每人一份。(2)所利用的每一著作的比例要簡短。(3)同一本書、期刊雜誌使用的比例：如爲同一作者，短詩、文章、故事不超過一篇、摘要不超過二篇；同一本集合著作、期刊雜誌不超過3篇。如屬報紙上的文章，同一學年同一課程不超過十五件著作。(4)同一學年中，重製的著作件數不超過二十七件。

四、教育目的之合理使用

　　「爲編製依法令應經教育行政機關審定之教科用書，或教育行政機關編製教科用書者，在合理範圍內，得重製、改作或編輯他人已公開發表之著作。」（著作權法第47條）

　　此處依法令應經教育行政機關審定之教科用書，係指中小學教科用書而言。大專用教科書，已屬學術自由、著作權保障範圍。所以空中大學編著的「臺灣當代畫家介紹」一書，其中大量引用畫家之畫作，須獲得著作之授權使用。

　　但現代社會影音著作風行，在書的後頁加附教學CD的亦屬普遍。故「於

編製附隨於該教科用書且專供教學之人教學用之輔助用品，準用之。但以由該
教科用書編製者編製為限。」（著作權法第47條第2項）所以不可書是某甲所
寫附贈之CD是某乙作品，亦不可書是某所寫的兒童衛生教育一書，附贈是毫
無相關的某甲創作之歌曲CD。

　　另外在教學活動上，公開播送具有教育意義的電影或DVD，也是教學活
動的一種。所以「依法設立之各級學校或教育機構，為教育目的之必要，在合
理範圍內，得公開播送他人已公開發表之著作。」如空中大學上課需要，得將
他人著作之一部分當教材，在廣播及電視中教學公開播出。但既使用該著作，
利用人應將利用情形通知著作財產權人並支付使用報酬。

五、圖書館之合理使用

　　為了促進文化發展，人類智慧之結晶應有可調和之空間。著作物經由收
藏放置在圖書館或博物館等地方，為了促進智慧的流通，有規定合理使用之必
要。「供公眾使用之圖書館、博物館、歷史館、科學館、藝術館或其他文教機
構，於下列情形之一，得就其收藏之著作重製之：一、閱覽人供個人研究之要
求，重製已公開發表著作之一部分，或期刊或已公開發表之研討會論文集之單
篇著作，每人以一份為限。二、基於保存資料之必要者。三、就絕版或難以購
得之著作，應同性質機構之要求者。」（著作權法第48條）

　　此處合理使用之主體，除上述列舉外，其他文教機構應就實質使用之機構
性質判定之。所以國家音樂廳、臺北美術館、臺東生美館、六堆客家文物館、
郭子究音樂紀念館等，都應包含在內。

　　使用之目的限於供「研究」之要求。此處規定係為擴大使用，而做抽象
之研究目的規範，在個案上除非明顯是「影印供大眾趣味娛樂之笑話大全」，
否則多作合於研究範圍之解釋。重製之客體既指以公開發表之著作，則「國父
紀念館裡的孫逸仙先生手稿」、「中正紀念堂裡的蔣介石先生日記」若未曾公

開發表則不得重製。至於重製之範圍，限於公開發表著作之「一部分」而非全部，份數以一份爲限。實務上常見圖書館有「請尊重著作權，勿影印超過三分之一」的標示，其實是圖書館揭示保護著作權的方法，以免閱覽人整本影印時成爲幫助犯。若閱覽人每次影印百分之十，分十次影印完一本書；已達到影響該書籍市場銷售之情形，當然是「以一個目的完成分階段實施的繼續犯」，侵害著作權。同學們在圖書管理影印研究所需的資料，應想想作者的智慧辛勞，不應侵害才是良好的法治教育。

其次爲了保護館藏，以現代microfilm微縮之方法重製，或因館藏絕版或無法購製之資料，應同性質機構之要求而重製，亦屬合理使用之範圍。

另外因研究風氣隨社會進步興起，研究生寫論文需大量研究資料，故規定「中央或地方機關、依法設立之教育機構或供公眾使用之圖書館，得重製下列已公開發表之著作所附之摘要：一、依學位授予法撰寫之碩士、博士論文，著作人已取得學位者。二、刊載於期刊中之學術論文。三、已公開發表之研討會論文集或研究報告。」（著作權法第48條之1）

六、時事報導之合理使用

新聞自由保障民眾知的權利，是民主國家權利保障重要一環。而新聞之時事報導，會因報導而產生著作之接觸或引用，須就該情形予以規範。「以廣播、攝影、錄影、新聞紙、網路或其他方法爲時事報導者，在報導之必要範圍內，得利用其報導過程中所接觸之著作。」（著作權法第49條）

故實務上，以廣播報導演說家現場之情形，剪接一小段現場收音；電視報導郭富城臺灣演唱會，插播現場三十秒的歌唱舞蹈；電視報導國慶閱兵，引用三十年前的錄影畫面做對比；報紙報導太魯閣峽谷音樂節，拍攝了國家交響樂團在峽谷拉交響樂的畫面；網路爲求即時效果，上傳立法院議事處錄製立法委員推擠拍桌的畫面；凡此只要在必要範圍就屬合理使用。

　　至於何謂「必要範圍」？應以報導之內容、態樣、時間、目的，在方法上全貌之客觀觀察。如民視曾發生報導某專題，擅自剪接引用他人錄影著作而闡述，侵害著作權之案例。

七、以中央或地方機關或公法人之名義之合理使用

　　以中央或地方機關或公法人之名義而公開發表之著作，性質上為公權力機關為了公益所發表之研究或施政成果，在合理範圍內利用，其實是推動公共利益的故應允許合理使用。「以中央或地方機關或公法人之名義公開發表之著作，在合理範圍內，得重製、公開播送或公開傳輸。」（著作權法第50條）

　　故行政院研考會所出版的海峽兩岸學術交流成果報告，花蓮縣政府所出版的國道蘇花高速公路興建環保計畫，國家文藝基金會所出版的獎助藝術家創作辦法研究報告等，皆得基於公益事由，在合理範圍內，重製、公開播送或公開傳輸。

八、個人或家庭之合理使用

　　網路下載一首歌曲燒錄在MP3裡，坐公車上課時自己聽；錄一段精彩的蔣勳講米勒名畫的節目，晚上全家一起觀賞做家庭美的學習；這些在實務上既為經常性之使用且取締上亦有困難，在利用上應予一定的空間，以符合法律適用衡平原則。「供個人或家庭為非營利之目的，在合理範圍內，得利用圖書館及非供公眾使用之機器重製已公開發表之著作。」（著作權法第51條）

　　著作權法裡的公眾，係指不特定人或特定之多數人。但家庭及其正常社交之多數人，不在此限。此處因係規範合理使用之情形，所以個人及家庭應做限縮解釋，只限於個人及結合親屬關係之少數人。至於目的限於非營利使用，

個人之使用若用於營業行為，下載MP3之歌曲燒成光碟賣給同學，則非法之所許。

九、引用之合理使用

在教學及學術研究上，因知識不可能無中生有，皆係前人知識基礎上再求創新與突破，故引用他人創作之一部分作為引證或延伸係屬常見。在新聞之報導或評論時，亦因工作之需要須引用當事人原意再加以做深度報導或適當評論之處理。故「為報導、評論、教學、研究或其他正當目的之必要，在合理範圍內，得引用已公開發表之著作。」（著作權法第52條）

引用，是指利用他人著作之內容，表達，作為自己著作之引證參考，須註明出處，否則有抄襲之嫌。但著作權保護的是表達，若引用他人思考的觀念，則無引用的必要。如甲書中說明網路時代部落格之重要性，乙書在書中亦談到此論點，且說明部落格之商機，則無引用之適用。

故引用張愛玲小說裡的部分文字，寫出論張愛玲的感情世界；引用在地著名音樂家音樂經蒐集編輯後，花蓮縣政府出版花蓮在地音樂專輯公播版，引用數張雲門舞集的跳舞照片，論述雲門舞集舞團三十年的蛻變，都是適例。

十、為視覺障礙者、聽覺機能障礙者之合理使用

視障聽障者是屬社會之弱勢團體，利用時對著作權人之利益影響相對不大。基於身心障礙者保護法之規定，應給予視聽障者合理使用空間。但未免藉社會福利之名濫用侵害著作權，故將重製之主體限於依法立案之非營利機構或團體。

「已公開發表之著作，得為視覺障礙者、聽覺機能障礙者以點字、附加

手語翻譯或文字重製之。」「以增進視覺障礙者、聽覺機能障礙者福利為目的，經依法立案之非營利機構或團體，得以錄音、電腦、口述影像、附加手語翻譯或其他方式利用已公開發表之著作，專供視覺障礙者、聽覺機能障礙者使用。」（著作權法第53條）

十一、為考試之合理使用

國家高普考試、土地登記代理人證照考試、臺電雇員考試、高中聯考、國中期末考……等等，或因考試試題有保密之必要無法事先取得著作權人同意，或因考題與著作間，並無市場侵害關聯反有促進銷量之作用，故應允許考試目的之合理使用。

「中央或地方機關、依法設立之各級學校或教育機構辦理之各種考試，得重製已公開發表之著作，供為試題之用。但已公開發表之著作如為試題者，不適用之。」（著作權法第54條）

十二、為非營利之合理使用

在生日同樂晚會上唱伍思凱的生日快樂歌，在愛心活動中播放慈濟證嚴上人之演講錄影帶，在畢業典禮上表演社團成果、跳國標舞，在圖書館為視障兒童說故事，這些都是日常生活中常見的著作使用方式，只要是以非營利為目的，對使用對象上未直接或間接收取任何費用，就有主張合理使用的適用。費用不管是直接的入場費或門票費，還是巧立名目的場地清潔費、飲食費、會員年費間接收費等，都不可收取。

「非以營利為目的，未對觀眾或聽眾直接或間接收取任何費用，且未對表演人支付報酬者，得於活動中公開口述、公開播送、公開上映或公開演出他人

已公開發表之著作。」（著作權法第55條）

十三、爲廣播電視播送之合理使用

　　廣播電視爲傳播著作之內容，在獲得著作權人授權後，仍須先將著作，用自己之設備予以錄音或錄影的重製，才得在安排的時段中公開播出，故此種情形得以主張合理使用。

　　「廣播或電視，爲公開播送之目的，得以自己之設備錄音或錄影該著作。但以其公開播送業經著作財產權人之授權或合於本法規定者爲限。」「前項錄製物除經著作權專責機關核准保存於指定之處所外，應於錄音或錄影後六個月內銷燬之。」（著作權法第56條）

　　其次因有線電視在臺灣已非常普及，未使公開播送時能將無線電視臺節目一起整合以方便收視觀眾，特依有線電視法修正後規定，主張合理使用之範圍。「爲加強收視效能，得以依法令設立之社區共同天線同時轉播依法設立無線電視臺播送之著作，不得變更其形式或內容。」（著作權法第56條之1）

十四、美術或攝影著作之合理使用

　　法律規定「著作人專有公開展示其未發行之美術著作或攝影著作之權利。」但美術及攝影著作，一但原件經市場機制被收藏家所收藏，若公開展示權仍屬原著作權人所有，則將嚴重影響市場購買之意願。故應於此情形得主張合理使用。

　　「美術著作或攝影著作原件或合法重製物之所有人或經其同意之人，得公開展示該著作原件或合法重製物。」「前項公開展示之人，爲向參觀人解說著作，得於說明書內重製該著作。」（著作權法第57條）

十五、戶外場所展示美術或建築著作之合理使用

　　在街道上的地標藝術品，在公園、車站或社區大樓中庭的藝術創作，或建築物外壁所表現的雕塑圖騰，或具有建築原創性之公共建築物（如臺北101大樓），既是對社會大眾所公開展示，除法有明文規定侵害之情形，其利用應有合理使用之主張。所以不得以建築方法重製不管比例大小是否相符之臺北101大樓，不得雕塑外觀一模一樣的臺北101大樓雕塑品，但如依自己之攝影創意，將臺北101大樓拍出精彩之照片放在旅遊指南內販售，是屬合理使用之範圍。

　　「於街道、公園、建築物之外壁或其他向公眾開放之戶外場所長期展示之美術著作或建築著作，除下列情形外，得以任何方法利用之：一、以建築方式重製建築物。二、以雕塑方式重製雕塑物。三、為於本條規定之場所長期展示目的所為之重製。四、專門以販賣美術著作重製物為目的所為之重製。」（著作權法第58條）

十六、電腦程式著作之合理使用

　　電腦程式之製作物，因係高科技之產物，常有需為了配合機器設備升級或修改之必要，而須加以重製或改作之情形，此種情形如果只是所有人自己使用而非營業之改作，應有主張合理使用之空間。

　　「合法電腦程式著作重製物之所有人得因配合其所使用機器之需要，修改其程式，或因備用存檔之需要重製其程式。但限於該所有人自行使用。」「前項所有人因滅失以外之事由，喪失原重製物之所有權者，除經著作財產權人同意外，應將其修改或重製之程式銷燬之。」（著作權法第59條）

十七、散布權耗盡原則之合理使用

散布：指不問有償或無償，將著作之原件或重製物提供公眾交易或流通。散布權之規範，是在防止違法之重製物流通，侵害到著作權。若是合法之重製品，則適用散布權耗盡原則（或稱第一次銷售原則）在第一次銷售後，則散布權就已耗盡，不得主張買受原件之人進行後續之散布。果如此，才會有二手書店之合法行為，網拍二手CD，美術畫作經收藏者拿出作藝術拍賣，再創藝術品新高價，才會成為可能，故應可主張合理使用。

但各國經濟水平及物價本有不同，若是甲在本國所製造之物，專門低價輸出在A國銷售，但乙認為回銷本國有利可圖，購買大批物品回銷臺灣，則因甲並未授予乙在臺灣銷售之散布權，乙若未得甲之同意任意在臺灣販售則有侵權之虞。

「在中華民國管轄區域內取得著作原件或其合法重製物所有權之人，得以移轉所有權之方式散布之。」（著作權法第59條之1）

十八、出租合法重製物之合理使用

出租亦屬一種廣義的散布態樣，適用散布權耗盡原則。故著作權人在銷售原件或合法重製物後，對該物已不能主張出租權之限制。所以甲買了一萬本書，開起小說出租店，某乙買了一萬張合法之DVD，開起錄影帶出租店，都是法之所許。但實務上錄影帶店之出租權係原影片公司之出租授權，允許甲在店裡行使商業租賃行為，並未出賣該影帶所有權給甲。所以個案上甲因週轉不靈將該店轉賣給乙經營，乙只獲得繼續經營出租業務之權利，並未獲得影帶之所有權。但錄音著作及電腦程式著作，或因原創困難度低，或因科技時代改做容易，並無出租權之適用。

又，圖書館將合法重製物出借給閱覽讀者，由於法律並無對「出借行為」

規範，應屬合理使用之範圍。

　　「著作原件或其合法著作重製物之所有人，得出租該原件或重製物。但錄音及電腦程式著作，不適用之。」「附含於貨物、機器或設備之電腦程式著作重製物，隨同貨物、機器或設備合法出租且非該項出租之主要標的物者，不適用前項但書之規定。」（著作權法第60條）

十九、媒體時事轉載或播送之合理使用

　　單純為傳達事實之新聞報導所作成之語文著作，不得為著作權之標的。但加入自己獨立見解的論述，屬於具有原創性之著作，有保護之必要。但新聞報導關於時事上之論述，無論傳播介面是報紙、雜誌或是網路，對大眾知的權利有重大影響，所以若無當事人聲明著作權之保留，應基於傳輸知識之公益事由，有主張合理使用之空間。

　　「揭載於新聞紙、雜誌或網路上有關政治、經濟或社會上時事問題之論述，得由其他新聞紙、雜誌轉載或由廣播或電視公開播送，或於網路上公開傳輸。但經註明不許轉載、公開播送或公開傳輸者，不在此限。」（著作權法第61條）

二十、公開演說或陳述之合理使用

　　政治係眾人之事，宗教係引人向善之心靈活動，任何人之政治或宗教上的公開演說，應可合理使用，傳播給不特定之人得知。裁判程序本有公開及不公開之程序（如刑事訴訟規定：偵查，不公開之），果是公開審理之程序，則當事人之陳述，則可合理利用之。中央或地方機關之公開陳述，如行政院劉院長之施政報告，地方議會張議員之問政質詢，都屬可合理使用之範圍。但若專針

對某人之演說或陳述加以整理，經由編輯產生衍生著作，則影響當事人將來自己整理自己語文著作出版之權利，需要獲得著作權人之同意才可。

「政治或宗教上之公開演說、裁判程序及中央或地方機關之公開陳述，任何人得利用之。但專就特定人之演說或陳述，編輯成編輯著作者，應經著作財產權人之同意。」（著作權法第62條）

二十一、合理使用之判斷基準

前述以列舉方式說明各種態樣或目的，所發生的合理使用情形。但在具體個案判斷時，仍須檢視各種合理使用的一般構成要件，作為判斷之基準。此即學者所論需「個案分析原則」與「整體衡量原則」一起觀察的判斷基準。（黃怡騰，2007：19）

「著作之合理使用，不構成著作財產權之侵害。著作之利用是否合於第44條至第63條規定或其他合理使用之情形，應審酌一切情狀，尤應注意下列事項，以為判斷之基準：一、利用之目的及性質，包括係為商業目的或非營利教育目的。二、著作之性質。三、所利用之質量及其在整個著作所占之比例。四、利用結果對著作潛在市場與現在價值之影響。」（著作權法第65條）試分述如下：

(一) 利用之目的及性質

著作財產權具有經濟之價值，如係商業目的利用，對著作權人之經濟利益將有潛在之傷害；但若係非營利之教育目的使用，則較易符合合理使用之範圍。

(二) 著作之性質

　　一般指的是某種著作的內容性質,較其他著作更易符合合理使用範圍。換句話說,若創作品的性質,原創性評價較低,一般而言,較原創性高的著作品,更易主張合理使用。如將原作者各種原創論文所編輯而成的精選輯編輯著作,較學者針對某議題論述而成的學術著作,前者原創性相對較低,較易主張合理使用之成立。

(三) 所利用之質量及其在整個著作所占之比例

　　此處之所占比例應以質量全貌觀之。在質上,一篇數萬字文章,可能經典之論述在最後結論幾行,若引用未註明出處在質上難謂成立合理使用。一首傳唱的好歌,可能精華處在副歌那四句旋律,剪接旋律創造另一首歌亦難謂成立合理使用。在量上,沒有多少比例相同就不成立合理使用之推斷,或斷定就是抄襲的推理,仍須以個案判斷,全貌觀之。除了學術界的規範有其嚴格的學術倫理外,一般在文化藝術的解構中,經由現代主義的思維衝擊,符號、顏色、構圖都可經解構創作元素後,重組成為新創作,故只要能夠證明自己的創作手稿、歷程、觀念;縱便表達與他創作有「神似」之處,在法律論斷上仍難判定其抄襲。

(四) 利用結果對著作潛在市場與現在價值之影響

　　著作權旨在保護著作人智慧結晶產品之經濟利益,若利用之結果,對現在的市場,或以後的潛在市場產生減少或減失的影響,則無法主張合理使用。如布萊德彼特與安潔莉娜裘莉這對銀色夫妻,安懷孕後A媒體為了搶先報導將來孩子的長相及一切,優先買下嬰兒的公開傳播著作權,安且以此金額做為公益。若孩子出生後,其他爆料之媒體以長鏡頭竊得相片優先刊出,則對A報的著作權潛在市場產生價值減少之影響,是侵害著作權。

第二節　著作權侵害之責任

　　著作權既為權利之一種，權利受到侵害時，自有法定之責任與救濟之途徑。在非訟事件的救濟上，可以依著作權法專責規範的「著作權審議及調解」、商務仲裁、民事和解方式為之。在民事救濟上，適用民法侵權行為之規範，而有損害賠償及慰撫金之請求權。在刑事救濟上，侵害了國家或個人法益，依告訴乃論或非告訴乃論，而有刑之訴追與處罰。

一、非訟事件之救濟

(一) 著作權審議及調解

　　為了解決著作權產生的爭議，主管機關經濟部智慧財產局，於民國93修正公布了「著作權爭議調解辦法」及「經濟部智慧財產局著作權審議及調解委員會組織規程」，相關職掌及程序簡述如下：

　　1. 職掌：(1)第47條第4項規定使用報酬率之審議。(2)著作權仲介團體與利用人間，對使用報酬爭議之調解。(3)著作權或製版權爭議之調解。(4)其他有關著作權審議及調解之諮詢。

　　2. 組織：置主任委員一人，由本局局長兼任；委員二十一人至二十九人，任期二年，由局長聘派有關機關代表、學者、專家及本局業務有關人員兼任之。

　　3. 程序：(1)當事人申請調解時，應以書面為之。(2)著作權專責機關受理調解之申請後，應將調解申請書繕本送達他造當事人，並通知於限期內為是否接受調解之表示，屆期不為表示者，視為拒絕調解。(3)當事人申請調解經他造當事人接受者，著作權專責機關應提交委員會調解。(4)當事人兩造各得推舉一人至三人列席調解會議，協助調解；著作權專責機關亦得視調解案件之性質，邀請相關人士列席提供意見。(5)調解委員應詢明當事人兩造之意見，

對當事人為適當之勸導,並就實際情況及爭議重點加以調解。(6)辦理審議事項,應由全體委員二分之一以上之出席,出席委員二分之一以上之同意,始得決議。可否同數時,由主席裁決之。(7)調解成立時,著作權專責機關應作成調解書。調解書,應依本法第82條之1第1項規定,於調解成立之日起七日內,以正本送請管轄法院審核。(8)調解不成立時,著作權專責機關應自調解會議為調解不成立決定之日起十日內,送達當事人調解不成立之證明書。(9)調解書,法院應儘速審核,除有違反法令、公序良俗或不能強制執行者外,應由法官簽名並蓋法院印信,除抽存一份外,發還著作權專責機關送達當事人。(10)法院未予核定之事件,應將其理由通知著作權專責機關。

　　4. 效力:(1)產生一事不再理之效力。調解經法院核定後,當事人就該事件不得再行起訴、告訴或自訴。(2)產生撤回起訴之效力。民事事件已繫屬於法院,在判決確定前,調解成立,並經法院核定者,視為於調解成立時撤回起訴。(3)產生強制執行之執行名義效力。經法院核定之民事調解,與民事確定判決有同一之效力;經法院核定之刑事調解,以給付金錢或其他代替物或有價證券之一定數量為標的者,其調解書具有執行名義。

(二) 仲裁

　　著作權產生爭議時,可依當事人訂定之仲裁協議,約定仲裁。或為國內仲裁,或為跨越管轄權範圍產生國際間之仲裁。既為雙方所協議,則仲裁之判斷結果,對於當事人間,與法院之判決有同一之效力。

(三) 和解

　　雙方當事人當然也可能在爭議發生後,自行溝通化解爭議,完成和解契約,就契約和解之事項彼此遵守。此時產生民法上的和解,依民法規定產生權利因拋棄而消滅,因契約而生新的權利之發生的效力。

二、民事救濟

(一) 損害賠償請求權

著作權法關於權利侵害之救濟，明定本法未規定者適用其他法律之規定。所以民法上有關侵權行為之概念及效力，皆可適用。

1. 侵害之除去、侵害之防止請求權

現行著作權之侵害有除去之請求權，對未來有發生侵害之虞的情形，可要求防止其侵害。如盜版之CD在市面上販售，著作權人可要求回收並銷毀除去其侵害，對於盜版廠商重製完成但還沒上市的盜版CD，則可沒收以防止其侵害。「著作權人或製版權人對於侵害其權利者，得請求排除之，有侵害之虞者，得請求防止之。」（著作權法第84條）

2. 損害賠償請求權及慰撫金請求權

侵權行為之方法有作為及不作為之態樣，主觀意識上有故意及過失之區別，侵害及結果之間需有相當因果關係，因侵權行為至受害人所生的損害，則可依損害賠償請求權，要求賠償因侵權所生之損害，而損害賠償之範圍則以填補債權人損受損害及損失利益為限。

「因故意或過失不法侵害他人之著作財產權或製版權者，負損害賠償責任。數人共同不法侵害者，連帶負賠償責任。」（著作權法第88條）「損害賠償，除法律另有規定或契約另有訂定外，應以填補債權人損受損害及損失利益為限。」（民法第226條）

著作權本有著作人格權與著作財產權之分，若是人格權上的損害，則被害人亦得請求賠償相當之金額，此稱為慰撫金。「侵害著作人格權者，負損害賠償責任。雖非財產上之損害，被害人亦得請求賠償相當之金額。」（著作權法第85條）

(二) 不當得利返還請求權

依民法規定，如因侵害他人權利，侵權人因此亦受有利益，此利益無法律上之正當事由而獲得，是屬不當得利。被害人對侵權人有不當得利之返還請求權。

「第85條及第88條之損害賠償請求權，自請求權人知有損害及賠償義務人時起二年間不行使而消滅。自有侵權行為時起，逾十年者亦同。」但因民法規定不當得利返還請求權時效，為自請求權行使起算十五年，故不當得利的返還請求權給當事人保護的時效較長。

(三) 恢復原狀請求權

著作人格權有姓名表示權之內涵，若遭受侵害，還有得要求侵權人恢復姓名原狀之請求權。「被害人並得請求表示著作人之姓名或名稱、更正內容或為其他回復名譽之適當處分。」

(四) 判決書登報請求權

著作權之爭議獲得救濟，通常著作權人最在意的，還是社會大眾是否知曉誰是著作權人？並請社會大眾應尊重其著作權。所以刊登媒體不失為一種損害賠償的方式。「被害人得請求由侵害人負擔費用，將判決書內容全部或一部登載新聞紙、雜誌。」

三、刑事救濟

(一) 告訴權

1. 告訴乃論與非告訴乃論：著作權是屬個人法益之侵害，原則上採取告

訴乃論之罪。「本章之罪，須告訴乃論。但犯第91條第3項及第91條之1第3項之罪，不在此限。」（著作權法第100條）故除犯「意圖銷售或出租而以重製於光碟之方法侵害他人重製權」及「散布光碟罪」，皆採告訴乃論。

　　2. 告訴權人：原則上告訴權人是被害人。但被害人的法定代理人或配偶亦得獨立告訴。其餘代理情形悉依刑事訴訟法之規定。其餘被授權人及共有著作權人之告訴權，則依著作權法之規定。「專屬授權之被授權人在被授權範圍內，得以著作財產權人之地位行使權利，並得以自己名義為訴訟上之行為。著作財產權人在專屬授權範圍內，不得行使權利。」「共同著作之各著作權人，對於侵害其著作權者，得各依本章之規定，請求救濟，並得按其應有部分，請求損害賠償。」（著作權法第37及90條）

　　3. 告訴期間：告訴乃論之罪，奇告訴自得為告訴之人知悉犯人之時起，於六個月內為之。

(二) 犯罪態樣

　　1. 重製罪：「擅自以重製之方法侵害他人之著作財產權者，處三年以下有期徒刑、拘役，或科或併科新臺幣七十五萬元以下罰金。「意圖銷售或出租而擅自以重製之方法侵害他人之著作財產權者，處六月以上五年以下有期徒刑，得併科新臺幣二十萬元以上二百萬元以下罰金。」「以重製於光碟之方法犯前項之罪者，處六月以上五年以下有期徒刑，得併科新臺幣五十萬元以上五百萬元以下罰金。」

　　2. 移轉所有權之散布罪：「擅自以移轉所有權之方法散布著作原件或其重製物而侵害他人之著作財產權者，處三年以下有期徒刑、拘役，或科或併科新臺幣五十萬元以下罰金。」「明知係侵害著作財產權之重製物而散布或意圖散布而公開陳列或持有者，處三年以下有期徒刑，得併科新臺幣七萬元以上七十五萬元以下罰金。」「犯前項之罪，其重製物為光碟者，處六月以上三年以下有期徒刑，得併科新臺幣二十萬元以上二百萬元以下罰金。但違反第87條第4款規定輸入之光碟，不在此限。」

3.　侵害著作財產權罪：「擅自以公開口述、公開播送、公開上映、公開演出、公開傳輸、公開展示、改作、編輯、出租之方法侵害他人之著作財產權者，處三年以下有期徒刑、拘役，或科或併科新臺幣七十五萬元以下罰金。」

4.　侵害著作人格權罪：「侵害第15條至第17條規定之著作人格權者，處二年以下有期徒刑、拘役，或科或併科新臺幣五十萬元以下罰金。」

5.　違反音樂強制授權罪：「錄有音樂著作之銷售用錄音著作發行滿六個月，欲利用該音樂著作錄製其他銷售用錄音著作者，經申請著作權專責機關許可強制授權，並給付使用報酬後，得利用該音樂著作，另行錄製。」「依前條規定利用音樂著作者，不得將其錄音著作之重製物銷售至中華民國管轄區域外。違者處二年以下有期徒刑、拘役，或科或併科新臺幣五十萬元以下罰金。」

6.　視為侵害著作權罪：「有下列情形之一者，除本法另有規定外，視為侵害著作或製版權：(1)以侵害著作人名譽之方法利用其著作者。(2)明知為侵害製版權之物而散布或意圖散布而公開陳列或持有者。(3)輸入未經著作財產權人或製版權人授權重製之重製物或製版物者。(4)未經著作財產權人同意而輸入著作原件或其重製物者。(5)以係侵害電腦程式著作財產權之重製物而作為營業之使用者。(6)明知為侵害著作財產權之物而以移轉所有權或出租以外之方式散布者，或明知為侵害著作財產權之物，意圖散布而公開陳列或持有者。」「以第87條第1項第1款、第3款、第5款或第6款方法之一侵害他人之著作權者。違者處二年以下有期徒刑、拘役，或科或併科新臺幣五十萬元以下罰金。」

第五章　藝術與文化資產保存

第一節　文化資產保存的概念

一、文化資產的觀念

2008年北京奧運，表演的八佾舞、太極拳，透過表演藝術的傳達，展現五千年中華文化的精隨，感動人心。

五千年前，埃及的法老王，以進步的文明，精確的技術，建造出偉大的金字塔建築群，為埃及的文明寫下燦爛一頁。

文化是人類發展文明，所留下的歷史足跡。文明的演進中，所展現的人類智慧，有科學的進步、有藝術的創造、有聚落的留存、有自然的風貌、有文化的景觀；這些歷史足跡無法回頭再來，保存文化資產即成重要的工作。一般的人，應該要了解自己生活環境中的文化資產意涵，從事藝術工作的人，更要了解其中藝術創造的文化底蘊，藉此延續每一個時空藝術深耕的文化特色，創造出偉大的作品。

文化資產一但遭到破壞，不論是有形或無形的文化資產都無法重建，故全球化緊密連結後，各地都興起文化資產保護之浪潮。我國是文化大國，文化資產豐富深厚，自然也身在該項文化資產保護的趨勢中，開始保護之行動。

1972年，聯合國教科文組織（UNESCO）制定《世界文化與自然遺產保護公約》（Convention Concerning the Protection of the World Cultural and Natural Heritage），開始了世界遺產觀念倡導及保護的行動。1976年，成立「世界遺產委員會」，負責推動及監督保護公約的實施。這份公約主要以保護古蹟、建築、遺址等物質遺產或有形遺產為主，自推動起至2008年，已指定了約九百個世界級的文化遺產，不但保護了人類共同的文化足跡，也因為文化的深度，成為現今全球旅遊最受到重視及歡迎的景點。

除了有形的文化資產外，無形文化資產的保護也隨著思潮興起受到重視。民俗的、傳統的、技藝的、無形的「人類活體文化寶藏」，成為另一個文化資產保存的保存重點。

1992年，聯合國教科文組織開始推動「無形文化資產」計畫，包括語言、傳統音樂、非物質文化遺產、智慧財產等，都納入該計畫的保護內。將無形文化資產的活化與傳承，特別是「瀕臨消失者」的無形文化資產保存，視爲重點的計畫。2001年，聯合國教科文組織開始每隔兩年公告一次「人類重要口傳與無形文化資產」（Proclamation of Masterpieces of the oral and Intangible Heritage of Humanity），展開更進一步的具體行動。2003年起，聯合國教科文組織正式通過「無形文化財保護公約」（Convention for the Safeguarding of the Intangible of Humanity），成爲國際文化保護無形文化資產的遵守基礎。（尹章義，2005：5）

學者認爲：「無形文化財是一種權利，此種權利價值無論是來之於社會認知，具有精神意義的特殊性質，或者經由訴訟請求所產生的非物質性權利價值，皆具有不可避免的社會性，因此在屬性上，此一文化財既是知識權，也是公共權，更是文化權。」（洪孟啓，2006：3）

本文認爲，文化資產在法律體系裡的定位，本質上是屬於「物」，具有物權之性質。學者陳榮傳認爲，文化資產（Cultural Property）是指「在考古、歷史、文學、藝術或科學方面，具有宗教或世俗重要性的物品，所以也稱爲文化物品（Cultural Object）。」（陳榮傳，2002）。因此，文化資產中無論其爲可移動文化資產或是不可移動文化資產；不論其爲動產或是不動產，本質上均爲「物」，具有物權之性質。既爲物權，則物權法上所生之權利亦得主張之。例如：所有權、抵押權、質權、留置權、占有等物權皆有其適用；當其權利受到侵害時，亦得行使物上請求權，請求返還之。

但某些文化資產表面看來上並非「物」，亦不具備「物權」之性質，例如：傳統藝術中之音樂、美術之創作、民俗、技藝等無形文化資產，這些都不具「物」之本質；然而，這些可貴的文化資產，卻都是人類智慧的結晶，仍然具有智慧財產權之性質，擁有該無形文化資產者，自應擁有該項智慧財產權。

歸納言之，有形文化資產本質上皆爲「物」，具有「物權」之性質；而無形或民俗文化資產，雖不具物權之性質，本質上爲智慧財產權，具有無體財產權之性質。惟無論是物權或是無體財產權，皆屬財產權，基本上有民、刑事法

律之適用。「所應特別注意者，由於文化資產在文化、歷史、藝術上具有高度之價值，並具有稀少、獨特、不可替代及珍貴等特性。」（陳榮傳，2002）

臺灣並沒在這次文化資產保護浪潮中缺席。1982年，立法院通過了「文化資產保存法」作為保護文化資產之法治基礎。此時因無立法先例，參酌國外立法經驗規範精簡，「文化資產保存法」條文僅八章31條，其保護對象涵蓋古物、古蹟、民族藝術、民俗及有關文物、自然文化景觀等五大項目。

但因施行後，世界遺產保護的觀念已成為世界主流思潮，為因應時空變遷，及相關精省及政府採購法施行等環境變化，歷經四次的修正，終於在在文化共識逐漸凝聚下，在2005年做了最大幅度的一次修正，訂定文化事權的統一，中央與地方權責的重新定位，新增暫定古蹟及自然地景，古蹟免徵遺產稅的獎勵措施，擴大文化資產保護範圍，提高相關的罰則，將法條增加到104條，將文化資產做了一次有系統的整理與規範。

其中「暫定古蹟的新制度，使得文化單位得以有權力面對建築法、消防法、樂生療養院與捷運路線的兩難等問題，輿論更認為是雞毛揮舞成令箭的重大突破。」（郭紀舟，2005）

二、文化資產的保存

(一) 文化資產保存之範圍

文化資產，指具有歷史、藝術、科學等文化價值，並經指定或登錄之下列有形及無形文化資產：（文化資產保存法第3條，以下簡稱文資法）

1. 古蹟：指人類為生活需要所營建之具有歷史、文化、藝術價值之建造物及附屬設施。

2. 歷史建築：指歷史事件所定著或具有歷史性、地方性、特殊性之文化、藝術價值，應予保存之建造物及附屬設施。

3. 紀念建築：指與歷史、文化、藝術等具有重要貢獻之人物相關而應予

保存之建造物及附屬設施。

4. 聚落建築群：指建築式樣、風格特殊或與景觀協調，而具有歷史、藝術或科學價值之建造物群或街區。

5. 考古遺址：指蘊藏過去人類生活遺物、遺跡，而具有歷史、美學、民族學或人類學價值之場域。

6. 史蹟：指歷史事件所定著而具有歷史、文化、藝術價值應予保存所定著之空間及附屬設施。

7. 文化景觀：指人類與自然環境經長時間相互影響所形成具有歷史、美學、民族學或人類學價值之場域。

8. 古物：指各時代、各族群經人為加工具有文化意義之藝術作品、生活及儀禮器物、圖書文獻及影音資料等。

9. 自然地景、自然紀念物：指具保育自然價值之自然區域、特殊地形、地質現象、珍貴稀有植物及礦物。

中國大陸於2002年，修正通過「中華人民共和國文物保護法」，依第2條第1項之規定，在中華人民共和國境內，下列文物受國家保護：

1. 具有歷史、藝術、科學價值的古文化遺址、古墓葬、古建築、石窟寺和石刻、壁畫。

2. 與重大歷史事件、革命運動或者著名人物有關的以及具有重要紀念意義、教育意義或者史料價值的近代現代重要史跡、實物、代表性建築。

3. 歷史上各時代珍貴的藝術品、工藝美術。

4. 歷史上各時代重要的文獻資料以及具有歷史、藝術、科學價值的手稿和圖書資料等。

5. 反映歷史上各時代、各民族社會制度、社會生產、社會生活的代表性實物。

兩岸立法解釋或許不同，但泛指人類文明在發展的過程中，所創造或遺留下來具有歷史、文化、藝術價值之資產的概念，則是相同的。

這其中存在許多如「具有歷史、文化價值」、「具歷史文化意義」、「與國民生活有關之傳統並有特殊文化意義之風俗、信仰、節慶及相關文物」等不

確定法律概念之用語，適用時皆有賴個案審議時，依倫理及文理解釋來適用其範圍；行政機關在做行政裁量時，也依此法律之授權範圍，作出有權之行政裁量。

(二) 文化資產保存之主管機關

文化資產因涵蓋範圍龐大，未修法前，相關之主管機關有教育部、內政部、文建會、農委會等機關部會，遇見問題時常事權不統一，頭痛醫頭腳痛醫腳，難收整體保護功能之效，學者常有統一事權之呼籲（沈中元，2002）。且文化產業自八〇年代以來成為世界觀光的趨勢，政府也有意修法將文建會整併為文化觀光步。故2005年法律修正時，作了事權統一之重大變革。

2005年，文化資產保存法修訂施行，將文化資產事權統一於文建會，由教育部、內政部等其他部會移撥新增業務量相當龐雜，原暫由第一處、中部辦公室、國立文化資產保存研究中心籌備處、國立傳統藝術中心四個單位以分工合作的方式，辦理不同類別的文化資產保存工作。然而由於文化資產涉及多重面向，環環相扣，其保存政策需要整體的關照，因此文建會整合這四個單位成立「文化資產總管理處籌備處」。

「文化資產總管理處籌備處」於2007年10月17日揭牌正式運作，期望藉由組織的整合化、精簡化、專業化，使各項業務推廣更加順利，提升文化資產保存的效能。總管理處規劃設置「綜合規劃組」、「有形文化資產組」、「無形文化資產組」、「資產維護發展組」、「研究傳習組」，以有效結合地方政府、大專院校、民間及社區組織，形塑綿密及完整的文化資產保護網絡。（文建會，2008）在社會大眾的期盼下，「文化資產總管理處組織法」已函送立法院審議，通過後將有正式組織法源。

依現制，文化資產之主管機關如下：（文資法第4條）

本法所稱主管機關：在中央為文化部；在直轄市為直轄市政府；在縣（市）為縣（市）政府。但自然地景及自然紀念物之中央主管機關為行政院農業委員會（以下簡稱農委會）。前條所定各類別文化資產得經審查後以系統性

或複合型之型式指定或登錄。如涉及不同主管機關管轄者，其文化資產保存之策劃及共同事項之處理，由文化部或農委會會同有關機關決定之。

(三) 文化資產保存之審議

　　開工挖地時挖出疑似古物？老房子打算改建拆除前，聽說是歷史建築屋主不能亂動？布袋戲演了六十年、昨天有人告訴阿公說可以申請民俗藝術補助？遇見這種情形，許多人都會問，究竟遇見的問題標的物，是否為文化資產呢？

　　「主管機關應普查或接受個人、團體提報具古蹟、歷史建築、紀念建築及聚落建築群價值者之內容及範圍，並依法定程序審查後，列冊追蹤。主管機關為審議各類文化資產之指定、登錄、廢止及其他本法規定之重大事項，應設相關審議委員會，進行審議。前項審議會之任務、組織、運作、旁聽、委員之遴聘、任期、迴避及其他相關事項之辦法，由中央主管機關定之。」（文資法第6、14條）

　　準此，各中央及地方單位，對不同類別之文化資產，訂定個別之審議委員會設置要點，以法規命令的行政法規，作為委員會審議之法治基礎。如中央文建會有「古蹟歷史建築及聚落審議委員會設置要點」、「文化資產保存技術及其保存者審議委員會設置要點」、「遺址指定及廢止審查辦法」等，地方有「高雄市民俗及有關文物審議委員會設置要點」、「花蓮縣歷史建築審議委員會設置要點」等，有疑義之文化標的，送主管機關依法定程序審議，就可獲得標的物之文化資產定位。

　　文資法第12條、第37條、第53條、第57條、第77款及第87條，所定主管機關普查或接受個人、團體提報具古蹟、歷史建築、聚落、遺址、文化景觀、傳統藝術、民俗及有關文物或自然地景價值者，或具保護需要之文化資產保存技術及其保存者，其法定審查程序如下：

1. 現場勘查或訪查。
2. 作成是否列冊追蹤之決定。

前項第2款決定，主管機關應以書面通知提報之個人或團體。

第二節　文化資產保存的法制

一、古蹟之保護

　　古蹟之分類、發現、審查、指定、暫定、管理、修復、利用、滅失、減損、廢止、遷移、拆除等行爲，都事關文化資產之保護，應依相關法制規定爲之。

(一) 古蹟之分類

　　古蹟之分類各國不同，有分級者、有分類者、有以符號代表者，我國以中央及地方政府之自治分級，分爲三類。

　　「古蹟依其主管機關區分爲國定、直轄市定、縣（市）定三類，由各級主管機關審查指定後，辦理公告。直轄市、縣（市）定者，並應報中央主管機關備查。

　　古蹟滅失、減損或增加其價值時，主管機關得廢止其指定或變更其類別並辦理公告。直轄市定、縣（市）定者，應報中央主管機關核定。」（文資法第17條）

(二) 古蹟之發現

　　常聽見有些有趣的故事：老農民在挖農地時發現古物，挖掘後成爲今天的兵馬俑古蹟；驢子走失了跌進石縫中，因此發現了埃及帝王谷裡的木乃伊；君士坦丁堡至今沒有地鐵，因爲工程施作往下挖，隨時都會挖到千年古蹟……。

　　民眾在第一時間發現疑似古蹟？到底是不是古蹟？應有一定程序之處理，才不會因不經意或因知識不足，任意破壞了文化資產。

　　「發見具古蹟、歷史建築、紀念建築及聚落建築群價值之建造物，應即通知主管機關處理。（文資法第33條）營建工程及其他開發行爲，不得破壞古蹟、歷史建築、紀念建築及聚落建築群之完整、遮蓋古蹟之完整，亦不得遮蓋

其外貌或阻塞其觀覽之通道；營建工程或開發行爲進行中，發見具古蹟、歷史建築、紀念建築及聚落建築群價值之建造物時，應即停止工程或開發行爲之進行，並報主管機關處理。」（文資法第33、34條）

(三) 古蹟之審查、指定、暫定

　　古蹟經由發現後提報主管機關，主管機關依中央主管機關訂定之古蹟指定基準、審查、廢止條件與程序，及其他應遵行事項之辦法，來進行古蹟之審查與指定。實務中不乏建設公司或私人，在建造時發現可能具古蹟保存價值之標的，此時建造物所有人，亦得向主管機關申請，依法定程序審查是否爲指定古蹟。

　　尚未開完審議會議前，就遭受他人或當事人自己破壞的亦有前例，故在審查期間有保護之必要。例如2007年，教育部將中正紀念堂改名爲臺灣民主紀念館，但因政黨間的意見爭議，發生嚴重的群眾抗爭；臺北市政府以中正紀念堂已進入古蹟審查程序，爲暫定古蹟爲由，不容許教育部任意毀壞。

　　文資法以新設之暫定古蹟保護制度，來對現狀疑難作一改進。規定「進入第17條至第19條所稱之審議程序者，爲暫定古蹟。未進入前項審查程序前，遇有緊急情況時，主管機關得逕列爲暫定古蹟，並通知所有人、使用人或管理人。暫定古蹟於審查期間內視同古蹟，應予以管理維護；其審查期間以六個月爲限；必要時得延長一次。主管機關應於期限內完成審議，期滿失其暫定古蹟之效力。建造物經列爲暫定古蹟，致權利人之財產受有損失者，主管機關應給與合理補償；其補償金額以協議定之。」（文資法第20條）

(四) 古蹟之管理維護

　　臺北市曾發生一例：西本願寺的鐘樓，遭無名火燒毀多處珍貴建築，剩下的樹心會館歷史建築，意涵已難以考據。但文化局仍在審議後仍將其列爲市定古蹟，保留火災後的殘蹟，做爲保存古蹟之重要教材。此例教育民眾，古蹟之管理維護非常重要，莫要輕忽將前人智慧刻意或不經意滅失，將造成無法回復

的後果愧對前人。

　　古蹟是重要文化資產，通常年代久遠，若不經由制度化的管理維護，極可能遭受滅失之危險。故規定「古蹟、歷史建築、紀念建築及聚落建築群由所有人、使用人或管理人管理維護。」公有古蹟因事涉專業，常見以委外專業團隊方式辦理管理維護。必要時得委任、委辦其所屬機關（構）或委託其他機關（構）、登記有案之團體或個人管理維護。公有古蹟因管理維護所衍生之收益，其全部或一部得由各管理機關（構）作為古蹟管理維護費用。

　　古蹟之管理維護，具體而言，係指下列事項：「(1)日常保養及定期維修。(2)使用或再利用經營管理。(3)防盜、防災、保險。(4)緊急應變計畫之擬定。(5)其他管理維護事項。古蹟於指定後，所有人、使用人或管理人應擬定管理維護計畫，並報主管機關備查。」（文資法第23條）

　　公有古蹟主管機關亦應編列經費持續管理維護，實務中許多公有古蹟指定後，或因預算有限、或因職責怠惰，任其荒蕪、雜草叢生。民間單位應發揮監督功能，給予更多的關注。

(五) 古蹟之修復

　　古蹟因年代久遠，自有維護或修復之必要，此時為了保存原來文化資產的樣貌及價值，會以古代工法進行修復，或以現僅存樣貌加入創新建築設計，以補強已毀損部分，來完成最大可能之藝術文化價值保存。（花蓮縣政府，2002）巴黎的羅浮宮、奧塞車站、西班牙古城多雷多、杭州的雷峰塔等，都呈現古建築與新創意的空間的對話，在藝術文化上展現創新的智慧。

　　在古蹟修復時，「真實性」一直是學界及實務界所爭論的議題。許多缺乏明確史料的古蹟，或在建築師臆測下、或在當地居民的口傳歷史下雖完成了修復，但帶給人民的究竟是歷史回復的片斷滿足、還是觀光商業的迫切需求？實有待研究單位及主管機關進一步釐清。羅馬的競技場、北京的圓明園、埃及的神祇，許多先進國家雖然已見古蹟之毀損，但仍以真實樣貌呈現，旅遊所見也許是廢墟一片，但真實性的呈現讓你感受歷史的偉大。學者倡論：「以真實性

捍衛臺灣古蹟」（傅朝卿，2005）實有審查修復計畫時列為重要事項之必要。

「古蹟應保存原有形貌及工法，如因故毀損，而主要構造與建材仍存在者，應依照原有形貌修復，並得依其性質，由所有人、使用人或管理人提出計畫，經主管機關核准後，採取適當之修復或再利用方式。」「前項修復計畫，必要時得採用現代科技與工法，以增加其抗震、防災、防潮、防蛀等機能及存續年限。第1項再利用計畫，得視需要在不變更古蹟原有形貌原則下，增加必要設施。」「古蹟修復及再利用事項、方式、程序、相關人員資格及其他應遵事項之辦法，由中央主管機關定之。」（文資法第24條）

「為利古蹟、歷史建築、紀念建築及聚落建築群之修復及再利用，有關其建築管理、土地使用及消防安全等事項，不受區域計畫法、都市計畫法、國家公園法、建築法、消防法及其相關法規全部或一部之限制；其審核程序、查驗標準、限制項目、應備條件及其他應遵行事項之辦法，由中央主管機關會同內政部定之。」（文資法26條）

「古蹟經主管機關審查認因管理不當致有滅失或減損價值之虞者，主管機關得通知所有人、使用人或管理人限期改善，屆期未改善者，主管機關得逕為管理維護、修復，並徵收代履行所需費用，或強制徵收古蹟及其所定著土地。」（文資法第28條）

「因重大災害有辦理古蹟緊急修復之必要者，其所有人、使用人或管理人應於災後三十日內提報搶修計畫，並於災後六個月內提出修復計畫，均於主管機關核准後為之。」

「私有古蹟之所有人、使用人或管理人，提出前項計畫有困難時，主管機關應主動協助擬定搶修或修復計畫。」（文資法第27條）

「私有古蹟、歷史建築、紀念建築及聚落建築群之管理維護、修復及再利用所需經費，主管機關於必要時得補助之。」（文資法第30條）

古蹟之修復，有的範圍甚廣，是一個時代居住的歷史留存；有的範圍甚小，只是一棟建築物的修復。常見古蹟本身很精緻，但站在古蹟現場，眼見左邊是國際級電氣的商標霓虹招牌，右邊是高聳的摩天大樓，站在原址顯然感覺時空有點錯亂。於是國際上興起「文化資產修復時，應一併將其週遭之環境納

入整頓及監控的呼籲。2005年，國際文化紀念物暨歷史場所委員會，公布了《西安宣言》，希望各國除了建築本體關注與必要修復外，應重視文化場域配合的重要。」學者亦呼籲與國際接軌，要在臺灣的作為上有所回應。（傅朝卿，2005）

(六) 古蹟之利用

　　古蹟成為文化資產，其修復後再利用，成為後人認識文化資產歷史意義的途徑。文建會為推動認識古蹟的政策，曾多次於全臺辦理「認識古蹟日」的計畫，地方政府也有「認識阿嬤的家」、「古蹟一日遊」等活動。都是為了要活化古蹟，讓民眾可以從教育層面了解及再利用。

　　古蹟的利用，有仍留在原址利用者，如神廟中祭祀、建築空間裡辦公、花園中散步等；也有當成觀光景點，以參觀為主的文化產業利用；實務上之利用通常混合使用，以達再利用的文化功能。

　　「公有及接受政府補助之私有古蹟、歷史建築、紀念建築及聚落建築群，應適度開放大眾參觀。依前項規定開放參觀之古蹟、歷史建築、紀念建築及聚落建築群，得酌收費用；其費額，由所有人、使用人或管理人擬訂，報經主管機關核定。公有者，並應依規費法相關規定程序辦理。」（文資法第31條）

(七) 古蹟之活化

　　古蹟的活化，除本身的利用外，周遭環境的保全、區域計畫的配合變更及容積率的移轉，都影響到古蹟活化之成果。文化資產的指定，應是一種正向的文化與產業經濟互蒙其利的正向發展，但臺灣許多建商常視為毒蛇猛獸，深恐影響建築推案之順利進行。故整體都市計畫的配合，文化環境的整體整治，才是帶動地方文化產業的經濟活水。地方政府在實際執行時，亦呼籲：「政府不能以再以管制或限制等手段，限制古蹟環圍的發展，應以容積率的移轉活絡古蹟房地產。」（黃文杰，2005）

　　「為維護古蹟並保全其環境景觀，主管機關應會同有關機關訂定古蹟保存

計畫，據以公告實施。古蹟保存計畫公告實施後，依計畫內容應修正或變更之區域計畫、都市計畫或國家公園計畫，相關主管機關應按各計畫所定期限辦理變更作業。」（文資法第37條）

「前項古蹟保存用地或保存區、其他使用用地或分區，對於基地面積或基地內應保留空地之比率、容積率、基地內前後側院之深度、寬度、建築物之形貌、高度、色彩及有關交通、景觀等事項，得依實際情況為必要規定及採取獎勵措施。」（文資法第39條）

「主管機關於擬定古蹟保存區計畫過程中，應分階段舉辦說明會、公聽會及公開展覽，並應通知當地居民參與。」（文資法第37條）

「古蹟除以政府機關為管理機關者外，其所定著之土地、古蹟保存用地、保存區、其他使用用地或分區內土地，因古蹟之指定、古蹟保存用地、保存區、其他使用用地或分區之編定、劃定或變更，致其原依法可建築之基準容積受到限制部分，得等值移轉至其他地區建築使用或享有其他獎勵措施；其辦法，由內政部會商文化部定之。」（文資法第41條）

「古蹟、歷史建築、紀念建築及聚落建築群所在地都市計畫之訂定或變更，應先徵求主管機關之意見。政府機關策定重大營建工程計畫時，不得妨礙古蹟、歷史建築、紀念建築及聚落建築群之保存及維護，並應先調查工程地區有無古蹟、歷史建築、紀念建築及聚落建築群或具古蹟、歷史價值之建造物，必要時由主管機關予以協助；如有發見，應即報主管機關依第17條至第19條審查程序辦理。」（文資法第35條）

「劃設之古蹟、歷史建築或紀念建築保存用地或保存區、其他使用用地或分區及特定專用區內，關於下列事項之申請，應由目的事業主管機關會同主管機關辦理：(1)建築物與其他工作物之新建、增建、改建、修繕、遷移、拆除或其他外形及色彩之變更。(2)宅地之形成、土地之開墾、道路之整修、拓寬及其他土地形狀之變更。(3)竹木採伐及土石之採取。(4)廣告物之設置。」（文資法第42條）

二、歷史建築之保護

　　一棟日式建築、一座民初的牌坊，究竟是不是歷史建築？有沒有保存之必要？破壞了有沒有違法？民眾常在實務認定裡產生疑問？一個具有歷史及文化價值的建物，可能是簡單的簷角，可能是複雜的神廟，因爲存在的年代久遠，而產生了相對性的文化保存價值；所以主管機關設立審查機制，由具法治基礎的專家學者組成委員會審查，具有藝術及文化保存價值的老建築，就會以歷史建築作登錄加以保護。

　　文資法施行細則中，說明「古蹟及歷史建築，爲年代長久且其重要部分仍完整之建造物及附屬設施群，包括祠堂、寺廟、宅第、城郭、關塞、衙署、車站、書院、碑碣、教堂、牌坊、墓葬、堤閘、燈塔、橋樑及產業設施等。」其態樣多變，仍無法一一列舉。有時古老稀有的建築工法所建造之建築物，也會因具時代意義而被審查後列入。

　　「歷史建築、紀念建築由直轄市、縣（市）主管機關審查登錄後，辦理公告，並報中央主管機關備查。對已登錄之歷史建築、紀念建築，中央主管機關得予以輔助。歷史建築、紀念建築登錄基準、審查、廢止條件與程序、輔助及其他應遵行事項之辦法，由中央主管機關定之。建造物所有人得向主管機關申請登錄歷史建築、紀念建築，主管機關受理該項申請，應依法定程序審查之。」（文資法第18條）

　　文建會頒有「古蹟歷史建築及聚落審議委員會設置要點」，在委員人數上「置委員11至17人，由專家學者及機關代表擔任。前項專家學者人數不得少於委員總人數三分之二。」，審查時「委員會爲審議有關案件之需要，得推派委員偕同業務有關人員組成專案小組赴現場勘查或訪查，並研擬意見，提供會議參考。前項專案小組，得邀請專家學者及有關機關代表提供諮詢意見。」審查表決時「委員應親自出席會議，會議之決議，以二分之一委員之出席，出席委員三分之二以上同意行之。」

　　爲了鼓勵歷史建築之登錄與保護，各級政府且有減稅之優惠。如2008年，「臺北縣私有歷史建築聚落文化景觀房屋稅地價稅減徵規則」規定，「私有歷

史建築、聚落、文化景觀及其所定著土地，其房屋稅自完成登錄之當月份起、地價稅自完成登錄之當年（期）起，減徵百分之三十。前項私有歷史建築、聚落、文化景觀及其所定著土地於本規則發布施行前登錄者，其房屋稅、地價稅，分別自本規則發布施行日之當月份、當年（期）起減徵。」（於2011年廢止）

　　2008年，馬英九總統選舉之政見，主張在四年內將文化建設經費提高至總預算之百分之三以上，增加之金額及影響不可輕忽，亦足見其對文化建設之重視。有鑑於文化觀光產業已是臺灣各級政府發展之共識，在登錄歷史建築保護名冊後，政府應增列經費從事修復與保存，成為將來加強文化產業競爭力的基礎。

三、聚落之保護

　　人類不斷遷徙後居住的地方，經多年生活後會留下一定藝術、文化價值的歷史風貌。在臺灣可能是日據時代的移民村，可能是1949年隨國民政府遷臺特定族群所居住的眷村，可能是客家族群清末遷臺所群聚的村落，可能是臺灣原住民依其居住習性在高山聚集之居住部落；這些都可能成為文化資產中具保存價值的聚落。

　　文資法施行細則中，說明「聚落，為具有歷史風貌或地域特色之建造物及附屬設施群，包括原住民部落、荷西時期街區、漢人街、清末洋人居留地、日治時期移民村、近代宿舍及眷村等。」（文資法施行細則第2條）

　　但聚落的生活，隨著時代的變遷多有改建大樓之議，如全臺的國軍眷村幾乎已全面改建為現代建築，上海的老弄堂，北京的胡同，在時代的演進下，完全限制其保存原貌維修整建，與民意落差亦大。故學者多倡議應有兼顧保存及發展之配套。（蔡惠萍，2002）

　　本文認為整體都市發展中，應保留幾處歷史原貌的聚落作修復與保存，

成爲文化創意產業的發展重點，其他隨都市發展區域計畫更新，在「歷史中創新」，才是主要的文化保存精神。安徽南部的皖南古村落宏村、西遞，就是因完整保存列入世界文化遺產，配合電影《臥虎藏龍》藝術場景，造成該聚落的千年創新，帶進文化觀光的創新財富。

且爲凝聚居民共識，亦應召開公聽會，以謀求發展共識。「爲維護聚落並保全其環境景觀，主管機關得擬具聚落保存及再發展計畫後，依區域計畫法、都市計畫法或國家公園法等有關規定，編定、劃定或變更爲特定專用區。前項保存及再發展計畫之擬定，應召開公聽會，並與當地居民協商溝通後爲之。」

聚落之登錄申請，「由其所在地之居民或團體，向直轄市、縣（市）主管機關提出申請，經審查登錄後，辦理公告，並報中央主管機關備查。中央主管機關得就前項已登錄之聚落中擇其保存共識及價值較高者，審查登錄爲重要聚落。前二項登錄基準、審查、廢止條件與程序、輔助及其他應遵行事項之辦法，由中央主管機關定之。」

聚落登錄廢止審查及輔助辦法中，依是否瀕臨滅失？及是否具全國性特色而有不同之審查基準。聚落審查登錄之基準爲：(一)整體環境具地方特色者。(二)歷史脈絡與紋理具保存價值者。(三)設計形式具藝術特色者。另外重要聚落之審查基準更爲嚴格爲：(一)整體及周圍環境具重要地方特色者。(二)整體歷史脈絡與紋理具重要保存價值者或瀕臨消失者。(三)整體設計形式優良具全國獨特性之藝術特色者。（聚落登錄廢止審查及輔助辦法第2、3條）

審查程序上，聚落之登錄，依下列程序爲之：「現場勘查、召開公聽會、審議並作成登錄處分之決定、辦理公告、報中央主管機關備查等程序爲之。聚落登錄後，應由主管機關填具聚落清冊，載明名稱、地區發展、沿革現況及整體特色、登錄理由及其法令依據、區域範圍界定及面積、應予重點維護之事項，附圖片電子檔，函報中央主管機關備查。」

實務上各級政府爲了推動及鼓勵聚落之保存維護，亦設有減徵稅收之行政規則。如「臺中市私有歷史建築聚落文化景觀地價稅及房屋稅減徵規則」，規定「臺中市文化局應於私有歷史建築、聚落、文化景觀登錄後三十日內，將建物及基地坐落面積通知臺中市稅捐稽徵處。登錄有變更、註銷時亦同。」「私

有歷史建築、聚落、文化景觀及其所定著土地，其地價稅及房屋稅減徵標準如下：一、地價稅減徵百分之三十。二、房屋稅減徵百分之三十。」

四、遺址之保護

(一) 何謂遺址

臺東卑南遺址、花蓮掃吧遺址、臺北縣十三行遺址、鵝鑾鼻文化遺址等，臺灣有許多民眾所熟知之遺址，代表著人類在臺灣生活的所留下來的舊址，保存了各個時代人類為了生存與環境互動中，留下來的文化遺物、遺跡，具有考古之性質，或具有文化之保存意義。

遺址：指蘊藏過去人類生活所遺留具歷史文化意義之遺物、遺跡及其所定著之空間。這空間，包括陸地及水下。遺物指：「1.文化遺物：指各類石器、陶器、骨器、貝器、木器或金屬器等過去人類製造、使用之器物。2.自然遺物：指動物、植物、岩石或土壤等與過去人類所生存生態環境有關之遺物。」遺跡，指「過去人類各種活動所構築或產生之非移動性結構或痕跡。」

(二) 遺址之發現

人類遷徙及居住所留下的足跡，是後人在生活中所最易發現的。可能是一片陶片，一個墓葬，一個建築基址，需要民眾有基礎的文化認識，在發現時才不易受到破壞。

「發見疑似考古遺址，應即通知所在地直轄市、縣（市）主管機關採取必要維護措施。營建工程或其他開發行為進行中，發見疑似考古遺址時，應即停止工程或開發行為之進行，並報所在地直轄市、縣（市）主管機關處理。」「疑似遺址之發掘、採購及出土古物之保管等事項，準用第51條至第54條及第56條規定。」（文資法第57條、59條）

(三) 遺址之普查、提報、審查、列冊追蹤

遺址與古蹟、歷史建築、聚落一樣，主管機關為保存其文化價值應建立遺址之普查、提報、審查、列冊追蹤、發掘、監管、維修等法定程序。

「主管機關應普查或接受個人、團體提報具遺址價值者之內容及範圍，並依法定程序審查後，列冊追蹤。」「主管機關應建立遺址之調查、研究、發掘及修復之完整個案資料。」

「考古遺址依其主管機關，區分為國定、直轄市定、縣（市）定三類，由各級主管機關審查指定後，辦理公告。直轄市、縣（市）定者，並應報中央主管機關備查。考古遺址滅失、減損或增加其價值時，主管機關得廢止其指定或變更其類別，並辦理公告。直轄市、縣（市）定者，應報中央主管機關核定。考古遺址指定基準、審查、廢止條件與程序及其他應遵行事項之辦法，由中央主管機關定之。」（文資法第46條）

遺址的審查與指定通常需要較長的時間研究，雖無如古蹟保護般設計「暫定古蹟」制度，但為避免在指定前遭受破壞，特規定指定前主管機關有監管之義務。「具考古遺址價值者，經依第43條規定列冊追蹤後，於審查指定程序終結前，直轄市、縣（市）主管機關應負責監管，避免其遭受破壞。」（文資法第47條）

(四) 遺址之發掘

遺址之發掘，事涉專業的技術與保存之方法，若未在資格上予以限制，濫挖反而造成遺址之破壞。臺灣坪頂遺址、番仔溝遺址的開挖，係由中研院劉益昌教授緊急率考古團隊在第一時間進駐，才保護了該遺址之全貌。西安之兵馬俑，發掘後震驚全世界，視為是人類遺址發掘一大奇蹟，但因無法解決發掘後的氧化問題，不得不暫停新的挖掘工作。

「考古遺址之發掘，應由學者專家、學術或專業機構向主管機關提出申請，經審議委員會審議，並由主管機關核定後，始得為之。前項考古遺址發掘者，應製作發掘報告，於主管機關所定期限內，報請主管機關備查，並公開發

表。」「考古遺址發掘出土之古物，應由其發掘者列冊，送交主管機關指定古物保管機關（構）保管。」「考古遺址發掘之資格限制、條件、審查程序及其他應遵行事項之辦法，由中央主管機關定之。」（文資法第51、53條）

未獲同意擅自盜挖遺址，造成文化遺址的破壞中西皆然。埃及帝王谷的金字塔挖掘時已是空墓，珍貴古物皆被盜走；「臺灣臺東的老番社遺址，因保護未周，七具石棺被盜走，造成文化遺址的流失甚為遺憾。」（李薫君，2005）

(五) 遺址之保存計畫

「為維護考古遺址並保全其環境景觀，主管機關得會同有關機關擬具遺址保存計畫，並依區域計畫法、都市計畫法或國家公園法等有關規定，編定、劃定或變更為保存用地或保存區、其他使用用地或分區，並依本法相關規定予以保存維護。前項保存用地或保存區、其他使用用地或分區範圍、利用方式及景觀維護等事項，得依實際情況為必要之規定及採取獎勵措施。劃入考古遺址保存用地或保存區、其他使用用地或分區之土地，主管機關得辦理撥用或徵收之。」（文資法第49條）

(六) 遺址之保護修復

「考古遺址由主管機關擬具遺址管理維護計畫，進行監管保護。前項監管保護，必要時得委任、委辦其所屬機關（構）或委託其他機關（構）、登記有案之團體或個人為之。」「為保護、調查或撥據考古遺址，認為有進入公、私有土地之必要時，應先通知土地所有人、使用人或管理人；古地所有人、使用人或管理人非有正當理由，不得規避、妨礙或拒絕。因前項行為，致土地權利人受有損失者，主管機關應給與合理補償；其補償金額，以協議定之。」「考古遺址所在地都市計畫之訂定或變更，應先徵求主管機關之意見。政府機關策定重大營建工程計畫時，不得妨礙考古遺址之保存及維護，並應先調查工程地區有無考古遺址、列冊考古遺址或疑似考古遺址；如有發見，應即通知主管機關，主管機關應依第46條審查程序辦理。」（文資法第58條）

五、文化景觀之保護

(一) 何謂文化景觀

　　文化景觀這一概念，是1992年12月在美國聖菲召開的聯合國教科文組織世界遺產委員會第16屆會議時提出並納入《世界遺產名錄》中的。世界遺產即分為：自然遺產、文化遺產、自然遺產與文化遺產混合體和文化景觀。文化景觀代表《保護世界文化和自然遺產公約》第1條所表述的「自然與人類的共同作品」。（中國互聯網，2008）

　　文化景觀的選擇應基於它們自身的突出、普遍的價值，其明確劃定的地理，文化區域的代表性及其體現此類區域的基本而具有獨特文化因素的能力。它通常體現持久的土地使用的現代化技術，及保持或提高景觀的自然價值，保護文化景觀現有助於保護生物多樣性。文化景觀有以下類型：

　　1. 由人類有意設計和建築的景觀。包括出於美學原因建造的園林和公園景觀，它們經常（但並不總是）與宗教或其他紀念性建築物或建築群有聯繫。

　　2. 有機進化的景觀。它產生於最初始的一種社會、經濟、行政以及宗教需要，並通過與周圍自然環境的相聯繫或相適應而發展到目前的形式。它又包括兩種次類別：一是殘遺物（或化石）景觀，代表一種過去某段時間已經完結的進化過程，不管是突發的或是漸進的。它們之所以具有突出、普遍價值，還在於顯著特點依然體現在實物上；二是持續性景觀，它在當今與傳統生活方式相聯繫的社會中，保持一種積極的社會作用，而且其自身演變過程仍在進行之中，同時又展示了歷史上其演變發展的物證。

　　3. 關聯性文化景觀．這類景觀列入《世界遺產名錄》，以與自然因素、強烈的宗教、藝術或文化相聯繫為特徵，而不是以文化物證為特徵。目前，列入《世界遺產名錄》的文化景觀還不多，廬山風景名勝區是「世界遺產「」中的唯一文化景觀。此外，列入《世界遺產名錄》的古跡遺址、自然景觀一旦受到某種嚴重威脅，經過世界遺產委員會調查和審議，可列入《處於危險之中的世界遺產名錄》，以待採取緊急搶救措施。

　　我國文化景觀之概念是「指神話、傳說、事蹟、歷史事件、社群生活或儀式行為所定著之空間及相關連之環境。」，「文化景觀，包括神話傳說之場所、歷史文化路徑、宗教景觀、歷史名園、歷史事件場所、農林漁牧景觀、工業地景、交通地景、水利設施、軍事設施及其他人類與自然互動而形成之景觀。」

　　如大甲鎮瀾宮，近年以特有之媽祖文化節方式，創造民間信仰人氣遶境之高峰，不但宣揚了民間信仰，也結合現代「公仔媽祖」、「時尚走秀」、「慶媽祖來慢跑」等活動，成為一獨特之文化景觀。學者認為是：「在信仰場域建構之文化城堡」，（林明德，2005）吾人認為是文化景觀之具體個案。

(二) 文化景觀之普查、提報、審查、列冊追蹤

　　是否為文化景觀仍有法定之審查程序：「直轄市、縣（市）主管機關應普查或接受個人、團體提報具文化景觀價值之內容及範圍，並依法定程序審查後，列冊追蹤。」，「文化景觀由直轄市、縣（市）主管機關審查登錄後，辦理公告，並報中央主管機關備查。」。

(三) 文化景觀之管理與維護

　　「文化景觀之保存及管理原則，由直轄市、縣（市）主管機關設立之審議委員會依個案性質決定，並得依文化景觀之特性及實際發展需要，作必要調整。」，「直轄市、縣（市）主管機關應依前項原則，擬定文化景觀之保存維護計畫，進行監管保護，並輔導文化景觀所有人、使用人或管理人配合辦理。」

　　「為維護文化景觀並保全其環境，主管機關得會同有關機關擬具文化景觀保存計畫，並依區域計畫法、都市計畫法或國家公園法等有關規定，編定、劃定或變更為保存用地或保存區、其他使用用地或分區，並依本法相關規定予以保存維護。前項保存用地或保存區、其他使用用地或分區用地範圍、利用方式及景觀維護等事項，得依實際情況為必要規定及採取獎勵措施。」

六、傳統藝術、民俗及有關文物之保護

(一) 何謂傳統藝術、民俗及有關文物

今日的現代就是明日的傳統，文化資產的概念在傳統與現代的時光進行中行走而有新意。在藝術創作的領域中，數千年來各有不同時代，依其時空特色創作出偉大的藝術作品。人類的智慧既是傳承的延續，藝術創作也跟隨時代創新，所以藝術文化工作者，對傳統藝術應有一定之認識，才有文化的根基，才創作的出像黃俊雄布袋戲一樣「傳統中見創新」的偉大作品。

傳統藝術中心認為：「傳統」意味著歷史傳承的意涵，「藝術」則是人類對生活的感觸所加以創造、並兼具美感的產物，傳統藝術的創作靈感多來自於基層百姓的日常生活當中，能具體呈現該地的風俗民情、思想價值、宗教信仰及食衣住行育樂等現況。傳統藝術紮根於生活，是民間生活藝術之美，先民薪傳文化之源，大致可分為兩大類，一是表演藝術，如音樂、歌謠、舞蹈、雜技、說唱、小戲、偶戲、大戲等等；二是造形藝術，其重心在工藝類，尤其是傳統手工藝，如雕刻、編織、繪畫、捏塑、剪黏、陶瓷、金工等等，更是傳統藝術中的精華。

傳統的表演藝術因人們的休閒娛樂和民俗信仰而存在，其藝術的普遍性與通俗性歷久傳承，將人生的喜怒哀樂、生老病死以說唱、歌舞、戲劇等藝術手段呈現，有多少風趣幽默、醒世警惕寓含在表演中，既抒發了人們的情感，又刻畫了人生百態，藝術即生活的精神表露無遺。傳統工藝既有實用性的一面，又有裝飾性的一面，實用與美感或兼具或偏重，其所具有的美學價值與人性內涵在工業化社會中是較難求得的。

傳統藝術其實是與時推移的，因為傳統藝術本紮根於生活，其所反映的生活理念、文化特色、審美感情，在現代既可成為提供生活情趣的新源泉，又可以視為民族文化的精神內涵，其價值與意義深遠流長。（傳藝中心，2008）

傳統藝術指「流傳於各族群與地方之傳統技藝與藝能，包括傳統工藝美術及表演藝術。」「傳統工藝美術，包括編織、刺繡、製陶、窯藝、琢玉、木

作、髹漆、泥作、瓦作、剪粘、雕塑、彩繪、裱褙、造紙、摹搨、作筆製墨及金工等技藝。傳統表演藝術，包括傳統之戲曲、音樂、歌謠、舞蹈、說唱、雜技等藝能。」

傳統藝術中心認為：「民俗」包含以口頭或風俗、實踐等形式流傳下來的傳統，信仰則是人們精神生活的依歸。藝術起源於信仰、生活，臺灣的傳統藝術自然也與民俗信仰息息相關，最為人所熟知的就是宗教節令、婚喪喜慶與音樂、戲曲的緊密結合，不論是車鼓弄、牛犁陣、牽亡歌陣、宋江陣、獅陣、龍陣、高蹺陣等陣頭表演，或是布袋戲、歌仔戲、客家戲、傀儡戲等戲曲表演，都與廟會活動、神明崇拜、巫術信仰、生命禮俗有著不可分割的關係。

一些靜態的藝術作品創作也與民俗信仰有關，例如民間信仰具體呈現的廟宇建築，其雕龍繪神的木雕石刻、繪畫碑帖等，或是交趾陶、剪黏等裝置藝術，竹藝、燈籠等藝品擺設等，件件樣樣都呈現出濃厚的民俗色彩。節慶活動中相關的器物、裝置，如元宵節的「北天燈、南蜂炮」，端午節的香包、龍船競賽等等，更是傳統工藝與技藝的結合。神話傳說、民間信仰也是歌謠、戲曲、工藝創作的重要題材，神明傳說、仙話故事常是說唱、戲曲重要的一環；佛幡、神帳、戲服、八仙綵上的刺繡樣式，民俗彩繪的吉祥物取材亦是與宗教崇拜相關。傳統音樂中，融合宗教儀式樂曲的情況也相當普遍，臺灣的民俗信仰多樣化，並衍生出許多動人的民間技藝，傳統藝術與民俗信仰互相交融發展，成為帶有強烈地方色彩的臺灣文化中的重要環節。（傳藝中心，2008）

民俗及有關文物指：「與國民生活有關之傳統並有特殊文化意義之風俗、信仰、節慶及相關文物。」「風俗，包括出生、成年、婚嫁、喪葬、飲食、住屋、衣飾、漁獵、農事、宗族、習慣等生活方式。信仰，包括教派、諸神、神話、傳說、神靈、偶像、祭典等儀式活動。節慶，包括新正、元宵、清明、端午、中元、中秋、重陽、冬至等節氣慶典活動。」

前文曾述及藝術與著作權之關係，以傳統藝術及民俗而言，或因年代久遠而喪失著作人格權或財產權，但製版權之申請，或民俗音樂之傳播，手工藝品之重製，應仍有著作權之適用。

(二) 傳統藝術、民俗及有關文物之普查、提報、審查、列冊追蹤

「直轄市、縣（市）主管機關應普查或接受個人、團體提報具傳統藝術、民俗及有關文物保存價值之項目、內容及範圍，並依法定程序審查後，列冊追蹤。」，「直轄市、縣（市）主管機關應建立傳統藝術、民俗及有關文物之調查、採集、整理、研究、推廣、保存、維護及傳習之完整個案資料。」

「傳統藝術、民俗及有關文物由直轄市、縣（市）主管機關審查登錄後，辦理公告，並報中央主管機關備查。中央主管機關得就前項已登錄之傳統藝術、民俗及有關文物中擇其重要者，審查指定為重要傳統藝術、重要民俗及有關文物，並辦理公告。傳統藝術、民俗及有關文物滅失或減損其價值時，主管機關得廢止其登錄、指定或變更其類別，並辦理公告。直轄市、縣（市）登錄者，應報中央主管機關核定。前三項登錄、指定基準、審查、廢止條件與程序及其他應遵行事項之辦法，由中央主管機關定之。」

(三) 傳統藝術、民俗及有關文物之保存維護

「主管機關應擬具傳統藝術及民俗之保存維護計畫，並應就其中瀕臨滅絕者詳細製作紀錄、傳習或採取為保存所作之適當措施。」「主管機關應鼓勵民間辦理傳統藝術及民俗之記錄、保存、傳習、維護及推廣等工作。前項工作所需經費，主管機關得酌予補助。」「為進行傳統藝術及民俗之傳習、研究及發展，主管機關應協調各級教育主管機關督導各級學校於相關課程中為之。」

(四) 傳統藝術、民俗及有關文物之創新

以傳統藝術、民俗為根為本，融入時代的精神、加入創新的美感，創造傳統藝術的再生，是近幾年發展文化創意產業的主軸。文化創意產業法草案的精神，就是在傳統藝術中找到創意的商機，建構通路創造傳統藝術的文化資產再生。

　　歌仔戲是臺灣本土的文化藝術，明華園之所以能吸引眾多的民眾駐足觀賞，其求新求變的精神是重要關鍵，不論是多變的舞臺機關變景，還是現代人所欣賞的無厘頭詼諧笑點，都讓她與更多的現代觀眾相接軌。霹靂布袋戲，也是在傳統偶戲的基礎上，配合現代人的審美標準、思維方式，創發出新的藝術契機。「當代傳奇」劇場，則以深厚的京劇功夫爲底，融入現代多方藝術，演繹西方經典名著，實驗創發出現代的傳統藝術。藝陣之鄉的臺南縣，許多在地的舞團，如「南瀛民族舞團」、「明美舞蹈團」、「翔盈民族舞團」、「喜悅臺灣民俗舞團」、「新生代舞蹈團」等等，將民間陣頭如宋江陣、車鼓陣、跳鼓陣、十二婆姐、牛犁陣、高蹺陣，加以改良、編排，內化成舞碼，使得傳統民俗藝術藉由舞蹈有了新的面貌。（傳藝中心，2008）

　　本文認爲，不論是傳統表演藝術或造形藝術，民俗的時代變化，檢驗這些傳統藝術與民俗的發展及演進，或多或少都會隨著時代更迭而產生變化。所以建構了保存及維護了傳統藝術及民俗的制度，終極目標是要將傳統藝術再創新。藝術本來自於生活，藝人、藝師、藝術家根植於傳統、反射現實變化、結合時代脈動所做的「創新」，很可能就是明日的傳統藝術研究保存的對象了。

七、古物

(一) 何謂古物

　　收藏古董是許多人的興趣。具有古意的藝術品或生活用品，反應那一個時代的藝術創作成品，也反應那一個時代的生活。古董是民間的俗稱，法律體系用語是古物。（就像我們說私生子，但法律用語是非婚生子女）

　　古物指：「各時代、各族群經人爲加工具有文化意義之藝術作品、生活及儀禮器物及圖書文獻等。」，這其中有具有藝術價值之藝術創作品，有生活用的相關用品，有歷史文書，涵蓋面甚廣，但原則上以是否具有藝術價值，作爲判斷的基準。

這其中所稱藝術作品，指「應用各類材料創作具賞析價值之藝術品，包括書法、繪畫、織繡等平面藝術與陶瓷、雕塑品等。」而生活及儀禮器物，則「指各類材質製作之日用器皿、信仰及禮儀用品、娛樂器皿、工具等，包括飲食器具、禮器、樂器、兵器、衣飾、貨幣、文玩、家具、印璽、舟車、工具等。」圖書文獻，則「包括圖書、文獻、證件、手稿、影音資料等文物。」

由於年代久遠保存不易，所以留存下來的古物，產生收藏的經濟效益，也因此造成古物的贗品氾濫，買到的是真品或贗品價差甚大。現今科技進步，已能協助真品之判定，在古物真品鑑定上，宜有非營利組織組成具公信力之鑑定單位，建構鑑價機制，做為文化產業發展的共信基礎。

(二) 古物的發現、審查、分級

古物之發現一如古蹟、歷史建築及聚落的程序，於「發見具古物價值之無主物，應即通知所在地直轄市、縣（市）主管機關，採取維護措施。」且在「營建工程或其他開發行為進行中，發見具古物價值者，應即停止工程或開發行為之進行，並報所在地直轄市、縣（市）主管機關審查。」

發現之古物，依權利關係確認所有權人之歸屬。但若是「發見具古物價值無主物之範圍，包含陸地及水下，其所有權之歸屬依國有財產法規定。」說明古物的性質若是無主物，依上述規範，但若是一般物品，民法物權篇有埋藏物發現之法律規範，發現人及所有權人一人擁有一半所有權。

古物依其珍貴稀有價值，分為國寶、重要古物及一般古物。」「國立古物保管機關（構）應就所保存管理之古物暫行分級，並就其中具國寶、重要古物價值者列冊，報中央主管機關審查。」

古物要不要分級？學者專家間意見紛歧。2005年的「古物普查分級國際學術研討會」的共識，即「公立古物保管機構的藏品分級，應以館內藏品暫行分級申報，再報請中央審議委員會對具有國寶、重要古物之價值者再予以指定。民間古物申報，則委由專業團隊先行檢查過濾，有重要價值者地方機關再依法進行審議。」（尹章義，2005：6-11）

　　學者漢寶德認為：「把古物分為國寶、重要文物、一般文物，是沿襲了日本的法律。一方面是判斷古物的價值，使非常重要的古物得到適當的保護；另一方面是因官方的名號可以引起民眾的注意，增加研究愛護欣賞重要古物的動機。問題是這套制度在臺灣行的通嗎？臺灣對古物還處於真假莫辨的階段，古物分級的基準不明確，不免任憑所謂專家自由心證下判斷。古物的分級是沒有必要的，西方國家古物的重要性由博物館人員來決定，其學術上的重要性由學者的研究工作來決定，沒有發生任何問題或不便之處，何必大張旗鼓的立法呢？」（漢寶德，2005）

　　本文認同學者漢寶德的看法，古物之分三級，就像美女之分為初級美女、中等美女、絕色美女三級，美學標準各有不同，徒增困擾而已。古物是否具有國家國寶之價值，經由研究及輿論會逐步形成共識，無須以法律構成要件來專責規定。分級之制度，應只是博物館內部的收藏分級標準，屬行政法學的行政規則，只對機關內部生效，對一般人民是不具有拘束力的。

(三) 古物的登錄、公告、備查

　　「傳統藝術、民俗及有關文物之登錄，依下列程序為之：1.訪查。2.審議並作成登錄處分之決定。3.辦理公告。4.報中央主管機關備查。」（傳統藝術民俗及有關文物登錄指定及廢止審查辦法第4條）「私有及地方政府機關（構）保管之古物，由直轄市、縣（市）主管機關審查登錄後，辦理公告，並報中央主管機關備查。」

　　「中央主管機關應就前二條所列冊或登錄之古物，擇其價值較高者，審查指定為國寶、重要古物，並辦理公告。前項國寶、重要古物滅失、滅損或增加其價值時，中央主管機關得廢止其指定或變更其類別，並辦理公告。」（文資法第68條）

(四) 古物的管理維護

　　「公有古物，由保存管理之政府機關（構）管理維護。國立古物保管機

關（構）應就所保管之古物，訂定其管理維護辦法，報中央主管機關備查。」
「私有國寶、重要古物之所有人，得向公立古物保存或相關專業機關（構）申
請專業維護。」「公立古物保管機關（構）為研究、宣揚之需要，得就保管之
公有古物，具名複製或監製。他人非經原保管機關（構）准許及監製，不得再
複製。」（文資法第69條、72條）

　　「中華民國境內之國寶、重要古物，不得運出國外。但因戰爭、必要修
復、國際文化交流舉辦展覽或其他特殊情況有必要運出國外，經中央主管機關
報請行政院核准者，不在此限。依前項規定核准出國之國寶、重要古物，應辦
理保險、妥慎移運、保管，並於規定期限內運回。」「具歷史、藝術或科學價
值之百年以上之文物，因展覽、研究或修復等原因運入，須再運出，或運出須
再運入，應事先向主管機關提出申請。」（文資法第73、74條）

　　「私有國寶、重要古物所有權移轉前，應事先通知中央主管機關。除繼承
者外，公立古物保管機關（構）有依同樣條件優先購買之權。」（文資法第75
條）

(五) 古物的所有權返還請求權

　　民眾在大英博物館參觀的時候，不免會問：「這不是我國中國唐朝的寶物
嗎？放在英國，怎麼不要回來呢？」世界文明古國如中國、印度、埃及、伊拉
克等國的文化資產，或因為戰亂成為戰勝國的戰利品，被帶去他國收藏占有，
或因為被不肖商人盜賣出本國而無法請求返回，自己國家的寶物放在他國博物
館裡，不免有些遺憾！在文化資產裡的古物之物權所有權，如果被侵害該怎麼
要求返回呢？

　　這應從文化民族主義及文化普遍主義的爭論來加以敘述說明。

　　文化民族主義主張，文化資產應該藏置於與其關係最密切的民族或國家之
中，才能發揮其象徵意義的最大效果。「基於此項信念，一些文化資源豐富的
國家，因此產生了所謂「留置」之政策。大部分文化資源豐富的國家，例如：
印度、土耳其、埃及和墨西哥，在經濟上都相當落後。而其文化資源卻對外國

收藏家有巨大的吸引力，許多人便在重利的誘惑下，肆意掠奪文化遺產，出口
牟利。如此一來，造成文化遺產遭到破壞、減損以及消失。為了遏阻情勢繼續
惡化，遂有制訂相關法令保護文物，禁止出口之政策，裨將文化資產留在國
內。」（尹章華，2001：6）。

　　由國際關係的角度來觀察，一般國際公約有其拘束力，但為避免曲高和
寡簽署者少，通常希望加入公約時的國情障礙越小越好，以聯盟更多的國家加
入，能充分發揮全球性防制或遵守的預期效果。（如全球暖化議題已成共識加
入者眾）而國際社會，目前對於文化資產的態度，仍然以承認國家留置政策為
基本立場。國際上這種思潮促成了1970及1972國際公約的訂定：

1. 1970年聯合國教科文組織（UNESCO）公約

　　由於1970年聯合國教科文組織公約之會員國，大部分均為文化資產豐富
之國家，對於其境內文化資產被非法移轉之情形，共同認為：「惟有透過國際
公約才有抑制之可能。」但文化資產的進口國，基於其國內廣大文物市場之需
求，以及可能造成之經濟上、社會上既得利益之喪失，反而依自身利益考量，
拒絕加入本公約。1970年聯合國教科文組織公約制定之原始目的，乃在透過限
制進口之手段，使文化資產自文化資產豐富之國家，移轉到文化資產進口國之
情形，能受到有效之抑制。

　　依該公約，所有會員國之具體義務規範，必須受到以下兩大原則的拘束：

　　(1)嚴格管理文化資產進出口之移轉過程，公約明白規定：國家之博物館
或類似文化機構，禁止取得非法出口之文化資產。

　　(2)嚴格管理文化資產所有權之歸屬，公約亦明白規定：在受請求國被要
求返還文化資產時，於一定條件下負有返還於請求國之義務。

　　由於公約對於所謂「非法」移轉文化資產之認定，委諸各國國內法之規
定。因此，「對於文化資產進出口移轉之「合法」與否，完全交由各該會員國
自行決定，缺乏一個比較公正客觀的認定標準，往往使得有些國家得以保護文
化資產之名，將其留置文物之政策，取得合理化、正當化之藉口。」（張奇
禎，2002：34）

2. 1972年聯合國教科文組織公約

聯合國教科文組織於1972年巴黎第十七屆會議，通過了保護世界文化和
自然遺產公約，而文化民族主義之觀點亦得到了強烈的支持。依該公約前言記
載：「考慮到文化資產實為構成文明和民族文化之一大基本要素，只有盡可能
充分掌握有關其起源、歷史和傳統背景的知識，才能理解其真正價值。」

依此公約，將起源、歷史和傳統背景的知識，視為文化資產的重要價值，
也就是將文化資產之脈絡及其所含資訊，提升為文化資產的核心價值。「尤其
文化資產應該藏置於與其關係最密切的民族或國家之中，才能發揮其象徵意義
的最大效果。把這個推論沿時間軸向前推移及向後回溯，就是國際法制，索還
及留置政策的由來。」（尹章華，2001：6）。絕大部分的文化資產，都已被
移置國外，對這些國家而言，索還其原屬於自己之文化資產，更有其必要。

但是，文化民族主義的論點，在國際環境上，遭到文化普遍主義者的強烈
挑戰。

文化普遍主義者，認為文化遺產固然對某特定民族意義重大，但從人類共
同遺產的角度觀察，此文化遺產不僅屬特定民族，也是屬於全人類，故並非只
有該特定民族所能了解及欣賞，因此其所在地點並不重要；最重要者，乃在於
如何確保該文化遺產，使其流傳後世。為了達成此項目的，學者尹章華認為有
三項重要任務：（尹章華，2001：6）

1. 保存

此乃文化普遍主義者認為最重要之任務，蓋文化資產一但受損或滅失，人
類將喪失共同文化遺產之一部分。因此，保存文化資產免於受到危險或毀損，
乃屬極端重要。「保存就是讓所有文化資產留在原地，不去移動它。文化普遍
主義者對此提出批評，認為此乃似是而非的說法，國際間文化資產的流通有時
固然會造成損害，但有時亦促進文化資產的保存。反之，堅持將文物留在原地
有時也會產生毀滅性之結果，此即所謂毀滅性留置。」

2. 完整性及脈絡的考量

亦即需要考量文化資產整體的完整性，以及對歷史文化軌跡的認識，因

此，文化資產是否完整不致四散流離，即屬重要課題。例如：秦朝時的兵馬俑，分開來每一尊都是藝術的傑作，但其發掘時所在的位置，與其他兵俑的關係，卻可以告訴我們當時軍營之配置、軍隊的組織和戰術的部署等額外的資訊。

3. 分布及接近之考量

即該文化資產所分部的情形，是否便於民眾接近之問題。蓋文化資產既然是人類的共同遺產，則所有的人都應該有權利去接觸、欣賞及運用。因此，文化資產應該有一個適當的國際分布，來促進此類接觸的機會。

文化普遍主義之基本主張是：文化普遍主義的實質來自確信人類平等之觀念，亦即某些基本的價值是超越有形的國家民族的藩籬，而適用於人類全體的。例如基本人權之享有，並非西方獨特政經條件下之產物，而是普世的、本來具有的、人之所以為人所必然應有之對待。人類共同遺產之概念，乃源自於資源共享，永久保存以待後世的主張，係基於文化普遍主義之精神而來，文化普遍主義則又係基於憲法上平等權之理念；亦即無論任何人，皆有平等接近文化資產之權利，不因屬於某特定族群或居住於某特定地區，而有差別待。文化普遍主義者認為：「文化資產不論其來源或出處以及現在所在位置，文物均為構成人類共同文化之一部，性質上獨立於國家管轄權之行使，並且不受國家財產權之認定而受影響」（詹旺樺，2000：56）

就文化普遍主義者而言，既係從人類共同遺產的角度來觀察，因此，他們認為：文化遺產不僅屬特定民族，也是屬於全人類，故並非只有該特定民族所能了解及欣賞，所有的人類均應共同享有欣賞及接近它之權利。基於此論點，文化普遍主義者認為，文化資產置存於何地並不是重點，重要的是：「如何才能讓文化資產獲得最妥善之保存、與讓人類有更便於接近它、欣賞它之權利；同時也能藉助國際貿易上文化資產之買賣，促進國際間文化之交流。」（張奇禎，2002：34）

本文認為，文化普遍主義是國際強權政治的寫照，將此全球化的觀念放大為文化資產保護。認為文化資產既然是人類之共同文化遺產，當然應該由全體

人類所共同享有，而不應該專屬於文化資產之原屬國。在國際政治上，雖未必全部國家認同，但在政治現實上也無權力基礎可要求返還。

　　所謂文化資產所有權之返還，係指將文化資產從非法取得文化資產所有權或無權占有者手中，歸還於原所有權人，並返還其占有狀態。如前所述，有形之文化資產具有物權之性質，各國立法通例，物之所有人，對於無權占有或侵奪其所有物者，得請求返還之。因此，文化資產之返還請求，通常就是針對無權占有或非法取得文化資產所有權之情形而為。茲就其在公私法上之爭議事項，分別說明其返還權之請求：（張奇禎，2002：176）

1. 私法上之返還請求

　　針對文化資產在私法上發生所有權歸屬之爭議，或無權占有之情形，主要係基於一般買賣贈與互易或在拍賣市場公開競買古物，事後發現該古物係屬盜贓物或進出口受管制之限制，而產生所有權歸屬與占有狀態，發生爭議之情形。一般而言，此種情形在法律之規範上比較無爭議，只要依當事人雙方之本國實體法律及國際私法之規定，即可解決一般私權之紛爭。

(1) 返還請求權行使之主體

　　即以主張自己對該文化資產擁有合法權利之人，為請求權行使之主體。蓋在私法上，權利之主體，對於無權占有或以非法手段侵奪其權利者，自得以自己之名義，行使此項返還請求權。文化資產之原所有權人，如果認為其所有權或其占有狀態，遭受到侵占、竊盜、搶奪而喪失其所有權或其占有，當然可以自己之名義，提出返還文化資產所有權之請求。

(2) 返還請求權行使之客體

　　亦即請求權行使之相對人，該相對人即：被所有權主體認為侵奪其權利之人。此侵奪權利人，不一定為自然人；有可能是國家或其他公私法人，只要能確認，系爭案件是屬於一般私權上之爭議，則該被認為侵奪文化資產所有權者，無論其為自然人、法人或國家，皆得為文化資產返還請求權行使之相對人。

(3) 返還請求權行使之標的

係指返還請求權行使之具體內容而言，亦即究竟以什麼具體內容為其返還請求權行使之標的。文化資產之返還請求，自係以「文化資產」為請求權行使之標的。一般而言，此所謂「文化資產」之定義，只要依各國國內文化資產保存法制之規定即可。惟仍然必須符合經過年代久遠；在歷史、科學、藝術及文化上，具有重要之意義；經由政府指定等三項基本要件。

2. 公法上之返還請求

文化資產在公法上所有權歸屬因移置而產生變動，主要來源有：國際侵略戰爭、帝國主義之掠奪或殖民統治，以及統治權行使之收歸國有、國土變遷、政府變更等因素。除了因統治權行使之收歸國有政策，以及由於政治因素之國土變遷、政府變更等因國家繼承而產生所有權變動，比較不生所有權返還請求之問題外；其餘情形，例如：當國家遭受外來侵略或帝國主義之掠奪、殖民統治，以致文化資產遭受移置或掠奪之情形，受害國家依文化民族主義之國際立法例，均得向該侵害國家或該文化資產現在所處之國家，請求返還被侵奪之文化資產。當這些受害國家行使此項返還請求權時，仍然必須遵守國際法上之程序及實體法律規定。

茲將相關問題說明如次：

(1) 返還請求權行使之主體

由於國際侵略戰爭或帝國主義之掠奪、殖民統治等因素而喪失文化資產所有權或其占有狀態者，其所受害之主體如果是國家時，則應以該國家為主體行使其返還請求權，即使該國家經過政權更迭，甚或改朝換代，依國家繼承之原則，其現時代表國家之政府，仍然有權代表該國家行使此項返還請求權。例如：滿清末年，八國聯軍攻陷北京，火燒圓明園，劫走故宮無數珍寶。如果中國欲向該等侵略國家，請求返還故宮珍藏，則現時普獲大多數國家承認之中華人民共和國政府，即有權代表中國行使此項返還請求權。

(2) 返還請求權行使之客體

所謂返還請求權行使之客體，係指文化資產受侵奪之受害國家對之行使返

還請求權之對象。在國際公法上，能發動侵略戰爭或殖民統治者，皆以國家為代表，故請求返還因戰爭或帝國主義之掠奪、殖民統治而受劫掠之文化資產，自應以該國家為對象行使返還請求權，而非以當時發動戰爭或殖民統治之個人為請求權行使之對象。即使該國家事後因政權更迭，亦應依國家繼承之原則，以行使請求權時，代表該國家之政府，為其請求權行使之對象。就以上述故宮珍寶為例，中國政府如欲追討因八國聯軍而被劫掠之文化資產，就必須以該批故宮珍寶珍藏所在大英博物館、美國大都會博物館所代表之現任美國或英國政府，為其返還請求權行使之對象。

(3) 返還請求權行使之標的

亦即返還請求權行使之具體內容為何？即究竟應以什麼具體內容為其返還請求權行使之標的。因國際侵略戰爭或帝國主義者之掠奪過程當中，所遭受重大之文化浩劫者，當然是那些國家珍寶之珍貴古文物。這些珍貴的古文物，乃國家之重要文化資產，各國在其文化資產保護法制上，各有其獨特之定義。惟如果涉及國際上文化資產所有權歸屬之爭議時，通常會依國際公約之規定，或依當事國雙方所簽定之條約、協議中，確定其所規範文化資產之範圍。

八、自然地景

(一) 何謂自然地景

南投鳳凰鳥園，感受鳥類棲息自然生態之美；花蓮太魯閣國家公園，看峽谷的地質渾然天成，用時光雕刻出藝術天成的佳作；四川九寨溝，看獨特環境保存下清澈的湖水；西藏布達拉宮，看萬年凍土上，具有科學教育的宗教保存區域。福建武夷山大紅袍的珍貴茶樹，澎湖自然的玄武岩礦物，這些由自然天成而來的生態體系，獨特地形，永存基因，值得教育研究保護，是大自然給人類的天然寶藏，我們稱為自然地景，要以文化資產概念加以保護保存。

「自然地景：指具保育自然價值之自然區域、地形、植物及礦物。」依其

存在態樣再予分類：「自然地景依其性質，區分為自然保留區及自然紀念物；自然紀念物包括珍貴稀有植物及礦物。」

　　例如澎湖的石滬之美就是自然地景的一種。石滬漁業是一種在潮間帶，用石塊堆疊方式做出的陷阱捕漁法。澎湖當地居民與石滬共生兩百五十年，這些石堤今天已成美麗天成的圖案，雙心造型的石滬在清澈的海底、令人感動文化資產之美。「據調查，澎湖的石滬有五百八十座以上，是全球保存最多的地方，這種自然地景，當然具有保存保護的價值。」（劉郁青，2005）

(二) 自然地景之發現、指定與暫定

　　自然地景遭受破壞常無法重建，所以與古蹟、歷史建築一樣需要在發現的第一時間就加以保護。「發見具自然地景、自然紀念物價值者，應即報主管機關處理。營建工程或其他開發行為進行中，發見具自然地景、自然紀念物價值者，應即停止工程或開發行為之進行，並報主管機關處理。」

　　文化資產與文化藝術關聯密切，經事權統一後主管機關為文建會。但自然地景與植物及生態專業關聯更緊密，所以主管機關在此領域為農委會。「自然地景、自然紀念物之主管機關：在中央為行政院農業委員會；在直轄市為直轄市政府；在縣（市）為縣（市）政府。」

　　「自然地景、自然紀念物依其主管機關，區分為國定、直轄市定、縣（市）定三類，由各級主管機關審查指定後，辦理公告。直轄市、縣（市）定者，並應報中央主管機關備查。自然地景、自然紀念物滅失、減損或增加其價值時，主管機關得廢止其指定或變更其類別，並辦理公告。直轄市、縣（市）定者，應報中央主管機關核定。」

　　是否為自然地景的文化資產，得向主管機關申請審查，依法定程序審查後決定是否列入。「主管機關應普查或接受個人、團體提報具自然地景、自然紀念物價值之內容及範圍，並依法定程序審查後，列冊追蹤。」「主管機關應建立自然地景、自然紀念物之調查、研究、保存、維護之完整個案資料。」「具自然地景、自然紀念物價值之所有人得向主管機關申請指定，主管機關應依法

定程序審查之。」

　　與古蹟審查相同，在還沒指定爲古蹟前，得指定爲暫定古蹟。文資法亦增設「暫定自然地景」制度，以免緊急狀況時無法立刻處理。「進入自然地景、自然紀念物指定之審查程序者，爲暫定自然地景、自然紀念物。具自然地景、自然紀念物價值者遇有緊急情況時，主管機關得指定爲暫定自然地景、暫定自然紀念物，並通知所有人、使用人或管理人。暫定自然地景、暫定自然紀念物之效力、審查期限、補償及應踐行程序等事項，準用第20條規定。」

(三) 自然地景之管理維護

　　「自然地景、自然紀念物由所有人、使用人或管理人管理維護；主管機關對私有自然地景，得提供適當輔導。自然地景、自然紀念物得委任、委辦其所屬機關（構）或委託其他機關（構）、登記有案之團體或個人管理維護。自然地景、自然紀念物之管理維護者應擬定管理維護計畫，報主管機關備查。」

　　自然地景通常涵蓋面積廣大，需要完整的管理維護計畫方能發生功效，故需將計畫內容中，明示應施行之必要事項。「自然地景之管理維護者依本法第80條第3項擬定之管理維護計畫，其內容如下：1.基本資料：指定之目的、依據、所有人、使用人或管理人、自然保留區範圍圖、面積及位置圖或自然紀念物分布範圍及位置圖。2.目標及內容：計畫之目標、期程、需求經費及內容。3.地區環境特質及資源現況：自然及人文環境、自然資源現況（含自然紀念物分布數量或族群數量）、現有潛在因子、所面臨之威脅及因應策略。4.維護及管制：環境資源、設施維護與重大災害應變。5.委託管理規劃。6.其他相關事項。」

　　都市的發展如開發時會與自然地景範圍相衝突，則應協商其區域計畫。「自然地景、自然紀念物所在地訂定或變更區域計畫或都市計畫，應先徵求主管機關之意見。政府機關策定重大營建工程計畫時，不得妨礙自然地景之保存及維護，並應先調查工程地區有無具自然地景、自然紀念物價值者；如有發見，應即報主管機關依第81條審查程序辦理。」

(四) 自然地景之進入限制

　　一個完整自然地景區域的保護，在衡量人為破壞之風險下，除了教育，就是減少使用之承載量，增加復育時間，保持原來生態平衡。所以自然地景一但通告後，得以許可方式限制民眾的進入時間或數量。這也就是我們去登山時，許多保護區域，須先登記並限制當日進出人數的原因。

　　「自然保留區禁止改變或破壞其原有自然狀態。為維護自然保留區之原有自然狀態，非經主管機關許可，不得任意進入其區域範圍；其申請資格、許可條件、作業程序及其他應遵行事項之辦法，由中央主管機關定之。」「自然紀念物禁止採摘、砍伐、挖掘或以其他方式破壞，並應維護其生態環境。但原住民族為傳統祭典需要及研究機構為研究、陳列或國際交換等特殊需要，報經主管機關核准者，不在此限。」

　　其次因自然生態裡植物或礦物，屬文化資產之保存項目，應該在國界予以管制，許多作成的自然標本亦應在管制其中。「自然紀念物，除依本法第83條但書核准之研究、陳列或國際交換外，一律禁止出口。前項禁止出口項目，包括自然紀念物標本或其他任何取材於自然紀念物之產製品。」

九、文化資產保存技術及保存者

(一) 文化資產保存技術及人才保存

　　復古不知何時開始已經是一種時尚。老的藝術，老的技術，老的文物，老的人才，變成是熾手可熱的文化資產。西藏的唐卡，湖南的湘繡，臺灣的布袋偶，修復屋簷的老師傅，都因時光的傳承延續，更發現他們的珍貴。所以在文化資產保護的範疇裡，獨特而稀有的技術，珍貴而無法取代的人，成了文化資產保存的標的。文資法中對「人」加以保存是全新的概念，跨越了立法理論與技術之生硬法理，足見進步的立法走在時代之先，才能真正解決問題。

文化資產保存技術，指進行文化資產保存及修復工作不可或缺，且必須加以保護需要之技術；其保存者，指保存技術之擁有、精通且能正確體現者。「主管機關應普查或接受個人、團體提報文化資產保存技術及其保存者，依法定程序審查後，列冊追蹤，並建立基礎資料。前項所稱文化資產保存技術，指進行文化資產保存及修復工作不可或缺，且必須加以保護需要之傳統技術；其保存者，指保存技術之擁有、精通且能正確體現者。主管機關應對文化資產保存技術保存者，賦予編號、授予證書及獎勵補助。」

「中央主管機關得就前條已列冊或前項已登錄之文化資產保存技術中，擇其急需加以保護者，審查登錄為重要文化資產保存技術，並辦理公告。前二項登錄文化資產保存技術，應認定其保存者。文化資產保存技術無需再加以保護時，或其保存者因死亡、喪失行為能力或變更等情事，主管機關得廢止或變更其登錄或認定，並辦理公告。」（文資法第17條）

文建會並訂有「文化資產保存技術及其保存者審議委員會設置要點」，開會時委員「應親自出席會議，會議之決議，以二分之一委員之出席，出席委員三分之二以上同意行之。」足見審查之嚴謹。

(二) 文化資產保存技術保存傳習及人才養成

只是保存技術及人才是消極的作法，更積極的是應將技術延續傳承，及培育更多優秀技術之人才。所以「主管機關應協助經指定之保存技術及其保存者進行技術保存及傳習，並活用該項技術於保存修復工作。前項保存技術之保存、傳習、活用與其保存者之工作保障、人才養成及輔助辦法，由中央主管機關定之。」

在「文化資產保存技術保存傳習及人才養成輔助辦法」中，規定應做成保存技術資料庫及人才庫：「為保存、傳習、活用經指定之保存技術，應由中央主管機關作成文字或影音紀錄並建置資料庫。」「中央主管機關應頒給保存技術之保存者證明文件，並建置保存者資料庫。」

十、獎勵與罰則

(一) 文化資產保存之獎勵

　　文化資產保存是政府重要政策，人民配合政府施政，政府自然應該給予獎勵或補助。獎勵原因有捐贈私人擁有之文化資產，將私人所有權為了社會大眾公益而捐出；有發現文化資產時第一時間通報，幫助政府從事保存工作；有因私有古蹟限建而給予租稅優惠者，都因直接間接幫助文化資產政策之推行，而給予不同之獎勵補助措施。

　　有下列情形之一者，主管機關得給予獎勵或補助：

　　1. 捐獻私有古蹟、歷史建築、紀念建築、考古遺址或其所定著之土地、自然地景、自然紀念物予政府。

　　2. 捐獻私有國寶、重要古物予政府。

　　3. 發見第33條之建造物、第57條之疑似考古遺址、第76條之具古物價值之無主物或第88條第1項之具自然地景價值之區域或自然紀念物，並即通報主管機關處理。

　　4. 維護或傳習文化資產具有績效。

　　5. 對闡揚文化資產保存有顯著貢獻。

　　6. 主動將私有古物申請登錄，並經中央主管機關依第68條規定審查指定為國寶、重要古物者。

　　前項獎勵或補助辦法，由文建會、農委會分別定之。

　　「私有古蹟、考古遺址及其所定著之土地，免徵房屋稅及地價稅。私有歷史建築、紀念建築、聚落建築群、史蹟、文化景觀及其所定著土地，得在百分之五十範圍內減徵房屋稅及地價稅；其減免範圍、標準及程序之法規，由直轄市、縣（市）主管機關訂定，報財政部備查。」，例如臺北縣私有歷史建築、聚落、文化景觀及其所定著土地，其房屋稅自完成登錄之當月分起、地價稅自完成登錄之當年（期）起，減徵百分之三十。

　　「私有古蹟、歷史建築、紀念建築、考古遺址及其所定著之土地，因繼承

而移轉者，免徵遺產稅。本法公布生效前發生之古蹟、歷史建築、紀念建築及考古遺址繼承，於本法公布生效後，尚未核課或尚未核課確定者，適用前項規定。」此因臺北市有因繼承繳不出遺產稅，造成古蹟保存業務執行之困難。因此規範溯及尚未核課確定者，故可協助許多文化資產因繼承而變動之民眾解決問題。

捐贈或出資贊助文化資產保存，可將其列舉扣除額增加。如「出資贊助辦理古蹟、歷史建築、紀念建築、古蹟保存區內建築物、考古遺址、聚落建築群、史蹟、文化景觀、古物之修復、再利用或管理維護者，其捐贈或贊助款項，得依所得稅法第17條第1項第2款第2目及第36條第1款規定，列舉扣除或列為當年度費用，不受金額之限制。」（文資法第101條）

(二) 文化資產保存之罰則

故意破壞文化資產保存，或行為違反政府之行政處分，則以刑罰或行政罰鍰，來達到處罰或嚇阻之功效。詳如下述：

1. 刑罰

有下列行為之一者，處六個月以上五年以下有期徒刑，得併科新臺幣五十萬元以上二千萬元以下罰金：

(1) 違反第36條規定遷移或拆除古蹟。（例如：明知古蹟除因國防安全或國家重大建設，經提出計畫送中央主管機關審議委員會審議，並由中央主管機關核定者外，不得遷移或拆除。卻又刻意非法遷移或盜採該古蹟事物）

(2) 毀損古蹟、暫定古蹟之全部、一部或其附屬設施。（例如：私人所有之物因不願被列為古蹟，故意以暴力毀損古蹟。）

(3) 毀損考古遺址之全部、一部或其遺物、遺跡。（例如：遺址在當事人居家附近，因不願遺址指定後影響房屋興建之都市計畫，而將遺址毀損）

(4) 毀損或竊取國寶、重要古物及一般古物。（例如：因手中古物被鑑定是與國寶雷同之贗品，憤而將國寶真品藉機砸毀）

(5) 違反第73條規定，將國寶、重要古物運出國外，或經核准出國之國

寶、重要古物，未依限運回。（例如：將國寶借展於國外，卻因盜賣而無法運回出借處。）

　　(6)違反第85條規定，採摘、砍伐、挖掘或以其他方式破壞自然紀念物或其生態環境。（例如：因種族不同之紛爭，而將原住民其他族群之紀念祖靈碑加以毀損）

　　(7)違反第86條第1項規定，改變或破壞自然保留區之自然狀態。（例如：在自然保留區擅自盜伐數目，造成林相的重大改變）

　　上述這些行為，除處罰既遂犯外，未遂犯亦罰之。例如：以強暴之力欲毀損古蹟，卻因民眾報警制止而未完成，依法以未遂犯處罰之。

　　其次上述之行為態樣，如是法人之受僱人等，則亦課以罰金以茲處罰。如行為人是公務員，則屬加重犯加重其行。例如：「法人之代表人、法人或自然人之代理人、受僱人或其他從業人員，因執行職務犯第103條之罪者，除依該條規定處罰其行為人外，對該法人或自然人亦科以同條所定之罰金。」「公務員假借職務上之權力、機會或方法，犯第103條之罪者，加重其刑至二分之一。」

2. 行政罰鍰

　　文化資產的保存雖然重要，但動則處以刑罰嚇阻人民，終非行政處分之上策，故配合行政罰除罪化原則，將罰金修正為罰鍰，並提高額度；增訂有關按次處罰、代履行及必要時得勒令停工，並斷絕自來水、電力等營業用必要能源之規定。詳如下述：

　　有下列情事之一者，處新臺幣三十萬元以上二百萬元以下罰鍰：

　　(1)古蹟之所有人、使用人或管理人，對古蹟之修復或再利用，違反第24條規定，未依主管機關核定之計畫為之。

　　例如：古蹟應保存原有形貌及工法，如因故毀損，而主要構造與建材仍存在者，應依照原有形貌修復，未依原有形貌及工法修復者

　　(2)古蹟之所有人、使用人或管理人，對古蹟之緊急修復，未依第27條規定期限內提出修復計畫或未依主管機關核定之計畫為之。

　　例如：因重大災害有辦理古蹟緊急修復之必要者，其所有人、使用人或管理人應於災後三十日內提報搶修計畫，並於災後六個月內提出修復計畫，卻未依時限辦理者。

　　(3) 古蹟、自然地景、自然紀念物之所有人、使用人或管理人經主管機關依第28條、第83條規定通知限期改善，屆期仍未改善。

　　例如：古蹟經主管機關審查認因管理不當致有滅失或減損價值之虞者，主管機關得通知所有人、使用人或管理人限期改善，屆期卻未改善者。

　　(4) 營建工程或其他開發行為，違反第34條第1項、第57條第2項、第77條或第88條第2項規定者。

　　例如：營建工程及其他開發行為，不得破壞古蹟之完整、遮蓋古蹟之外貌或阻塞其觀覽之通道；或工程或開發行為進行中，發現具古物或自然地景價值之建造物時，應即停止工程或開發行為之進行，並報主管機關處理。當事人應作為而不作為違反此條款

　　(5) 發掘遺址、列冊考古遺址或疑似遺址，違反第51條、第52條或第59條規定。

　　例如：遺址之發掘，應由學者專家、學術或專業機構向主管機關提出申請，經審議委員會審議，並由主管機關核定後，始得為之。申請後未核定卻仍私自發掘者者。

　　(6) 再複製公有古物，違反第71條第1項規定，未經原保管機關（構）核准者。

　　例如：公立古物保管機關（構）為研究、宣揚之需要，得就保管之公有古物，具名複製或監製。他人非經原保管機關（構）准許及監製，不得再複製。當事人未得故宮之同意仍複製古物私自販售。

　　另外公務員若怠忽職守，致文化資產遭受損害，亦應有行政懲戒之適用。如：「有第1項各款情形之一，其產權屬公有者，主管機關並應公布該管理機關名稱及將相關人員移請權責機關懲處或懲戒。」

　　行為態樣違反法益情節較輕者，則行政罰鍰處罰亦較輕。有下列情事之一者，處新臺幣十萬元以上一百萬元以下罰鍰：

(1) 移轉私有古蹟及其定著之土地、考古遺址定著土地、國寶、重要古物之所有權，未依第32條、第55條、第75條規定，事先通知主管機關。

例如：古蹟及其所定著土地所有權移轉前，應事先通知主管機關；其屬私有者，除繼承者外，主管機關有依同樣條件優先購買之權。當事人有通知義務卻未履行通知義務者。

(2) 發見第33條第1項之建造物、第57條第1項之疑似遺址、第76條之具古物價值之無主物，未通報主管機關處理。

例如：發見具古蹟價值之建造物，應即通知主管機關處理。當事人有通知義務卻未履行通知義務者。

(3) 違反第86條第2項規定未經主管機關許可，任意進入自然保留區者。

例如：爲維護自然保留區之原有自然狀態，非經主管機關許可，不得任意進入其區域範圍。主管機關未許可其進入仍強行進入者。

其次在行政執行法上，尚有代履行之情形，本法亦有適用。「直轄市、縣（市）主管機關依本法應作爲而不作爲，致危害文化資產保存時，得由行政院、中央主管機關命其於一定期限內爲之；屆期仍不作爲者，得代行處理。但情況急迫時，得逕予代行處理。」

例如：經主管機關限期通知改正而不改正，或未依改正事項改正者，得按次分別處罰，至改正爲止；情況急迫時，主管機關得代爲必要處置，並向行爲人徵收代履行費用；第4款情形，並得勒令停工，通知自來水、電力事業等配合斷絕自來水、電力或其他能源。

且行政執行法規定，依本法所處之罰鍰，經限期令其繳納，屆期仍不繳納者，依法移送強制執行。

另依民法損害賠償之規定，其損害部分應回復原狀；不能回復原狀或回復顯有重大困難者，應賠償其損害。前項負有回復原狀之義務而不爲者，得由主管機關代履行，並向義務人徵收費用。

第六章　藝術與文化藝術獎助

第一節　文化藝術獎助的理論基礎

　　社會的發展是一個動態的前進過程，不同的時代裡，文化藝術隨著與經濟、政治、文化、環境等發展因素的互動影響，而有不同的樣貌。文化藝術在國力強盛的年代裡，有著蓬勃發展，在政治紛亂的年代裡，也留下文化藝術的印記。

　　文化藝術活動，是人民心靈管理的一環，國家在今天給付行政的時代裡，是否應該有文化藝術的補助行為？在理論上是個肯定與否定的爭議；但在實務上，各國直接間接的行政行為以支持文化藝術，也是既有的事實。本文從理論基礎、法制架構、審查機制，說明文化藝術獎助的現狀。

一、反對說

　　反對政府補助藝術的論者認為，何種類型的藝術可受到補助？以及藝術補助的對象？均是由政府所選擇決定，但是政府卻難以說服並要求納稅人同意以公共財補助藝術。例如，有人將歌劇視為外來藝術，因而懷疑補助歌劇的意義；有人質疑公共電視的補助，只是滿足中上階層而非普羅大眾；也有人認為，「如果一個社會不贊成國家進行藝術檢查，那麼也不應該贊同藝術補助，因為政府的藝術判斷並不可靠。」（劉新圓，2006）。

　　Ernest Van Den Hagg反對針對藝術進行補助：認為藝術促進社會和諧之功能，對美國不適用，他以歐洲歌劇在美國的演出為例，認為根本無助於美國國家認同的建立或維繫。認為全民納稅不應只補助上流社會與中產階級所偏好的藝術，高級藝術是上流社會及中產階級所偏好且願意為其付出，然而卻不能強迫以全民的納稅去補助，這是不合理也不公平的負擔。認為補助對藝術反而有害，任何政府所做的藝術審查制度均難以使人信服，事實上政府官僚根本無法分辨藝術品質之優劣良窳，而為避免爭議，政府將只會齊頭式地，對所有藝術

團隊或藝術家進行補助。而在這種一視同仁的情形下，必定會招來所謂之「假藝術家」來分食補助大餅，而排擠到對眞正藝術家之補助資源，如此，公共預算會被浪費在毫無價值的作品之上。除此之外，亦擔心政府提供的財政補助、相關法令與官僚程序的運作，可能會引入過當的管制及監督效果，甚至會扭曲了藝術市場的自然運行」。同時，由於藝術工作者爲獲得資助或補助，其藝術表現方面，可能會迎合資助人或補助者之需求或價值偏好，因而，財政補助本身亦不免對藝術工作者之創作自由度形成干擾。（Ernest Van Den Hagg, 1979:63）

二、肯定說

(一) 經濟觀點

　　如果將文化藝術活動視爲一個自由市場，許多經濟學家都主張文化藝術產品中關於公共財的性質，以免完全由市場機能決定，造成文化藝術活動供給不足而影響社會進步。市場失靈時、政府部門有理由直接或間接干預經濟活動，以維持人民的享用文化藝術的公平權利。

　　Alan Peacock認爲，環境品質的提升要靠各種文化財的投入，其中一個很重要的假設是，環境品質之水準，有賴文化財的投入，但其本身之生產卻不足以達到社會之需求量，除非有某些政府基金資助之。一國的文化產業可吸引觀光客，可視爲國家無形的出口。（Alan Peacock, 1994:167）

　　主張政府應強力介入，以導正自由市場機制的福利經濟學，對自由市場的諸多缺點提出批評，認爲市場無法充分發揮以確保以確保國民獲得最大福利，政府因具有廉潔、能力、公正等特性，是於在自由市場並不理想的狀況下，對產業作有利的干預。福利經濟學者認爲，在自由市場經濟體制之下，原本就不可能存在能讓所有利用人，得以聯合分擔製造費用的有效機制。很多時候，在知識或者文學藝術的領域裡，創作的成本極爲昂貴，但散布的成本卻很低廉。

因此認爲比較可行的理想解決方法，是由政府補助創作者，而在創作出大眾社會所需要的作品後，再由政府免費提供拷貝給需要的人。（陸民仁，1971：281）

本文認爲，文化藝術商品有其經濟及心靈效益。例如保護文化資產、提升人民美學素質、保存文化和價值觀、教育愼終追遠的品德功能等。文化藝術產品的創作，創作人在文化產業的投資通常不易獲得直接、或者相當的回報，故政府會了整體人民生活的素質提升，也就該扮演支援獎助的角色。

(二) 社會觀點

社會學者Hye kyung Lee認爲，在分配社會資源上，市場機制、自由競爭被認爲是最有效率的方法，但在1997年工黨上臺後，「社會影響力」成爲文化政策的重心。政府當局認爲市場機制不但不能解決社會問題，反而可能會產生更多社會的裂痕，造成「社會隔離」。造成一個人的全部或部分被隔離於社會、經濟、政治或文化之外的動態過程。文化既然是人們的生活方式，包括知識、態度、信仰、價值觀等。則文化成爲政策的中心，在國家掌控失業及貧窮的能力逐漸式微之假設下，文化因素被視爲經濟融合的關鍵元素。政府當局認爲藝術可直接影響人們的生活方式，更可培育出自信、有創造力的人民。

提倡者認爲，藝術是一種有效且省錢的影響社會之方法，藝術的「社會影響力」成爲官方論述文化政策的重心，很明確的表示藝術不僅能帶來降低長期失業率、減少犯罪、更好的健康等重要成果，更可幫助實現個人自我尊嚴、社區精神及社區自我重生的能力。在這樣的論點下，學者認爲「藝術有促進社會融合之功用，故支持政府提供文化藝術補助，藝術活動被期許不僅只是創作或成爲文化產業的一部分，更被定位爲一個可以促進社會融合的行爲。「政府及社會賦予了藝術活動更多的責任，藝術團體或組織必須創作出對社會有正向意義的節目。」（Hye kyung Lee, 2005）

(三) 哲學觀點

從至善論出發，根植於哲學基礎。至善論觀點認為人類的幸福來自於潛能的具體發揮，政府應藉著教育來鼓勵人類發展潛能，政府應該鼓勵人民選擇較優良的生活。至於「較良善的生活」的評斷，至善論者認為是「客觀的」標準，而非是主觀的偏好，國家應該用行政權力來提倡並鼓勵良善生活方式的實踐。（David T.Schwartz, 2000:13）

在文化藝術補助的論點上，至善論者認為政府應該保障藝術工作者，因為藝術活動在「客觀」的標準評價中是富有價值的，認為一個良好的生活必須有美學欣賞的能量。認為藝術可以讓市民得到其他方法所無法得到的最好的生活的境界，而提升人類的心靈生活是國家的目標，國家政策上自應補助文藝活動。

(四) 法律觀點

憲法學者Owen M. Fiss主張國家負有積極義務來保障表現自由權，而藝術表現自由在言論自由的範疇內，也因此對文化藝術應與補助。他認為「市場」本身，就有著先天結構上的限制，市場本身著重的是你是個消費者，而非你是個「市民」；市場可提供最經濟最多樣化的消費性財貨，卻無法產生出辯論的能量。但這樣的能量卻是身為一個自主自決的市民所必須的能量。國家的出現，就是應該與市場進行互動，來保存民主真正的核心價值，所以國家應該不是「加入」市場，來使市場更完美，而是用來「矯正」市場。（洪淳琦，2005：23）

Fiss教授認為，文化藝術補助絕非只是「恩惠」，或者只是多餘不必要的裝飾。它代表的是極富生命力生產力的價值，它使得許多可能無法出現的表演藝術、繪畫、或者展覽，因為國家的補助而出現。藝術所能達到的教育功能是多面向的，讓一個本早已被大家熟悉的觀點，帶向新的領域局面，或者將一個根本還不為人熟知的觀點，成為大家的焦點。所以，最好的藝術是讓我們去懷疑、重新思考、或挑戰已經熟習的觀點，拒絕一切未經反思的假設或者推測；

最好的藝術是豐富公眾討論的藝術，開展我們的眼界，也改變我們對世界的觀點。憲法保障言論自由是具有積極保護的意義，而促進公眾討論是憲法設定的國家目標，因爲從言論自由的積極思考面向，豐富民主討論是國家不得拒卻的責任與目標，國家不應拒絕文藝補助，立法者若任意刪除預算來消除補助，恐怕也非憲法保障言論自由的眞意所許。認爲藝術價值也包括促進公眾討論的價值於其中。政府在文化藝術的補助，爲的就是「增進公眾討論」，來維持人民眞正的主體性。（洪淳琦，2005：23）

我國政府對於文化藝術補助或者其他文藝政策領域的介入時，也採取這種權利保障的觀點。文建會發起的「文化公民權」運動宣言中，認爲臺灣今日已經達到政治公民權與經濟公民權的社會建構，接著就是文化公民權的伸張，是一種以文化藝術欣賞能力爲基礎的公民資格認定。

文化公民權的意義，不只是在訴求政府應提供充足之文化藝術資源，保障公民充分享有的權利，更進一步訴求公民在參與、支持和維護文化藝術發展活動的責任，改變過去主要基於血緣、族群、歷史、地域等的身分認同，並開始從文化藝術和審美的角度切入，重建一個屬於文化和審美的公民共同體社會。今天的臺灣人民，應將政治參與權和經濟平等權的訴求，進一步提升爲對文化公民權的新主張。（文建會，文化公民權宣言，2008）

每一個公民在文化藝術與審美資質的提升，乃是建立文化公民權的基本條件。故中央和地方政府有責任提供足夠的文化藝術資源，滿足各地公民共享文化的權利。全體公民對於文化藝術活動、資源、資產與發展，應共同承擔起參與支持、維護與推動的責任。

針對文化公民權的新訴求，文建會全面展開「文化公民權」運動。包含召開涵蓋原住民族十二族群、在臺外籍配偶、青少年、後現代族群與身分認同、消費社會的文化意識、文化多元主義論述等當代重要文化現象議題之會議，並舉辦以文化公民權爲主要訴求的活動，例如族群大閱兵、文化大踩街、音樂會、影像展、美食展、地方戲曲、生活劇場、裝置藝術、聯歡晚會等多元族群嘉年華會，全面喚起國人「文化公民」的責任與意識，建立臺灣新的公民社會，再造國家共同體意識。

(五) 多元文化觀點

　　Dworkin認為，政府執行文藝補助，應起源於「我們應該將我們普遍的文化，放在值得關注的地位」。我們應該試圖定義一個「豐富的文化結構」。充滿多元的可能以及不同的價值觀的文化結構，我們應該付出努力來保護我們文化的豐富性，使我們及我們的後代都能以自己的生活方式，活在這樣的豐富文化生活中。

　　Dworkin認為藝術生成的可能性，是依賴著長久下來我們共享的語彙及豐富的文化資源，若文化資源的豐富性消失了，人難道能憑著天啟，憑空造出藝術？若我們的文化社群是一個整體，並從歷史文化的持續性以及共享的文化資源中獲得力量，則或許我們可以使這些政府的文藝補助疑慮得到解除，並重新恢復補助的真正意義。當文化結構可以提供豐富的資源給人民時，是一種對人民比較好的生活方式，所以我們應該盡其努力來豐富文化未來的多元性，這樣的觀點經濟途徑與民主理論應該都不會有任何異議。他認為藝術的確是值得政府補助的，而且政府補助的目標是文化的多樣性、及文化的創新價值，而不是去注意一種文化是否卓越。（轉引自洪淳琦，2005：30）

　　論者認為，國家的義務在這裡已經出現，國家用稅收挹注文化藝術的動機，不應是提倡文藝可能達成的某種生活型態，而是應該用文化藝術的蓬勃發展，提供人民多樣化的選擇機會；而且，更應保障每一種文化成員，尤其是本來屬於弱勢或受壓制的文化團體，有發聲的機會。而要提供人民多樣化的選擇機會，就是要把那些被忽略的聲音解放出來，使這些被忽略的聲音都同樣的可以進入對話平臺中，以「多元」的態樣，豐富國家的文化資源及人民選擇生活的能力。唯有對於每個個體平等的文化上的尊重，積極使被忽視的、被歧視的、或者不被認同的文化表現與文化特徵，在政府補助的平臺中彰顯出來，真正的自由平等才有落實的可能。這是自由主義國家應該追求的目標，也是政府從事文化藝術補助可以賴以成立、並說服大家的理由。（洪淳琦，2005：30）

(六) 文化公民權利保障觀點

本文認為，經濟觀點認為在政府效能失靈時，非政府組織或能補足行政效能，藝術市場或能豐富人心；但文化藝術是一種心靈的創造與管理，無法像經濟市場一樣量化。至今我們只能以民調探詢民眾對藝術需求的面向，以交易量統計藝術市場的產值，卻無法呈現藝術市場，需要補助多少經費才能滿足的程度。以藝術市場發展、藝術市場失靈，作為就是政府應該可介入的時機或理由，似有不足。

社會觀點裡，學者認為藝術有促進「社會融合」之功用，故支持政府提供文化藝術補助。藝術活動被期許為不僅只是創作或成為文化產業的一部分，更被定位為一個可以促進社會融合的行為；政府及社會賦予了藝術活動更多的責任。但本文認為，促進社會融合之政策工具，恐不只是藝術而已。二十世紀以後，社會福利制度從救濟主義改為福利主義，政府有義務創造更多的就業機會、社會保險、安全保障、生活環境、藝術創作等。這些行政行為本是政府的應盡的職能，要以社會融合的外部效益，作為國家補助藝術的理論基礎，似亦嫌薄弱。

至善論認為藝術是提升人類性靈的方式，認為文化藝術活動應該由政府大力補助推廣來改善人民的精神生活，並提高生活品質，以達到美好的生活。但美好的生活是什麼？沒人可以說，若不喜歡藝術就不是至善的社會？至善論或許說明文化藝術的不可或缺，證明藝術存在於世間的價值。但人民要不要這樣的價值，願不願意生活裡充滿藝術氛圍，卻不是政府可以代替人民做決定的。因此，政府以至善生活的藝術價值，作為政府補助藝術的理論基礎，亦嫌偏頗。

多元文化論者，以政府致力多元豐富文化生活的提倡，藉由更多元豐富的生活，認為政府應給予人民更多選擇文化的機會。豐富多元文化結構，提供民眾多元文化選擇權，是多元文化社會的基石。本文認為社會的階層與強弱勢競爭本是一種動態調整，政府應該給予的是機會的平等，讓弱勢族群或國家的願景透過政策而實現。藝術家事業經營成功者，收入多在一般人民的數倍以上，以社會多元文化之資源公平，作為藝術補助的基礎、似亦嫌失衡。

　　本文採取文化公民權利保障之法律觀點。認爲文化權是公民基本權利的新內涵，在不同的國家發展階段，尤其在文化藝術及文化資產需要保存的時代，政府藉由政策的補助，保障文化權的保障及實踐是國家應盡的職能。國家涉入了文化的場域，開始扮演一個贊助者的角色時，面對的是：「我繳的稅爲什麼你要拿來補助藝術團體的聲音？」但政府受人民委託統治及服務人民，本有擬定政策照顧各個不同族群及文化的法律義務，爲了實踐政府職能，策立藝術補助制度，在基礎上才屬穩固。

　　也因此，當國家邁向已開發之林，民間社會贊助力量，未明顯大於政府對藝術的支持時，自然應該在政策上做出微調加以補助。也許下一個十年保障補助全球暖化的受害者，也許再下一個十年保障補助老年安養的生活，藝術補助只是政府補助政策的一環，保障人民的基本權利，以政策創造當時的最大社會福祉。

第二節　文化藝術獎助的法制架構

一、獎助機構

(一) 主要獎助機構之演變

　　除前述相關單位外，文化藝術獎助的主要機構係屬文建會、各地方政府文化局及國家文藝基金會。其中在制度變革中，1988年政府設立「文化建設基金」，其性質為特種基金，依據「文化建設基金收支保管及運用辦法」第6條規定（已廢止），基金用途為「一、固有文化之研究與發揚；二、文化資產之維護；三、文化活動之『獎助』；四、文化事業及文化藝術人士之『獎助』；五、國際文化交流之促進；六、管理本基金之必要支出」，由此可知，該會同時也負責文化藝術補助業務。」

　　但是隨著時代的任務更替，機構職權重疊之改革，及文化建設基金的孳息漸不足以支付獎助，2002年，文建會依據行政院國家資產經營管理委員會決議，公告「文化建設基金」自2006年1月1日起裁撤。總計文建基金管委會自1988成立迄至裁撤共經十八年，亦扮演著獎助文化藝術機構，保障文化藝術事業及工作者，促進國家文化建設的重要角色。

　　獎助機構職掌演變過程如下表：

表6-1　我國文化藝術補助機制演變過程

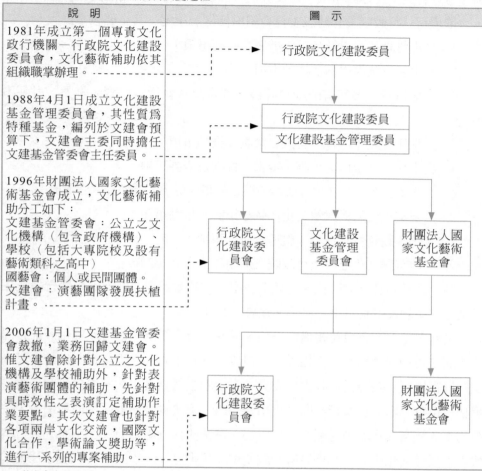

說　明	圖　示
1981年成立第一個專責文化政行機關－行政院文化建設委員會，文化藝術補助依其組織職掌辦理。	行政院文化建設委員
1988年4月1日成立文化建設基金管理委員會，其性質為特種基金，編列於文建會預算下，文建會主委同時擔任文建基金管委會主任委員。	行政院文化建設委員　文化建設基金管理委員
1996年財團法人國家文化藝術基金會成立，文化藝術補助分工如下：文建基金管委會：公立之文化機構（包含政府機構）、學校（包括大專院校及設有藝術類科之高中）國藝會：個人或民間團體。文建會：演藝團隊發展扶植計畫。	行政院文化建設委員會　文化建設基金管理委員會　財團法人國家文化藝術基金會
2006年1月1日文建基金管委會裁撤，業務回歸文建會。惟文建會除針對公立之文化機構及學校補助外，針對表演藝術團體的補助，先針對具時效性之表演訂定補助作業要點。其次文建會也針對各項兩岸文化交流，國際文化合作，學術論文獎助等，進行一系列的專案補助。	行政院文化建設委員會　財團法人國家文化藝術基金會

註：製表參考周晏如，2006：75。做最新修正。

(二)主要獎助機構文建會之組織

　　文化建設之主要獎助主管機關在文建會。我國在經濟建設起飛後，為規劃國家文化建設，提高國民精神生活，特於1981年設立行政院文化建設委員會，成為我國最高文化行政主管機關。2000以後因應行政院組織改革，學者多有提高層級為「文化部」或「文化觀光部」之議，2008年，馬英九當選總統，依其政見或有可能在四年內落實以增加職能。文建會職掌包括統籌規劃及協調、推

動、考評有關文化建設事項、兼及發揚我國多元文化與充實國民精神生活。

依現行「行政院文化建設委員會組織條例」規定，其主要職掌為：

1. 文化建設基本方針及重要措施之研擬事項；

2. 文化建設統籌規劃及推動事項；

3. 文化建設方案與有關施政計畫之審議及其執行之協調、聯繫、考評事項；

4. 文化建設人才培育、獎掖之策劃及推動事項；

5. 文化交流、合作之策劃、審議、推動及考評事項；

6. 文化資產保存、文化傳播與發揚之策劃、審議、推動及考評事項；

7. 重要文化活動與對敵文化作戰之策劃及推動事項；

8. 文化建設資料之蒐集、整理及研究事項；

9. 其他有關文化建設及行政院交辦事項」。（第2條）

其間因社區意識隨時代演進逐漸成型，文建會並增有「社區總體營造及生活文化之規劃及推動事項。」（文建會，2008）

文建會是行政委員會組織之一種，係採委員合議制，由行政院相關部會局等機關首長和學者專家、文化界人士組成十五到十九人之委員會，為該會最高決定層級機制。該委員會設主任委員一人、副主任委員二人、主任秘書一人，業務單位有三處分別業管不同文化事務（第三處負責表演藝術獎掖事項），駐紐約臺北經濟文化辦事處臺北文化中心、駐法國代表處臺灣文化中心、駐日本代表處臺北文化中心。此外設有行政單位如秘書室、人事室等，以及以任務編組方式成立之法規會、資訊小組等。附屬機構有行政院文化建設委員會文化資產總管理處籌備處等十三個附屬機構。詳如下表：

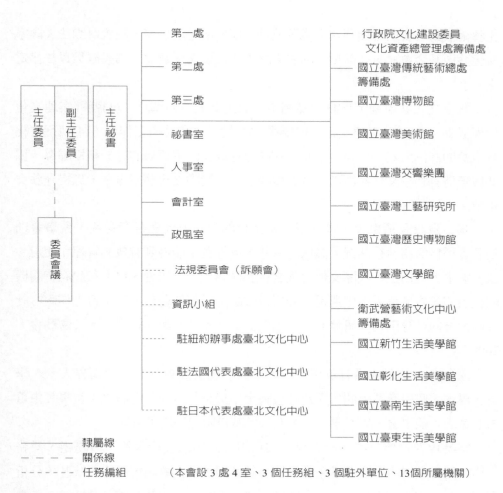

圖6-1　行政院文化建設委員會組織系統

資料來源：文建會，2008。

(三) 主要獎助機構國藝會之組織

1. 國藝會之設立

「文化藝術獎助條例」，不僅是我國在文化藝術獎勵與補助上之法律基礎，也是國家文藝基金會的設置法源。獎助條例在第19條明訂「為輔導辦理文

化藝術活動，贊助各項藝文事業及執行本條例所定之任務，設置財團法人國家文化藝術基金會」，「前項財團法人之主管機關為文建會；其設置另以法律定之。」

國家文化藝術基金會設置條例中，明定其業務範圍為：(1)輔導辦理文化藝術活動；(2)贊助各項文化藝術事業；(3)獎助文化藝術工作者；(4)執行文化藝術獎助條例所定之任務。由此可知國藝會成立的主要目的在於積極輔導、協助與營造有利於文化藝術工作者的展演環境，獎勵文化藝術事業，以提升藝文水準。

基金會設有董事會，負責督導基金會的業務方向與經費運用，監事會則是負責稽核財務執行狀況，確保所有基金與經費都能得到有效的管理和使用。董、監事人選由主管機關文建會就文化藝術界人士、學者、專家和政府有關機關代表和各界社會人士中遴選，提請行政院院長審核聘任。基金會工作內容計分四大方向，分別是「研發」、「補助」、「獎項」與「推廣」。（國藝會，2008）

國藝會之董事會設有董事共二十一人，由文建會就文化藝術界人士、學者、專家、政府有關機關代表及社會人士中提請行政院長遴聘之。董事長由董事互選之；監事會，置監事三人至五人，其遴聘程序與董事同。

國藝會執行部分底下分六組，業務組計四組以及行政組、財務組，業務一組（研究發展組）掌理基金會發展方針並提供藝文資訊，調查，統計，分析與研究各項文化藝術獎助事業和特別規劃的專案。二組及三組（獎助組）負責研擬、宣導、推動及執行文化藝術獎助辦法和其他專案業務。四組（資源發展組）負責募集國藝會基金，處理國藝會對外之公共關係、執行出版及藝企合作專案業務，辦理「國家文藝獎」頒獎典禮及後續推廣活動。

國藝會最重要的業務，就是贊助、獎勵、培育、推動和輔導民間藝文工作者或團體，而國藝會支持的藝文活動類型涵括文學、美術、音樂、戲劇、舞蹈、文化資產（包括民俗技藝）、視聽媒體藝術以及藝文環境與發展等，並因應時代潮流，鼓勵創新的、具突破性、實驗性與新觀念的各種藝文形式。國藝會研擬、建立的補助機制，是為了協助藝文工作者與團體能依照程序申辦補

助，並逐步彙整資訊，檢視作業流程、整合業務，以制度化、現代化管理的觀念，強化藝文環境的體質，讓藝術創作者得以專心從事創作，讓藝文組織得以永續經營。

除了平時定期收件的「常態性補助」，也有合乎年度規劃的特殊「專案補助」項目，協助各領域的藝文工作者與團體，從事創作、展演、研習進修、調查研究、翻譯、出版等等；透過公開透明的審查程序及評審原則，評選計畫品質優良的申請案，給予經費補助。此外，每項補助核定通過之後，也邀請評審委員追蹤考核，以確保獲補助計畫的執行品質。整體而言，國藝會致力於建構一個反映藝文生態的補助機制，使有限的資源發揮最大的效益，以營造有利於文化藝術的工作環境，提升國內藝文水準。（國藝會，2008）

國藝會的組織架構如下圖：

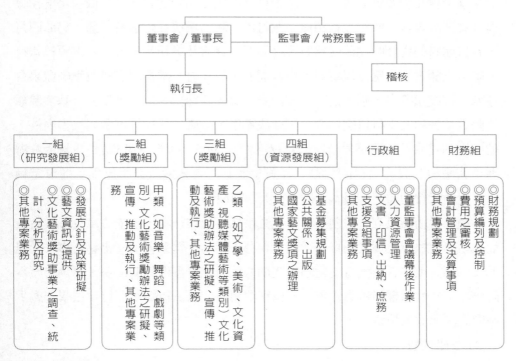

圖6-2 國藝會組織架構

國藝會組織架構圖：國藝會網站，2008。

2. 國藝會之法律性質

(1) 設立基礎

國藝會是依法設立之組織：我國在「文化藝術獎助條例」第19條明訂「爲輔導辦理文化藝術活動，贊助各項藝文事業及執行本條例所定之任務，設置財團法人國家文化藝術基金會。前項財團法人之主管機關爲文建會；其設置另以法律定之」。

並立法公布其設置條例：依「財團法人國家文化藝術基金會設置條例」第1條中明示，「爲處理文化藝術獎助條例所定事項，依文化藝術獎助條例第19條規定制定本條例，設置國家文化藝術基金會」「本基金會之主管機關爲行政院文化建設委員會。」。

設立後並以行政命令公布及修正其監督要點：例如依「財團法人國家文化藝術基金會監督要點」規定，「基金會應於年度開始前五個月，檢送年度預算書及業務計畫書；於年度終結後二個月內，將初編決算函送審計部，另於四月十五日前將經會計師完成財務簽證之年度決算書及業務報告書，送本會核報行政院；上開書表，應依規定經董事會通過，決算書及業務報告書並應經監事會通過。年度預算書，應包括資產負債表、收支餘絀表、現金流量表、基金餘額變動表及各項收支科目明細表；年度決算書，除應包括預算書所列之書表外，並應增列資產負債明細表及財產目錄。」（2006年新修正第5點）「基金會辦理業務應與其設立之目的相符，其對象並應符合普遍及公平原則；並訂定輔導、獎助或贊助標準，報本會備查。」（第6點）

國藝會組織設立之法制基礎，設立宗旨、運作任務，皆依法律及行政命令而產生，其執行之權責爲輔導辦理文化藝術活動、贊助各項文化藝術事業、獎助文化藝術工作者及執行文化藝術獎助條例所定之藝術獎助任務，更具有原行政機關文建會職權移轉之性質，究爲私法組織或公法組織？在行政法學上產生不同的法律效果論斷。

(2) 法律性質

國藝會組織之法律性質，學說上的論述爲：

① 私法組織

公法組織與私法組織之區別，係依組織設立之準據法及所從事之事務性質作爲主要之判斷。國藝會係經主管機關許可，並向法院登記始取得法人資格，以公益爲目的設立之財團法人，爲具私法性質之組織。

學者認爲：「與行政組織相關，在外國法制中有自主之目的財產，包括公法上財團、基金，通常亦視爲行政主體。而我國雖有類似之財團、基金，由政府捐助款項而成立，以運用資金或經由經濟補助措施，達成行政上之目的。惟此類組織通常皆依附於行政機關，其管理及運用由各該主管機關爲之，其中具有法人地位者，皆係依民法辦理財團法人登記而取得，其服務人員及財務收支，並無公務員法規或審計法令之適用，與公營事業機構亦不相同，可謂純粹之私法組織形態。」（吳庚，2001：174）

② 公法組織

大陸法系國家與我國法制不同，在其他國家有各種具有公法人性質之組織，如公法上營造物（如中央銀行）、如公法上財團（如中小企業信用保證基金）皆屬之。德國法有所謂之「公法上之財團法人」，爲經法律所直接創設或由行政機關在法律授權下所准許設立者，其係由行政主體所捐助之財產所組成，以便履行由捐助者所指定之服務公衆或某類特定群體之目標。學者指出，「只要依行政法律規定所屬團體或單位在一定要件下得享有法人人格，而且該財團之業務規模已達到一定程度從而設有自己之辦公室、人員與預算時，則應承認其具有公法上之法律人格，若不然，則其只是不具獨立法律人格之公法上財團，屬於預算法上之特種基金。」準此，國家文化藝術基金會歸類於公法上財團。（黃錦堂，2000：287；陳愛娥，2000：222）

③ 以私法組織方式出現之行政機關

由私法方式組成，外觀上並不屬於行政機關，但執行行政機關之職權者。如財政部所屬之「財團法人農業信用保證基金」、「財團法人華僑貸款信用保證基金」，教育部所屬之「財團法人蔣經國國際學術交流基金會」，農委會所屬之「財團法人豐年社」，衛生署所屬之「財團法人國家衛生研究院」，爲「非營利性質之私法組織」，包括各部會所捐助並由民間負擔一部分資金所

成立之財團法人。此類別與國家文化藝術基金會之性質相近似。（黃錦堂，2000：260）。

④ **本文看法**

討論國藝會組織之法律性質，係因組織性質之論斷，牽涉組織成員之是否須具公務員資格？組織審查是否屬公權力之行政處分？是否須依行政程序法之規範？國藝會雖符合學理上公法上財團之要件，但由於我國理論體系及相關法制尚未建構完成，目前通說及實務上，將財團法人之法律性質歸於私法組織。依國家文化藝術基金會設置條例第2條規定，基金會爲財團法人，衡酌文建會將審查獎助事務委外之性質，係將私經濟事務透過法律授權之行爲，被授權之基金會依私法設立，應將國藝會歸類於「私法上之財團法人組織」，並適用於民法上之相關規定。

(四) 參與獎助之機構及行政命令

如前節所述，本文就藝術補助採取肯定之權利保障說，我國政府之政策亦是採取文化藝術獎補助肯定說的國家。我國爲獎助文化藝術事業及活動，並訂有文化藝術獎助條例做爲法之規範。明訂「爲扶植文化藝術事業，輔導藝文活動，保障文化藝術工作者，促進國家文化建設，提升國民文化水準」而訂定文化藝術獎助條例，該條例未規定者，適用其他有關法律之規定。（第1條）實務上，因文化藝術範圍廣博，國家機構參予補助之機構除文建會及國家文化藝術基金會外，並有內政部、外交部、教育部、經濟部、新聞局、農委會、蒙藏委員會、僑務委員會、大陸委員會、客家委員會、原住民委員會等機構，訂定相關法制獎助文化藝術事業及活動。

本文主要探討文建會及國家文藝基金會等主要獎助機構，相關機構制定之獎助行政命令，雖規章繁瑣，但仍得做爲行政機關獎助之法治基礎，亦值參考。簡列表如下：

表6-2　我國行政機關中關於文化藝術獎助之行政命令一覽表

行政院文化建設委員會
文化藝術獎助條例
文化藝術獎助條例施行細則
行政院文化建設委員會獎勵出資獎助文化藝術事業者辦法
行政院文化建設委員會「文學閱讀及影音藝術推廣」補助作業要點
行政院文化建設委員會現代文學研究論文獎助辦法
政院文化建設委員會優良文學雜誌獎勵辦法
行政院文化建設委員會文學人才培育補助作業要點
行政院文化建設委員會優良詩刊獎勵辦法
行政院文化建設委員會敘事短片攝製獎助作業要點
行政院文化建設委員會文藝閱讀及紀錄片文化活動推廣補助作業要點
行政院文化建設委員會「區域型文化資產環境保存及活化計畫」補助作業要點
行政院文化建設委員會補助出席文化資產相關國際會議及活動處理要點
921地震災區歷史建築補助獎勵辦法
行政院文化建設委員會補助地方辦理歷史建築保存再利用申請須知
行政院文化建設委員會扶植二十號倉庫駐站藝術工作者作業要點
社區文化資產守護員招募暨文化資產守護連絡站運作須知
行政院文化建設委員會社區總體營造獎助須知
行政院文化建設委員會補助地方辦理社區文化資產守護網計畫申請須知
行政院文化建設委員會直轄市及縣市政府推動新故鄉社區營造第二期計畫補助作業要點
行政院文化建設委員會社區營造計畫直轄市及縣（市）政府績效評核及獎勵作業要點
行政院文化建設委員會縣市文化中心整建計畫補助作業要點
行政院文化建設委員會補助直轄市及縣市政府辦理「縣市傑出演藝團隊徵選及獎勵計畫」作業要點
行政院文化建設委員會「輔導直轄市及縣市政府推動文化資產保存維護工作」作業要點
行政院文化建設委員會磐石行動－地方文化館第二期計畫補助作業要點
行政院文化建設委員會甄選視覺與表演藝術人才出國駐村及交流計
行政院文化建設委員會演藝團隊分級獎助計畫作業要點
行政院文化建設委員會演藝團隊發展扶植計畫作業要點
行政院文化獎設置辦法
行政院文化建設委員會績優文化藝術人士急難補助作業要點
行政院文化建設委員會文化藝術團體急難補助作業要點
行政院文化建設委員會文化創意產業投資申請作業要點
行政院文化建設委員會補助設立藝文產業創新育成中心作業要點

行政院文化建設委員會藝文產業補助作業要點
行政院文化建設委員會獎助博碩士班學生研撰文化資產保存維護學位論文作業要點
行政院文化建設委員會獎助博碩士班學生從事文化藝術相關研究學位論文作業要點
行政院文化建設委員會音樂人才庫補助作業要點
行政院文化建設委員會視覺藝術類補助作業要點
行政院文化建設委員會表演藝術類補助作業要點
行政院文化建設委員會「藝術介入空間計畫」補助作業要點
行政院文化建設委員會文化與教育結合推動方案補助作業要點
行政院文化建設委員會提升地方視覺美感方案補助作業要點
行政院文化建設委員會補助直轄市及縣（市）政府推動藝文產業發展作業要點
行政院文化建設委員會補助大學校院推動博物館專業培訓及研究發展中心作業要點
行政院文化建設委員會公共空間藝術再造計畫補助作業要點
行政院文化建設委員會「輔導縣市推動鐵道藝術網絡工作」作業要點
國立臺灣工藝研究所地方觀光特色工藝禮品開發補助計畫
國立臺灣工藝研究所推展工藝文化與工藝傳承計畫補（捐）助要點
國立傳統藝術中心延聘傳統藝術藝人傳藝作業要點
國立傳統藝術中心濟助慰問傳統藝術工作人士作業要點
國立傳統藝術中心補助作業要點
內政部
古蹟保存獎勵要點
內政部發揚民俗及文物保存補助作業要點
外交部
人民團體申請補助國際交流及活動費用要點
教育部
獎助藝術教育工作實施辦法
教育部補助國內公私立各級學校從事國際藝術教育交流活動處理要點
教育部補助辦理原住民社會教育實施要點
教育部補助辦理兩岸（含港澳）學術教育交流活動實施要點
教育部補助辦理總統教育獎要點
教育部鼓勵在國外留學生參加留學國家全國性及國際性學術會議或藝能展演補助要點
教育部補助社會藝術教育實施要點
教育部補助原住民重點技職校院發展與改進原住民技職教育實施要點
教育部辦理技職類期刊補助要點
教育部補助藝術與設計菁英國際進修實施要點
教育部文藝創作獎實施要點

經濟部
數位內容產業及文化創意產業優惠貸款要點
促進產業研究發展貸款辦法
行政院新聞局
行政院新聞局輔導出版事業要點
行政院新聞局金曲獎獎勵要點
行政院新聞局「補助發行定期漫畫刊物」申請須知
行政院新聞局辦理「劇情漫畫獎」獎勵要點
行政院新聞局補助發行數位出版品作業要點
行政院新聞局獎勵優良數位出版品作業要點
行政院新聞局金鼎獎辦理要點
新興重要策略性產業屬於電影工業數位化後製作部分獎勵辦法
營利事業投資電影片製作業製作國產電影片投資抵減辦法
行政院新聞局電影事業暨電影從業人員獎勵及輔導辦法
國產電影片暨電影從業人員參加國際影展獎勵要點
跨國合作電影片參加國際影展獎勵要點
行政院新聞局國產電影片行銷與映演補助暨票房獎勵辦理要點
行政院新聞局電影短片輔導金辦理要點
行政院新聞局國產電影長片輔導金辦理要點
行政院新聞局國產電影片數位轉光學底片暨數位電影母源壓縮編碼補助辦理要點
行政院新聞局國產電影片製作完成補助辦理要點
行政院新聞局徵選優良電影劇本實施要點
行政院新聞局徵選電影創意故事實施要點
行政院新聞局補助辦理兩岸新聞傳播交流活動注意事項
行政院新聞局廣播電視人才培育暨行銷推廣補助要點
行政院新聞局國產錄影節目帶參加國際影展輔導要點
行政院新聞局廣播金鐘獎獎勵要點
行政院新聞局電視金鐘獎獎勵要點
行政院農業委員會
行政院農業委員會輔導推動農業產業文化活動獎助及評選作業要點
蒙藏委員會
蒙藏委員會補助海外藏胞社區、社團、學校及寺院發展文教及農工生產事業作業要點
蒙藏委員會補助民間團體及學術機構辦理蒙藏學術、文化活動作業要點
蒙藏委員會補助學者專家赴蒙藏地區從事研究及講學作業規定
僑務委員會
僑務委員會補助在學僑生社團出版刊物要點

行政院大陸委員會
行政院大陸委員會補助民間團體辦理海峽兩岸民間交流活動作業要點
行政院大陸委員會補助臺灣地區與港澳地區學術研究交流活動作業要點
行政院客家委員會
行政院客家委員會海內外客家事務交流合作活動補助要點
行政院客家委員會客語生活鄉鎮市實施補助作業要點
行政院客家委員會推展客家學術文化活動補助作業要點
行政院客家委員會客語教學資料出版補助作業要點
行政院行政院客家委員會推動補助購藏客家相關圖書資料計畫—督導評核要點
行政院客家委員會補助購藏客家相關圖書資料作業要點
行政院客家委員會補助地方政府推動特色文化加值產業發展計畫作業要點
行政院客家委員會補助地方政府推動客家文化生活環境營造計畫—新增計畫注意事項
行政院客家委員會補助地方政府推動客家文化生活環境營造計畫作業要點
行政院客家委員會補助大學校院發展客家學術機構作業要點
行政院客家委員會獎助客家學術研究計畫作業要點
行政院客家委員會獎助客家學術研究計畫管制考核實施計畫
行政院客家委員會扶植客家演藝團隊補助作業要點
行政院客家委員會推動客家文化設施活化經營補助作業要點
行政院客家委員會推動客家文化設施活化經營補助計畫督導評核要點
行政院客家委員會輔導社區藝文團隊成長補助計畫督導評核要點
行政院客家委員會輔導藝文團隊成長補助作業要點
行政院客家委員會獎助客家研究博碩士論文作業要點
行政院客家委員會補助優良客語廣播節目作業要點
行政院客家委員會推動客語生活學校補助作業要點
行政院客家委員會推行客語無障礙環境補助作業要點
行政院客家委員會推動客家特色產業創新育成補助作業要點
行政院客家委員會推動客家特色產業創新育成補助計畫督導評核要點
行政院客家委員會築夢計畫補助作業要點
行政院客家委員會客家優良出版品補助作業要點
行政院原住民族委員會
行政院原住民族委員會補助原住民民俗文化暨傳統體育競技活動作業要點
行政院原住民族委員會推展原住民經濟活動補助要點
行政院原住民族委員會推展原住民自助文化研究補助作業要點
行政院原住民族委員會補助辦理原住民族語言研習暨著作出版要點
行政院原住民族委員會促進原住民族與國際暨大陸地區少數民族藝術展演暨體育競技交流補助要點

行政院原住民族委員會補助暨獎勵原住民族傳播事務作業要點
行政院原住民族委員會獎助原住民學生就讀大專院校實施要點
行政院原住民族委員會補助原住民出國短期研究、進修、研習實施要點
行政院原住民族委員會培育原住民專門人才獎勵要點

資料來源：製表依據「行政院文建會，《文化藝術補助暨獎助輔導辦法彙編》，2005」作最新修正。

二、獎助之原則、對象與方式

(一) 獎助原則

在獎助機制的運作上，「距離（或臂矩）原則」（Arm's Length Principle），為獎助機制中最為重要之原則。亦即政府從事補助與監督之間，必須保持一定距離，以維持審查者的客觀公正。藝術工作者的藝術自由與言論自由，必須以專業為主要取向，並獨立於政治之外。

「距離原則」是一項先進國家就藝術補助政策所運作出來的常規與慣例。政府在審查獎助團體或核發經費給藝術團隊或個人的同時，除獎助她們的藝術成就或鼓勵其繼續從事藝術創作以外，經常多有文化政策發展之考量、附帶之展演條件或事後之監督；對於藝術創作或展演內容而言，皆可能造成非藝術本質之干預。

我國文建會職掌的獎補助業務，在1996年成立財團法人國家文化藝術基金會，就是希望以私法人組織之專業型態，以「專業性」與「中立性」為考量，「合法性」、「公開性」「利益迴避」為原則，達到超然中立的結果。此即為「距離原則」之實際落實。

(二) 獎助對象

獎勵對象為「文化藝術事業有左列情形之一者，得給予獎勵：1.對於文化保存有特殊貢獻者。2.具有創作或重要專門著作，有助提升國民文化水準者。

3.促進國際文化交流成績卓著者。4.培育文化專業人才，具有特殊成就者。5.在偏遠及貧瘠地區從事文化活動，對當地社會有重大貢獻者。6.其他對促進文化建設、提升文化水準有貢獻者。」（第12條）

補助之對象為「文化藝術事業從事左列活動者，得補助其經費：1.文化資產及著作之保存、維護、傳承及固有文化之宣揚。2.文化藝術活動之展演。3.優良文化藝術作品之交流。4.文化藝術設施之興修、設備之購置及技術之改良。5.與文化藝術有關之休閒、育樂、觀光方案之規劃。6.與文化藝術建設有關之調查、研究、紀錄、整理、開發、保存及宣導。7.文化藝術專業人才之培育、研究、進修、考察及國際文化交流活動之參與。8.海外地區文化藝術專業人士之延聘。9.藝文專業團體排演場所之租用。10.在偏遠及貧瘠地區從事文化藝術活動者。11.從事創作藝術活動者。12.文化藝術從業新秀及新設文化藝術團體。13.依其他法令應予補助者。」（第14條）

(三) 獎助方式

政府對於藝術之獎助方式，分為「直接」與「間接」兩種。直接方式通常以獎勵與經費之補助為主，屬於金錢之直接給付；而間接方式則包括了租稅優惠、權益保障與獎勵民間之贊助等以非金錢之對價方式為之。

對於藝術團隊或個人的經費補助申請之方面，除了經審核發給全部或一部經費之外，有些尚附帶條件要求申請者自備配合款，亦即須要求申請者以自籌款項、尋求民間個人或企業團體贊助、提高票房所得等方式，使自備款項額度達到一定之比例。

獎勵之方法依法律規定為「文化藝術事業之獎勵方式如左：1.發給獎狀。2.發給獎座或獎牌。3.授予榮銜或其他榮譽。4.發給獎金。5.其他獎勵方式。」（第13條）

補助的方法為「1.補助經費之全部或部分。2.依文化藝術事業自備款情形補助部分經費。3.補助貸款利息之全部或部分。」（第15條）

除了補助經費，國家也可政策上以租稅之減免作為補助文化藝術之工具。

在租稅免除及優惠上，「經文教主管機關核准設立之私立圖書館、博物館、藝術館、美術館、民俗文物館、實驗劇場等場所免徵土地稅及房屋稅。」「以具有文化資產價值之文物、古蹟捐贈政府者，得依所得稅法第17條第1項第2款第2目及第36條第1款規定列舉扣除或列為當年度之費用，不受金額之限制。」「經該管主管機關指定之古蹟，屬於私人或團體所有者，免徵地價稅及房屋稅。」「經認可之文化藝術事業，得減免營業稅及娛樂稅。」（第26至30條）

　　對藝術團體的租稅獎勵措施，於所得稅法第4條第1項第13款中明訂，符合行政院規定標準之教育、文化、公益、慈善機關或團體，其本身及附屬作業組織之所得免稅，但屬銷售貨物、或勞務部分仍應課稅。

　　至於一般企業的捐贈，較明確的規定是所得稅法第36條有關營利事業的捐贈：「除為協助國防建設、慰勞軍隊，對各級政府之捐贈、及經財政部專案核准之捐贈不受金額限制外，凡合於民法總則公益社團及財團組織、或依其他關係法令，經向主管機關登記之機關、團體的捐贈，以不超過所得額百分之十為限，列為當年度費用。」

　　其次「以具有文化資產價值之文物、古蹟捐贈政府者，得依所得稅法第17條第1項第2款第2目及第36條第1款規定列舉扣除或列為當年度之費用，不受金額之限制。」

三、主要獎助機構之運作與職權

(一) 行政委員會之組織運作

　　文化藝術是多元的、主觀的、美學標準是相對的。在文化藝術獎助的運作上，因牽涉政策的牽引及經費的核撥，文建會組成「評審委員會」，來決定審查之結果，這在行政組織的概念上稱為行政委員會。國藝會組織之法律性質，本文前述係採私法組織說，審查結果依現制產生私法之效力，但其審查委員會之組成，亦聘任專家學者參與，運作方式與行政委員會組成之原因相當，都是

行政法學演進的制度產物。

　　「行政委員會」的正當性如何？文化獎助機關又為什麼要用「評審委員會」來做補助決定呢？這些問題應從行政組織發展的趨勢來說明：

1. 行政組織的擴大

　　現代政府由於職能的增加，組織必須不斷的擴大以對應業務量的增加。例如五十年前沒有環保單位之設置，三十年前也沒有公平交易委員會的興起。雖然在行政革新中，不斷有扁平化及精簡化的聲音，但不可避免的，行政職能的擴大隨著人民權利的擴張而起，要做出給付行政、福利行政的施政效能，行政組織的擴大，變成是不得不然的結果。

2. 民主化的需求

　　公民參與及全民治理，是行政權發展的重要主軸。在治理民主化後，人民的權利已大幅受到保障，興起人民參與決策的行動，文化藝術是文化公民權的一環，亦是公民參與的主要項目。在委員會中，開放人民的參與機會，就是在行政決定中的「民主化」過程。

3. 行政委員會的普及

　　而在專技時代裡，環保汙染的專業性、衛生含毒的檢測性、競爭環境的公平性、消費保護的合理性、文化藝術的價值性，都不是一般公務體系裡的公務員所能處理的議題。行政的應變能力必須超越官僚體制，設立合議制組織在行政機關中，掌理準立法、準司法或其他專技性之事項。

　　文化事務在全球化的文化資產保護浪潮中不斷擴大，不論是文化事業之建立、藝術活動之推動、文化資產之保護；業務擴大且日益專業的趨勢下，也使得文化機構體系產生變革，引進行政委員會的機制，並將事權釋出委給民間組織。文化藝術獎助決定，於是逐漸委聘外面的專家學者，來做專業的中立的審查。

　　準此，政府決定進行文化獎助政策時，藉著更多人參與文化活動、行政委員會的設置，讓專家學者們擁有更多的機會參與決策過程，審查藝術理念與價值，落實文化專技化、民主化的過程，也協助行政機關完成行政任務。

(二)司法審查的萎縮

1. 不確定法律概念與行政裁量

　　由獨立且專業的行政委員會決定獎助結果後，若有不服當事人可提出申復等救濟程序，但若是主張行政委員會的決定有違法失職之嫌，司法機關是否有審查行政委員會決定的監督功能呢？司法審查面對行政機關的決定，要如何來判定一個補助決定「違法」，因而可撤銷原補助決定？實務上，「程序違法」的認定或許司法尚有可介入審查的空間；但對「實質決定」是否違法的判定，因涉及行政法學的不確定法律概念及行政裁量，司法審查的權能，幾乎已快萎縮到零。

　　文化獎助的個案審查中，因涉及高度藝術判斷及專業，都是由各文化藝術不同領域出身的評審委員加以審查，在審查中，究竟何者為「古蹟」「傳統藝術」「保存價值」「重點保存文物」……其實都是「不確定的法律概念」。行政委員會的決定，因為涉及有關文化、藝術的價值判斷，其實是可以辯論、但非常主觀的。有學者認為：「由學者專家，經正當法律程序，獨立不受任何干涉地做出判斷，則應承認其「判斷餘地」，法院於審查該不確定法律概念時，應尊重由學者專家行政機關的判斷決定。」（陳清秀，2000：200）

　　行政法學上所謂的「不確定法律概念的判斷餘地」或「行政裁量」，前者係存於構成要件事實中，而後者為產生法律效果之選擇。其中「有認為兩者為本質上的不同，有認為兩者僅「量」的差別，也更有認為根本無法將行政機關之判斷做「構成要件事實」與「法律效果」的切割。」（翁岳生，1979：37）但前者係委員會對構成事實的之專業判斷或決定，後者是在授權範圍內裁量是否獎助及獎助金額的多寡。此時行政裁量若有不當，雖可提起訴願請求撤銷或變更原處分，但只有在行政裁量違法的情形，行政法院始得加以審查是否撤銷原處分。

　　行政機關「主觀評價」的判斷餘地，司法多予以尊重。行政機關的行政決定，有時涉及歷史、文化、藝術、美學、倫理、宗教的價值判斷，以及技術性及政策性決定；在涉及主觀的價值判斷時，為保持其客觀公正，法院的審查

範圍多予以限制，以維持委員會獨立超然地位，此即承認行政委員會之判斷餘地，有正當性。

2. 司法權對行政權專業判斷的尊重

我國司法實務，面對委員會的實體認定，通說認為委員會專業決定乃「判斷餘地」或「行政裁量」的界線，通常不介入審查。大法官釋字三一九號解釋理由書稱：「應考人申請複查考試成績處理辦法第8條規定「申請複查考試成績，不得要求重新評閱、提供參考答案、閱覽或複印試亦不得要求告知閱卷委員之姓名或其他有關資料」，係為維持考試之客觀與公平及尊重閱卷委員所為之學術評價所必要」，即揭示了尊重行政機關專業判斷的原則。（司法院，2008）

釋字五五三號，對地方制度法第83條的「特殊事故」，亦說明理由：「上開法條使用不確定法律概念，即係賦予該管行政機關相當程度之判斷餘地，蓋地方自治團體處理其自治事項與承中央主管機關之命辦理委辦事項不同，前者中央之監督僅能就適法性為之，其情形與行政訴訟中之法院行使審查權相似（參照訴願法第79條第3項）；後者除適法性之外，亦得就行政作業之合目的性等實施全面監督。本件既屬地方自治事項又涉及不確定法律概念，上級監督機關為適法性監督之際，固應尊重該地方自治團體所為合法性之判斷，但如其判斷有恣意濫用及其他違法情事，上級監督機關尚非不得依法撤銷或變更。」

該號之解釋理由書中提出六點標準：對此類事件之審查密度，揆諸學理有下列各點可資參酌：

(1) 事件之性質影響審查之密度，單純不確定法律概念之解釋與同時涉及科技、環保、醫藥、能力或學識測驗者，對原判斷之尊重即有差異。又其判斷若涉及人民基本權之限制，自應採較高之審查密度。

(2) 原判斷之決定過程，係由該機關首長單獨為之，抑由專業及獨立行使職權之成員合議機構作成，均應予以考量。

(3) 有無應遵守之法律程序？決定過程是否踐行？

(4) 法律概念涉及事實關係時，其涵攝有無錯誤？

(5)對法律概念之解釋有無明顯違背解釋法則或牴觸既存之上位規範。

(6)是否尚有其他重要事項漏未斟酌。

從以上理由得知，大法官亦認為若有「專業且獨立行使職權」的合議制委員會已作出審慎的審查時，則事後司法的審查即應適度的受到限縮。

(三) 文建會之審查

文建會除了政策補助各項專案：如「新故鄉社區總體營造計畫」、「文化創意園區計畫」、「區域型文化資產環境保存及活化計畫」等計畫外，主要在扶植傑出演藝團隊，訂有「97年度行政院文化建設委員會演藝團隊發展扶植計畫作業要點」，扶植演藝團隊永續經營。

依表演藝術專業分為音樂、舞蹈、現代戲劇、傳統戲曲等4類：96年度總計評選扶植團隊71團，於國內外演出近4,000餘場次，吸引近300萬人次觀賞。並辦理「縣市傑出演藝團隊徵選及獎勵計畫」：96年度計補助22縣市政府，評選在地傑出演藝團隊各3-10個，計補助180團以上，以落實演藝團隊在地深耕發展。（文建會，表演藝術：2008）

另外為獎勵績優文化人士及保障其生活，特訂定「績優文化藝術人士急難補助作業要點」，視年度預算辦理。且依據「行政院文化獎設置辦法」，每年常態性表彰對我國文化之維護與發揚具特殊貢獻之人士。

依「97年度行政院文化建設委員會演藝團隊發展扶植計畫作業要點」，組織運作之方式如下：

1. 評審委員會之組成

為求公開、公正、公平原則，組成複審評審委員會與決審評審委員會，評審委員由文建會遴聘派之。因行政委員會成員，需遵守行政程序法上之利益迴避原則，複審及決審委員在複決審程序中，本人或其配偶或三等親內之血親，與列複決審團隊負責人有利害關係者，應自行迴避。

且組成之成員應具一定水準專業背景，包括創作展演、藝術行政、美學、經營管理、藝術行銷及全國團隊生態觀照等相關經驗。

　　分組組成上，各組複審會議置委員7人，由複審委員公推主席1人，主席並爲決審會議之當然委員。決審會議置委員9人，成員由4組複審會議主席、年度評鑑計畫主持人、學者專家2人、本會代表2人共同組成（一位爲本會主任委員擔任召集人或指定召集人，另一位爲業務單位處長）。

2. 評審之程序

　　評審程序：採初審、複審及決審三級評審程序。

　　(1) 初審程序：初審爲書面形式要件審理，由文建會就團隊所送申請文件進行資格審查。團隊所檢送文件資料短缺者，得由文建會以書面或傳眞通知於3天內限期補件，逾期未補件者，視同資格不符。初審作業完成後，由文建會將通過初審之團隊資料於複審第一階段會議7天前送交複審委員審閱。

　　(2) 複審程序：分音樂、舞蹈、傳統戲曲、現代戲劇等4組審查。各組複審會議委員出席達5人以上，得召開會議。評審方式採兩階段進行，第一階段就團隊過去營運狀況及新年度營運計畫內容予以實質審查。經篩選後通知合格之團隊進行第二階段審查。第二階段複審會議7天前，由本會以書面或傳眞通知合格團隊出席，團隊應提出10分鐘報告，委員詢答5-10分鐘。複審委員於團隊報告結束後，即進行逐案討論。並得由本會進行個案之背景說明。逐案討論後，由複審委員對申請案個別計點（計點採名次制）。計點方法採去除最高與最低點後之個案平均點數，依點數高低進行排序。複審委員以排定之優先順序，討論出該組別之補助建議名單。複審委員就補助建議名單中之團隊，參考所提自我提升計畫討論並建議補助金額。

　　(3) 決審程序：決審爲綜合評量及補助金額之最後核定。由決審委員出席達7人以上，並有4組複審會議主席全數出席，得召開決審會議。決審委員對複審會議提送之補助建議名單及補助額度逐一討論，並得由4組複審會議主席提出複審討論狀況說明。決審之評審委員不得更動複審會議提送之補助名單順序，不過，若經討論後，因爲預算額度之限制或整體文化生態之平衡，決審委員則得依比例調動補助金額。考量預算額度之限制及整體文化生態之平衡，決審委員得斟酌調整補助金額。

(4)訪視及評鑑：評審結果應經決審會議通過及行政程序完備後予以公布。評審結果未公布前，不接受查詢。文建會得就團隊之行政作業、財務狀況、培訓及演出情形等營運狀況，由評審、本會業務承辦單位及專家學者組成評鑑小組，於合約期間內進行訪視；訪視結果相關資料及評鑑委員之評鑑報告，作為下年度評選之重要參考。

另外依「行政院文化建設委員會非扶植團隊參與藝術演出評鑑作業要點」，針對未獲選年度「演藝團隊發展扶植計畫」之演藝團隊，能有機會參與藝術（演出）評鑑；以增進競爭力，拓展能見度，特再選出績優藝術團隊加以獎助。

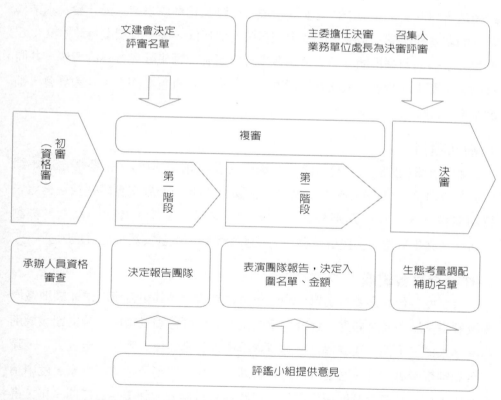

圖6-3　文建會演藝團隊發展扶植計畫評審流程

資料來源：謝迪鋒，2008

　　評審的方式依前述委員會組織型態，由文建會會籌組評審委員小組，置評審委員七名，其中本會當然委員三名；外聘學者專家四名，審核申請計畫書。評審委員在審核程序中，本人或其配偶或三等親內之血親，與申請團隊負責人或團員有利害關係者，應自行迴避。

　　評審標準上：就計畫內容之完整性、具體可行性及效益性等綜合考評。採競爭性，擇優選出十個團隊。在文建會核定後正式函知獲選單位，併入九十七年度扶植計畫評鑑計畫執行。

(四)國藝會之審查

　　國藝會於民國85年1月，依據「國家文化藝術基金會設置條例」成立，是以營造有利於文化藝術工作之展演環境、獎勵文化藝術事業、提升藝文水準為宗旨的非營利組織。基金會的基金來自政府與民間，除主管機關行政院文化建設委員會編列預算捐助外，更透過各項募款活動，匯集社會各界的資源，共同推動文化藝術的發展。依國藝會補助審查基準，審查重點如下：（國藝會，補助基準，2008）

1. 補助項目

　　補助重點包括：「(1)前瞻或突破性之藝文創作。(2)文化藝術之專業講習與調查研究。(3)擴展國際交流之文化藝術工作。(4)藝文團體經營之穩定、持續與提升。」補助類別分為八大項：「文學、美術、音樂、舞蹈、戲劇（曲）、文化資產（含民俗技藝）、視聽媒體藝術及藝文環境與發展。」

2. 評審委員會組成

　　每年度各類評審委員名單，均由董事會遴選，且其組合應力求兼顧地區均衡及藝文領域多元之觀點。會審會議由五至七位評審委員組成（若當期該類別申請案未達三十件，業務單位得調整會審會議評審委員人數為三至五人），除了各類別學者專家外，必要時得聘請管理、法律、財務及行政等專家，就申請案之成本效益及經營發展提供意見，供評審委員參考。評審委員任期一年，得連任一年，惟每年應更換至少三分之一成員，以期在穩定的基礎上累積經驗，

加入新的觀點。評審委員不得接受外界請託，亦不得對外公開評審之過程與結果，影響評審之客觀與公正。

評審會議採合議制，結果由該類別評審委員共同決定。為使會審會議保持獨立客觀，並基於尊重申請者之隱私權，會審會議紀錄不對外公開。

3. 評審作業

基金會執行部門彙整該期通過資格審查之申請案及各類別申請件數與申請金額等統計資料，於會審會議前七日分別寄發給各類別評審委員，使評審委員有充份時間先行了解。會審會議依申請類別，由基金會執行部門邀集評審委員定期召開，並派員就申請案相關事宜，列席說明並擔任記錄。評審委員得視當期申請案情形，調整或提出其他考量方向。計分：評審委員逐案討論後，進行個別計分，依分數高低排名，做為該類別補助之優先順序。建議補助名單：評審委員就已排定之順序，提出該類別建議補助之名單。決定補助金額：評審委員就建議補助名單逐案決定補助金額，做為董事會核定之依據。補助件數超過十件以上之類別，同一申請單位於同一類別之獲補助總金額，以該類別總補助金額之25%為上限。各類別之申請案，未符合評審委員所認定之標準者得從缺。為鼓勵非臺北縣市之藝文工作者／團體，其獲補率不低於當期該類獲補率為原則，若未達到，請當期該類評審委員加註理由。基金會得安排評審委員前往補助案之計畫實施地點，進行考核與評鑑。

4. 核定名單

基金會執行部門將會審結果，經評審委員簽字後做成紀錄提報董事會。董事會依據會審會議對個案補助之優先順序，就該年度預算做最後分配。董事會最後依據會審所提出之建議補助名單，核定各類別補助之件數；若預算不足，某些類別得從缺。

5. 迴避原則

基金會之董監事不得擔任評審委員。且評審委員不得審核與其本人直接相關之申請案。基金會執行部門人員不得審核與其相關之申請案，亦不得自行提出申請案。

6.申請補助作業流程如下

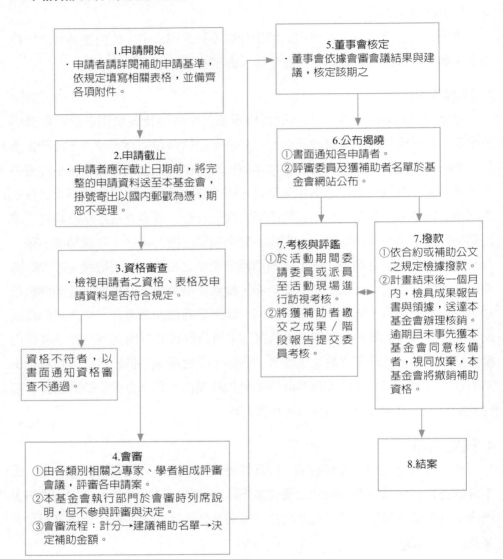

1.申請開始
· 申請者請詳閱補助申請基準，依規定填寫相關表格，並備齊各項附件。

2.申請截止
· 申請者應在截止日期前，將完整的申請資料送至本基金會，掛號寄出以國內郵戳為憑，期恕不受理。

3.資格審查
· 檢視申請者之資格、表格及申請資料是否符合規定。

資格不符者，以書面通知資格審查不通過。

4.會審
① 由各類別相關之專家、學者組成評審會議，評審各申請案。
② 本基金會執行部門於會審時列席說明，但不參與評審與決定。
③ 會審流程：計分→建議補助名單→決定補助金額。

5.董事會核定
· 董事會依據會審會議結果與建議，核定該期之

6.公布揭曉
① 書面通知各申請者。
② 評審委員及獲補助者名單於基金會網站公布。

7.考核與評鑑
① 於活動期間委請委員或派員至活動現場進行訪視考核。
② 將獲補助者繳交之成果／階段報告提交委員考核。

7.撥款
① 依合約或補助公文之規定檢據撥款。
② 計畫結束後一個月內，檢具成果報告書與領據，送達本基金會辦理核銷。逾期且未事先獲本基金會同意核備者，視同放棄，本基金會將撤銷補助資格。

8.結案

圖6-4　國藝會申請補助作業流程

資料來源：國藝會補助申請基準，2008。

第七章　藝術與文化創意產業

第一節 藝術與文化創意產業概述

一、何謂文化創意產業

(一) 文化創意產業的定義

文化創意產業自21世紀後，成為新興的顯學。將源自文化的產業加上創意發想、轉換、提升後重新呈現，而產生出以往從未見過的產值，具有這種特質概念產業，廣義上都可以列入文化創意產業。

由於文化的特性，植基於文化而產生出的產業，必然有其不同於工業產業或高科技產業的地方，這些年興起的「美感經濟學」、「手感經濟學」、「體驗經濟學」，或是「消費歷史」、「文化氛圍」、「設計至上」等概念，也都是從文化創意產業發展主軸中，衍生而來的觀念。其實文化的定義有上百種，創意的概念則是從意念中抽離出規則而產生新的發想與意涵，將兩者結合的產業，要將定義定於一尊並無論述上的意義，在產業形成及特性上，去尋求文化創意產業的概念輪廓，應更具有實質意涵。

以文化做思考根基，學者認為文化產業具有三大特色：（David Thorsby, 2001:4）

1. 其產業活動會在其生產過程中運用到某種形式的創意；
2. 其產業活動被視為與象徵意義的產生與溝通有關；
3. 其製成的產品是，至少有可能是，某種形式的智慧財產權。

學者Hesmondhalgh從文化產業的文本概念，論述後工業時代的文化產業特性，及文化特性對符號創作者的控制鬆綁，管理通路及行銷通路也因文化特性而改變。

Hesmondhalgh論述文化創意產業特性分析如下表整理：

表7-1 Hesmondhalgh 文化創意產業特性一覽表

產業特徵	內　容
問題一：高風險的產業	源自文化產業核心是要產製文本以供買賣，而閱聽人使用文化商品的習慣卻反覆無常。
問題二：生產成本高而再製成本低	這是多數文化商品的特徵，只要「原版」製作出來之後，就可以極低的價格再製後續版本。
問題三：半公共財	有些商品具備公共財的特性（例如：廣告），有些則否（例如：工藝）。
回應一：生產大量作品以平衡失敗做品與暢銷作品的相互抵銷。	利用「過量生產」的手段，使失敗作品與暢銷作品相互抵銷。
回應二：集中、整合、與知名度管理	利用水平整合、垂直整合、國際化、多部門及多媒體整合、收編（co-opt）使企業型態大型化，以管理風險並極大化閱聽人的數量。
回應三：經由人為手段創造稀有性	透過垂直整合來達到稀有性創造的目的，其管線例如廣告，影響銷售利潤，禁止文本自由複製等
回應四：類型化、類目與系列作品	利用「類型化」降低產製出失敗作品的可能性，而類型化主要的方式之一，就是建立明星體制（例如列出名明星作家或者電影的強大卡司）
回應五：鬆綁對符號創作者的控制；嚴密管理通路及行銷	有些創意無法接受科層組織的管理，因此未了降低管理創意帶來的高度風險，管理者選擇更嚴密的控管再製、通路及行銷等流通面向的策略。

資料來源：Hesmondhalgh, D.著，廖珮君譯，2004，《文化產業》，臺北，韋伯。

　　因文化是歷史走過的足跡，經由創意的發想後，文化自有其時代的嶄新面貌與呈現方式。本文認同學者日下公人的觀察，其認為文化產業近年來發展，有以下幾點特色：（日下公人，1994，張苙雲，2000）

1. 不是追求未來而是留戀過去（懷舊風潮）
2. 不是追求國外文化而是復歸本土精神（重視在地文化）
3. 不是以首要都市為中心而是回歸鄉里生活特質（強化地方異質性）
4. 不是聽信廣告宣傳而重視實際購物（消費者功能導向）
5. 小即美的觀念提升（消費美學取向）
6. 手工製作（環保意識抬頭）
7. 感性消費（尋求社會認同或引發社會共鳴）
8. 宗教性勝於科學性（情感寄託）
9. 安定重於發展（心靈需求）

　　從這些文化產業特質中可發現，文化產業在經濟特性中已和以往的農業、工業、商業經濟不同，變得更注重美感、符號、心靈等抽象因素，結合了文化深層意涵的創意商品，創造了商機的無限想像。

　　臺灣在2002年提出「挑戰2008—國家發展重點計畫」，首次將「文化軟體」視爲國家重大建設工程，希望結合人文與經濟產業創造高附加價值的效益，增加就業人口、以提升國民的生活品質。認爲文化創意產業發展之目標，乃在於開拓創意領域，結合經濟以發展文化產業，認知到文化創意產業的差異性很大，也是一種新的經濟領域，不僅要有新作法，並且要建立一種新價值觀。國家提出文化創意產業計畫，即希望臺灣從第二類產業的製造生產組織型態，改造成以知識經濟、高附加價值、創意設計爲核心的生產及服務組織型態。

　　2003年，由經濟部、教育部、新聞局及文建會共同組成跨部會「文化創意產業推動小組」，確立了臺灣文化創意產業的定義和範疇，認爲文化產業的特性爲：(1)就業人數多或參與人數多。(2)產值大或關聯效益高。(3)成長潛力大。(4)原創性高或創新性高。(5)附加價值高。並在「文化創意產業發展法草案」中，將文化創意產業定義爲「源自創意與文化積累，透過智慧財產的形成與運用，具有創造財富與就業機會潛力，並促進整體生活環境提升的行業」。

(二) 文化創意產業的範疇

　　各國的產業分類標準並不一致，各國發展階段不同、政策重點不同；要以文化創意產業各國範疇之不同，作比較研究本文認爲並無實質上意義，各國之所以列舉涵蓋範疇，主要是政策上補助或租稅上優惠考量，在概念上仍以文化特性做思索，才是文化創意產業涵蓋範疇的重點。

　　臺灣「文化創意產業」的範疇，根據跨部會的組織調整，涵蓋不同領域的產業有：「視覺藝術」、「音樂及表演藝術」、「工藝」、「文化展演設施」、「設計產業」、「出版」、「電視與廣播」、「電影」、「廣告」、「數位休閒娛樂」、「設計品牌時尚產業」、「建築設計產業」和「創意生活

產業」等13個類別，各產業別之主辦機關，如表：

表7-2 臺灣文化創意產業類項與細項產業表

項次	產業名稱	主辦機關	產業概括說明	例示產業
1	視覺藝術產業	文建會	凡從事繪畫、雕塑及其他藝術品的創作、藝術品的拍賣零售、畫廊、藝術品展覽、藝術經紀代理、藝術品的公鑑價、藝術品修復等之行業均屬之。	請參產業概括說明所述
2	音樂與表演藝術產業	文建會	凡從事戲劇（劇本創作、戲劇訓練、表演等）、音樂劇及歌劇（樂曲創作演奏訓練、表演等）、音樂的現場表演作詞作曲、表演服裝設計與製作表演造型設計、表演舞臺燈光設計、表演場地（大型劇院、小型劇場、音樂廳、露天舞臺等）、表演設施經營管理（劇院、音樂廳、露天廣場等）、表演藝術經紀代理、表演藝術硬體服務（道具製作與管理、舞臺搭設、燈光設備、音響工程等）、藝術節經營等之行業均屬之。	請參產業概括說明所述
3	文化展演設施產業	文建會	凡從事美術館、博物館、藝術館村、音樂廳、演藝廳經營管理暨服務等之行業均屬之。	請參產業概括說明所述
4	工藝產業	文建會	凡從事工藝創作、工藝設計、工藝品展售、工藝品鑑定制度等之行業均屬之	請參產業概括說明所述
5	電影產業	新聞局	凡從事電影片創作、發行映演及電影周邊產製服務等之行業均屬之。	影片生產、幻燈片製作、影片代理業、電影片買賣業……等
6	廣播電視產業	新聞局	凡從事無線電、有線電、衛星廣播、電視經營及節目製作、供應之行業均屬之。	廣播電臺業、無線電視臺業、有線電視臺業、其他電視業……等
7	出版產業	新聞局	凡從事新聞、雜誌（期刊）、書籍、唱片、錄音帶等具有著作權商品發行之行業均屬之。但從事電影發行之行業應歸入8520（電影片發行業）細類，從事廣播電視節目及錄影節目帶發行之行業應歸入8630（廣播節目供應業）細類。	報社、期刊、雜誌出版業、書籍出版業、唱片出版業、雷射唱片出版業、錄音帶出版業、錄影帶、磁影片業……等
8	廣告產業	經濟部	凡從事各種媒體宣傳物之設計、繪製、攝影、模型、製作及裝置等行業均屬之。獨立經營分送廣告、招攬廣告之行業亦歸入本類。	廣告製作業、廣告裝潢業設計業、戶外海報製作業、戶外廣告版……等

項次	產業名稱	主辦機關	產業概括說明	例示產業
9	設計產業	經濟部	凡從事產品設計企劃、產品設計、機構設計、原型與模型的製作、流行設計、專利商標設計、品牌視覺設計、平面視覺設計、包裝設計、網頁多媒體設計、設計諮詢顧問等之行業均屬之。	視覺傳達設計業、視覺藝術業、工業設計業、機構設計業、產品外觀設計業、模型製作業、專利商標設計業、商品設計企畫業、設計管理業、產品造型設計……等
10	數位休閒娛樂產業	經濟部	凡從事數位休閒娛樂設備、環境生態休閒服務及社會生活休閒服務等之行業均屬之。1.數位休閒娛樂設備3DVR設備、運動機臺、格鬥競賽機臺、導覽系統、電子販賣機臺、動感電影院設備等。2.環境生態休閒服務——數位多媒體主題園區、動畫電影場景主題園區、博物展覽館等。3.社會生活休閒服務——商場數位娛樂中心、社區數位娛樂中心、數位休閒事業、親子娛樂學習中心、安親班/學校。	上網專門店、電子遊戲場業（益智類）、遊樂園業、兒童樂園、綜合遊樂場、電動玩具、電子遊樂器、電動玩具店（益智類）
11	設計品牌時尚產業	經濟部	凡從事以設計師為品牌之服飾設計、顧問、製造與流通之行業均屬之。	請參產業概括說明所述
12	創意生活產業	經濟部	凡從事符合下列定義之行業均屬之：1.源自創意或文化積累，以創新的經營方式提供食、衣、住、行、育、樂各領域有用的商品或服務。2.運用複合式經營，具創意再生能力並提供學習體驗活動。	請參產業概括說明所述
13	建築設計產業	內政部	凡從事建築設計、室內空間設計、展場設計、商場設計、指標設計、庭園設計、景觀設計、地景設計之行業均屬之。	造園業、景觀工程業、築設計服務業、土木工程顧問服務業……等。

資料來源：文化創意產業推動小組，2008。作者整理修正。

在民間的論述上，經濟建設委員會委託國藝會研究之「文化創意產業概況分析調查研究計畫」，說明臺灣文化創意產業的範疇界定依據，亦有參考價值（經建會，2003:71）：

1. 經濟部對於文化創意產業之相關定義。

2. 行政院「挑戰2008：國家重點發展計劃2002-2007」總體計劃中之「文化創意產業發展計劃」，其計劃中所指涉之產業。

3. 中華民國行業分類中相關文化創意產業之既有文化娛樂相關行業。

4. 專家學者與相關產業研究人士對於臺灣文化創意產業的界定。

在界定文化創意產業範疇或界定行業分類歸屬時，國藝會則採用以下四個參考依據：

1. 具全球或華文市場潛力，且快速成長可能爲主流產業：文化創意產業的範疇認定，當考量產業在全球或華文市場的發展，是否具有市場潛力與產業競爭力，同時需考量該產業是否有潛力成爲主流產業，可以帶動經濟大量成長與就業率。

2. 執行或計畫中之政策，且符合文化創意產業的定義與產業精神：由於文化創意產業概念爲政策先行，界定文化創意產業範疇宜參考現行六年國家發展計畫中的文化創意產業政策與相關政策推動，或已經執行中的政府政策，若符合產業之定義與前述之產業精神，可納入爲文化創意產業範疇。

3. 國際經驗與臺灣社會文化的發展脈絡：文化創意產業的核心，爲本土且具有國際競爭力的文化藝術事業。因此推動文化創意產業需考量國際上對文化創意產業範疇之界定；臺灣社會與文化政策的歷史脈絡，如文化政策中的社區營造、工藝、藝術節等；與臺灣社會現代化發展後，面臨危機的產業，需要被賦與產業文化化的新生。

4. 以行業標準分類爲參考，選擇產業別，以創意加值活動爲核心。由於文化創意產業仍爲產業政策，在政策工具的使用上與後續相關的產業經貿的統計，都需要以行業別來界定產業，雖在現行的行業別分類中無法包括所有文化創意產業的內容，但可藉由行業別，來明確政策工具的使用，與明確掌握產業統計之相關基礎資訊，以利產業政策的推動，與成效的檢驗，並針對最具有創意加值的價值活動，來推動產業政策。

準此，國藝會提出臺灣發展文化創意產業的十三大「核心產業」與「週邊產業」。取核心產業主要是針對產業定義中的智慧財產權之保護與運用，及與國際性趨勢之比較。而「週邊產業」則與智慧財產權的保護運用無直接關連，這部份則保留產業開放性，在政策的執行考量上視重點產業的特性列爲週邊產業，則使用「週邊產業」一詞來表達，旨在與核心一詞相對應，意指從核心產業衍生的多元週邊產品。

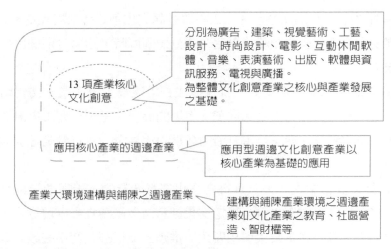

圖7-1　臺灣文化創意之核心與週邊產業示意圖

資料來源：經建會（2003: 71）

二、文化創意產業的各國發展

　　各國文化創意產業的政策推動，預算編列、政策執行與法制體系支持的整合，是成功與否的重要關鍵。尤其在全球化之趨勢下，文化受到全球化影響，如何與在地化特色融合？如何結合後創造出文化創意產業的新產值？已經是「文化產業化、產業文化化」政策推動以來的新課題。

　　由於各國政府的文化施政重點不同，因此使得各國的文化範疇與內涵皆有所不同。有些國家重視文化創意產業對國家經濟轉型的效益，故選擇大力推動成為繼服務業後的第四級產業；有些國家則強調文化資產的保存、及對觀光的資源及幫助，對文化創意產業的文化資產保存重點支持。既然各國政策的制定與評估各有不同，本文試圖說明其他國家在文化創意產業上的政策與法制措施，以作為我國在推動文化創意產業工作歷程中的借鏡。

(一) 英國

英國是最早提出政策支持文化創意產業的國家，它於1997年籌組「創意產業策略小組」（Ministerial Creative Industries Strategy Group），首相布萊爾將創意產業列爲國家重要政策，1997年由文化、媒體與體育部（Department for Culture, Media, and Sport,簡稱DCMS）領導成立了一個以跨部會與產業界人士所組成的專責小組，稱爲「創意產業任務小組」（the Creative Industries Task Force, CITF），以負責跨部會的工作協調，及擔負對於創意產業的研究工作。文化、媒體暨體育部，更於1998年提出創意產業的定義並提出完整的報告書（1998 Creative Industries Mapping Documents）。在這份報告中，說明英國政府對創意產業的定義是：「創意產業起源於個人的創造力、技能和才華，透過產生與開發爲智慧財產權後，具有開創財富和就業機會的潛力。」。

延續1998年的報告，英國於2001年提出「創意產業規劃報告」（2001 Creative Industries Mapping Documents），並將創意產業分成13類，分別爲廣告、建築、藝術及古董市場、工藝、設計、流行時尚、電影與錄影帶、休閒軟體遊戲、音樂、表演藝術、出版、電腦服務、電視廣播。該報告主要強調各產業的三大經濟指標：營收、就業、出口，並詳細統計個別產業的產業營收、國內市場規模、貿易、就業、產業結構、區域性發展、國際聲譽、次要經濟影響、成長潛力、科技網路與電子商務的影響、部門成長。

英國政府對文化政策所協助之工作有以下四個面向：(1)政府加強對出口的援助：首先結合不同領域之事務，評估產業之優先順序後，接著擬定促進產業出口成長之策略，另透過各外交大使館爲媒介，將創意產業推廣至國外。(2)創意產業與教育訓練：建議政府於制定產業政策之際，應提供相關產業之教育訓練及研究。(3)創意產業與金融援助：爲相關企業或個人提供金融機關或政府部門之相關資訊，並鼓勵相關機構投資創意產業。(4)創意產業與地方發展：地方政府及創意產業雙方的互動，將中央政府七個相關部會整合爲單一窗口，以統合創意產業發展政策，並成立地方發展辦事處負責區域之整體發展。（文化創意產業推動小組，2008）

　　由此可說明，文化創意產業在任何國家都非單一部會可以完全負責，必是一個跨部會的推動型任務組織，負責政策制定、協調、推動。英國的「創意產業任務小組」不但負責跨部會的推動協調工作，更重要的是持續地發表如上述之產業規劃報告等重要文件。透過實際的數據，勾勒出產業規模與發展趨勢，以做為政府與產業參考的重要依據。

　　我國亦自2002年，由經濟部成立的「經濟部文化創意產業推動小組」，涵蓋文建會、教育部、內政部等部會職權，由推動小組辦公室擔任跨部會推動組織之幕僚，負責文化創意產業發展計畫之彙總及跨部會整合服務工作。針對文化創意產業的相關議題，如政策及後續計畫的研擬、教育訓練、刺激出口、資金取得、稅務減免、智慧財產權保護、法律的制定與修正、地方文化發展等議題，進行政策推動及專案研究，所擔負的角色之重要，與英國的「創意產業任務小組」相同，本文認為應賦予該小組更多的職權與預算，在政策功能上才能獲得跨部會之執行效果。

(二) 法國

　　法國政府向來重視文化發展。法國政府將「積極地發展文化」做為該國基本國策的重要內容之一，並為此建立了一套完整的法律保障體系。1958年法國第五共和國成立後，由於法國政府高度重視文化工作，於1959年宣佈建立法國歷史上第一個文化部。而該政府令也同時闡明了法國的基本文化政策：「使最大多數的法國人接觸全人類的，尤其是法國的文化精華；使法國的文化遺產擁有最廣泛的群眾基礎；促進文化藝術創作，繁榮藝術園地。」

　　法國歷屆政府基本上均延續了這一文化政策。當前法國政府的文化產業政策則是：「通過文化產業的發展創造就業機會，促進國民經濟的發展」。其原因乃在於，自上世紀末以來，法國的經濟增長緩慢，失業率較高。在這種形勢下，法國政府透過增加文化投資，積極發展文化產業，期望通過文化產業來增加就業，帶動經濟發展。1996年，法國文化部長在國民議會的演講中指出：「文化投資即是就業投資，因為，投資與就業之間的最佳途徑就是文化。」在

經濟發展較緩慢的情況下，企業吸納勞動力的能力很有限。由於政府增加了文化投資，文化機構和設施則成為解決就業的途徑之一。中央和地方政府不斷興建文化設施，這些工程在施工過程中，需要大量設計和施工人員，工程結束後，還需要不少的管理和維護人員。在這些設施內或周圍還建有不少餐飲、娛樂、服務等附屬設施，這就解決了不少人員的就業問題。

而且，隨著文化的普及和群眾文化水準的提高，社會對文化產品的需求量也不斷增大，文化工業已成為一種比較活躍的工業類別。法國政府積極支持文化工業的發展，為其提供了一些優惠政策和資助，使圖書出版、影片生產、音像製品、報刊雜誌等行業都取得了較好的經濟效益，既提高了從業人員的收入，又增加了政府的稅收。

為了限制美國文化的滲透和影響，保護和扶持民族文化的發展，法國還採取了以下幾項具體措施：「規定電視臺播放比例；大力宣傳本國文化；資助本國影視製播作業，加強與歐盟國家的文化合作等，針對「文化」內容進行研究，而其研究成果則會定期發表於由文化部所出版的刊物《文化發展》（*Développement Culturel*），該刊物之性質相當近似於由臺灣文建會所出版的《文化統計》，是一本法國地方在進行文化施政與政策討論時的重要參考依據。除了政府的積極作為外，法國民間企業對於發展文化產業的努力不但越來越顯著，同時也與時俱進的成為推動法國文化產業發展重要力量，譬如：在大型古文物的修復與國際重大文化交流活動中，都可見到法國企業的身影；此外。無論是大型企業還是中小企業，在贊助文化相關活動時，都能依法獲得如減免稅額等各種回饋，如此更鼓勵企業與文化交流。」（夏學理，2008）

(三) 德國

德國基本法中所規定的文化聯邦制，是德國高水準文化生活的保證。該基本法中所定義的文化生活包括：文學、圖書出版、圖書館、藝術、新媒體藝術、建築、博物館、收藏與展覽、音樂、戲劇、電影與節日會演等。該基本法具體反應了德國是個聯邦制的國家，各州均強調文化的多樣性，並有其所特屬

的文化生活，形成各具特色的文化中心，同時亦使德國的整體文化生活豐富多彩。德國的基本法規定：文化是各州的事務，聯邦政府並不具有國家文化許可權，故各州都把自己視爲德國文化聯邦制的維護者和促進者。靠著各州、市的自發活動，經由互相競爭，即可使大多數的民衆，直接或間接地參與文化藝術活動。

　　1990年原屬分裂的東、西德終獲統一。在對於藝術的絕對自由，表達方法絕對自由的保障下，統一後的德國文化藝術不但得以蓬勃發展，亦使文化現象、文化發展、文化政策也漸形統一起來。當今德國文化藝術的社會意義是：促進社群的和睦相處，對個人尊重，同時爭取每一個人認同統一的發展和政策。1998年起，聯邦開始設立文化國務部，此意味著德國已重新將文化事務理解爲國家的任務，並成立了聯邦文化基金會。

　　首都柏林快速地發展成文化的中心，目前它已是獨一無二的文化高度集中園區，是各民族進行文化融合的地方，這裏的博物館反映了人類的全部歷史。而設於市中心的大屠殺紀念碑，就像是一份用石頭雕刻的文化資產印記，顯示了德國這個國家對待其歷史的態度。「德國政府最初認爲將劇院及其演出，按企業經濟原則來運作是有其必要性，然而國家的資助目前仍是保障藝術自由的最主要關鍵。聯邦德國劇院已在適應時代的潮流，開始運用專業化的經營管理來實現劇院管理現代化的要求。在此同時，德國政府也把加強德國電影在歐洲和國際的合作，做爲其在文化與經濟政策上的組成部分，並對電影的發展，採取更多的支持政策及措施。例如：根據德國聯邦電影促進法（FFG）而於1968年創建的電影促進署，不僅資助電影製作，也開始支持電影院的營運發展。2006年10月召開的歐洲文化產業年度會議（Annual Culture Industries Conference）指出：2004年德國文化產業產值佔全德GDP的2.6%，較前一年成長了4.4%，成長率爲全德經濟成長率的三倍。」（夏學理，2008）

(四) 加拿大

　　加拿大聯邦政府不設文化部，所有文化事務由文化遺產部（The

Department of Canadian Heritage）管理。文化遺產部對文化產業作了如下概述：「文化產業包括以國家社會、經濟及文化為主題的出版、廣播、電影、電視、圖書、雜誌、音像等在內的印刷、生產、製作、廣告及發行；包括表演藝術、視覺藝術、博物館、圖書館、檔案館、書店、文具用品商店等在內的服務。最近又增加了資訊網路、多媒體等內容」（花建，2003：258）。在政府的協助體系方面，文化遺產部是最主要的文化政策制訂與執行單位，由於文化創意產業範圍包括許多跨部會領域，所以在各領域還設有不同的獨立機構，這些機構負責著相關政策的制定與執行。

在政策工具的部分，包含有：（花建，2003：257）(1)金融協助：譬如對博物館及相關機構的補助、補助加拿大期刊出版者寄至加拿大讀者的郵費成本補助、對活躍但財務困難的民間藝術組織提供相對捐助；(2)租稅減免：如書籍出售給學校及圖書館則提供租稅減免；(3)海外投資協助；(4)智慧財產計算；(5)人才培育：如國家藝術家訓練捐助計畫就是支持獨立性、非營利的加拿大法人組織，以訓練高水準的藝術家並培育下一世代之藝術領導者；(6)經營協助：包括協助藝術與古蹟組織改善其管理能力、開發其新的收入流量等等。其中，又以金融補助以及對文化藝術相關個人與業者的直接協助（如行銷、製作、財務改善）最為重要。協助或補助的對象包含獨立的文化藝術家與文化藝術相關產業、包含非營利性組織，也包含營利性組織；協助的範圍則由國內市場開拓延伸至海外市場開發，以及協助運用技術與全球化、數位化接軌。整體而言，加拿大政府對於文化創意產業的支持，不僅僅是經濟因素（如產業發展與文化藝術家的就業），同時也包括非經濟因素（如提高國民的認同感與歸屬感）。

加拿大政府認為人民對本國文化產品的接近與使用不僅是增加消費者的選擇，更重要的是有助於促進認同感與歸屬感，同時又能夠促進文化藝術創作家與文化創意產業開拓市場。加拿大政府對文化創意產業的政策傾向保守與保護色彩，並建立多個機構介入文化創意產業的發展，期以扶植文化創意產業的成長並支持文化藝術創作者的生存。加拿大文化產業的形成與發展，不僅是本國社會、經濟、文化發展的需要，也是發展和弘揚民族文化，強化自身地位，抵

制外來文化的國家外交政策。

(五) 丹麥

丹麥的文化產業包括音樂、劇院、出版、視覺藝術、電影、影帶、平面媒體、廣播、電視、建築、設計、玩具、主題樂園等領域相關的公司企業。丹麥對文化產業的定義著重在私人企業上，也就是指整體或是至少有一部份是依市場競爭來運作的文化公司產業。

丹麥政府對其文化產業政策所推動之事項，分爲五大工作項目（李璞良譯，2003：49）：

1. 目的爲產業對於投資基金之取得更加容易，電影及媒體產業達到國際水平爲基準，政府爲其招攬企業投資，以設置投資基金供其產業發展。

2. 工作項目爲改善業者之能力及增進專業知識，政府結合相關教育學者與音樂機構合作，以增進音樂工作者之創作能力達到邁入國際市場之目的；加強藝術學校內企業與產業相關課程，以提升教育水準和能力；對於丹麥國內之文化企業家，政府特別建立一個新環境供其作爲相關企業經營之教學機構與財務金融界資訊顧問等，並可藉此機構吸收到優質的人力。

3. 主要在解決輸出文化財貨及勞務之產業於發展全球化所面臨之困難及問題，以確保各個案特定需求以獲得出口信用貸款及海外出口市場之宣傳活動；另爲全國性事件或活動於籌措資金之架構加以改善，促使文化活動相關產業能提升專業技術之水平。

4. 主要工作項目爲使藝術及文化市場於網路上能更有效的達到其產業目標，因此，政府爲加強視覺藝術之溝通模式而設立一個單一之窗口，供藝術工作者於其專屬網站作交流，並供其於網站上銷售創作藝品，由政府從中抽取交易佣金以使財務上成爲自給自足之模式；另爲新興媒體產業建立一套適用於全歐洲的基本條款。

5. 建立一個注重文化與產業互動之研發協會，以吸取國外文化產業之經驗，另提供財務上的援助；克服藝術與企業間之隔閡，爲提升雙方合作機會而

提出文化合約以建立合作關係；為使文化界、產業界及文化組織之各領導人能有一個環境相互合作，丹麥政府特別建立一套網絡，讓文化產業各相關組織共同合資的計畫，以提升文化贊助活動在市場的能見度。

(六) 美國

美國文化政策奉行的基本準則是：

1. 要儘量依賴私人基金來贊助藝術，而非以依賴政府的公共基金為主。如此，因為私人基金的籌資管道各不相同，可以為藝術創作提供更大的自由。而且，當國家的經濟面臨緊縮時，政府的財政縮減也不會給藝術機構帶來更大的壓力。不過，在此同時伴隨而來的另一個問題，就是當股票市場開始下跌時，由於私人基金的縮減，那麼對於藝術機構的衝擊也就在所難免。

2. 私人基金的優點在於，不同的私人基金有其不同的來源，執行起來少了許多政府的管制程序，私人基金會可以給予藝術機構各種行動上的自由。第三，美國的藝術機構在依賴私人扶持（如：私人基金會或財團）的情況下，由於藝術機構必須按照捐款人的意願和捐款取向來使用基金，於是在「專款專用」的原則下，這種形式的捐款，較容易使贊助的目的落實，並讓藝術家與藝術市場間保持一定的距離（文化學院，2008）。

美國的文化創意產業（版權產業，Copyright Industries）是當前全美最大、最富有活力，並為國家帶來巨大經濟效益的產業。而其中書籍、影片、音樂、電影文化商品，以及其他著作權產品總出口值，更於1996年，超過其他各項產業（包括：汽車、農業、或是航太與軍火等）成為美國最大宗的輸出品。

美國版權產業系列報告，分別從增值、就業和出口等方面，反映美國版權產業的概況及對美國經濟所做的貢獻。其中，「2004年報告」與先前由IIPA所發佈的9個系列報告的不同之處是，它採用了新的統計分類。在2004年以前關於美國版權產業的九個經濟報告中，IIPA將版權產業分為以下四個部分：核心、部分、發行、版權關係。這是IIPA在其於1990年所發佈的第一份報告中，即已做出發展和界定的。不過，在「2004年報告」中，IIPA為了與國際標準

達成一致，乃採用了由世界知識產業組織（WIPO）所界定的四種版權產業分類，分別為：核心版權產業、交叉產業、部分版權產業，以及邊緣支撐產業（夏學理，2008）。

表7-3　世界知識產業組織（WIPO）所界定的四種版權產業

分類項目	定義	主要產業群
核心版權產業 （Core Copyright）	受版權保護的作品或其他物品的創造、生產與製造表演、宣傳、傳播與展示或分銷和銷售的產業	出版與文學；音樂、劇場製作、歌劇、電影與錄影；廣播電視；攝影；軟體與資料庫；視覺藝術與繪畫藝術；廣告服務；版權集中學會
交叉版權產業 （Interdependent Industries）	從事生產、製造和銷售受版權保護產品的產業，其功能主要是為了促進版權作品製造、生產或使用其設備的產業	電視機、收音機、答錄機、CD機、DVD機、答錄機、電子遊戲設備及其它相關設備、包括這些設備的製造與批發零售
部分版權產業 （Partial Copyright Industries）	指部分產品為版權產品的產業	服裝、紡織品與鞋類；珠寶與錢幣；其他工藝品；傢俱；家用物品、瓷器及玻璃；牆紙與地毯；玩具與遊戲；建築、工程、測量；室內設計；博物館
邊緣版權產業 （Non-dedicated Support Industries）	其他受版權保護的作品或其他物品的宣傳、傳播、分銷或銷售而又沒有被歸為核心版權產業的產業	發行版權產品的一般批發與零售；物流運輸服務；電信與網路服務

資料來源：IIPA，《Copyright Industries in the U.S. Economy-The 2004 Report》

　　總之，美國以「版權產業」為首的創意經濟之所以興盛，是因為美國擁有厚實強大的社會基礎。而該基礎即學者佛羅里達（Richard Florida），在「創意新貴：啟動新新經濟的菁英勢力」與「創意新貴II：城市與創意階級」中，所指陳之「3T城市創意階層」以及「創意性社會結構」（Social Structure of Creativity）。佛羅里達認為，發展創意產業的關鍵，實在於創意人才（Talent）、創意技術（Technology）和城市文化包容度（Tolerance）等「3T」。佛羅里達也同時描述，「創意性社會結構」是由以下等三部分所組成：第一是適合科技創意與企業的新體系，例如：熱衷於創意產業投資的金融

體系、高科技的開發公司、持續成長的研發費用等；第二是創新以及更爲有效的貨品與服務生產模型，例如：讓員工能夠發揮創意的工作環境、彈性的生產方式等；第三是有利於創意的社會、文化與地理氛圍，例如：吸引創意人才的生活風格或是鼓勵前衛藝術的文化制度等（Florida，2002。轉引自夏學理，2008）。

　　學者認爲，除了佛羅里達的「3T城市創意階層」以及「創意性社會結構」外，再加上美國的「版權產業」係以市場自由化之機制經營，實行純商業運作模式，同時美國政府亦充分利用其國際政治與經濟優勢，再輔以智慧財產權的保護下，支持版權商品行銷全球市場，美國的種種支持性作爲，實可謂是世界各國參考學習的典範。（夏學理，2008）

(七) 韓國

　　1990年韓國政府設立文化產業局，隨著時代的發展，政府將其業務重新整合，將相關文化與觀光事務合併成爲文化觀光部。1997年韓國爆發金融危機，政府提出發展文化產業以解決經濟衰退問題，政府將文化發展經費提升至國家總預算的1%，並結合企業團體投資文化創意產業，將文化從休閒娛樂性質提升爲國家重要產業。

　　文化部主要政策是提高韓國文化產業的競爭力，將文化產業範疇劃分爲：動畫、卡通人物、卡通、音樂、線上遊戲、電影、電視七大類，觸角延伸至各個領域，並支援文化產業進入海外市場，開發高附加價值的文化產品。此外，韓國亦於2005年成立文化內容振興院，專責推動文化產業認證制度、公共部門之文化產業智慧財產權委外管理等，營造文化工作者所需之創意環境。韓國文化創意產業之重點項目爲影視及網路遊戲產業，除設置相關組織、協助業界聘僱人才，並提供充分之融投資機制。

　　～2000年，韓國文化產業的增長率達到23%，並且迅速地向海外市場擴張。學者認爲，「除了透過文化產業增強了社會凝聚力以外，韓國在文化投資領域的成功還提高了民眾在國際場合上的自豪感，甚至還養成了相對於日本的

文化優越感。而近幾年，韓國的電影產業、世界盃開發、大型節慶籌備及申辦、韓流的興起和觀光旅遊市場的培育，被認為是韓國文化投資領域中運作得較為出色的幾個亮點，為韓國經濟進一步增強國際競爭力，增添了有聲有色的文化風情。在韓國人眼中，美國的文化產業以娛樂業為主，風靡世界的好萊塢和百老匯是它們的典型代表，英國的文化產業以創意產業為主，富有創意的文化產品製造業是它們的典型代表。韓國要超越他們，就不能一昧地在後面模仿，而要融人之長，形成自己獨特的理念，那就是「文化內容產業」。它的特點是將「文化要素」集聚成為創意力和技術，並且能夠創造富有經濟價值的文化商品，並且以文化內容的開發、製造、生產、流通、消費等形成一個產業鏈條，而一旦創意內容和創新技術形成一種奇妙的組合，那麼就會產生巨大的爆發力」（花建，2003：286）。

　　依據韓國文化觀光部2002年發表的《文化白皮書》，韓國主要的文化產業類別包括：出版業、新聞業、雜誌業、漫畫產業、廣播電視、廣告業、電影業、影像出版業、動畫業、唱片業、遊戲產業、數位與行動內容產業、卡通人物、工藝與文化觀光產品業、美術藝品、藝術表演業、設計業等17項。「韓國政府對主要之數位、網路等產業特別定立五項工作項目，以協助新創之企業公司：(1)運用稅務制度對新創立之企業公司於創業時，以減免財產稅之比重來支援文化創業者於創業初期之財務經營；(2)經各中小企業公司之相關組織或協會於資金上的支援，並將第一項稅制支援政策所吸引投資者之投資資金轉而供給新創業者於財務上之援助；(3)提供人力資源之協助，訂立特別法令使有才能之人力於兵役或進修人員留職停薪或兼職等特殊規定；(4)給予擁有股票選擇權之投資者於所得稅方面之優惠」（臺灣文化創意產業發展年報，2003）。

　　綜論之，韓國在發展文化創意產業中，有許多政策值得臺灣借鏡之處。如韓國立法保障文化產業的發展；1999年通過「文化產業促進法」，明訂協助文化、娛樂、內容產業，並設立獎勵措施吸引民間業者的投入。反觀我國自「文化創意產業發展法草案」提出後，仍在立法院待審議，使得政策之推動欠缺有利之法治基礎。其次韓國政府設立「文化產業基金」，提供新創文化企業貸

款，使得中小企業也能貸到資金，開始文化創意的研發生產。我國雖有國藝會之基金設立，但主要在補助藝文活動與表演，在產業上設置基金以厚植經濟上融資後盾，應是極需努力之方向。

(八) 香港

香港的創意產業主要包括廣告、建築、設計、出版、資訊科技服務、傳統及數碼娛樂、藝術等行業。以就業人數和附加價值而言，資訊科技服務、出版和廣告是香港三大創意產業。依香港貿易發展局的估計，創意產業佔香港總就業人數的3.7%、服務出口的3.1%和本地生產總值的2%。雖然相對於整體經濟而言，香港的創意產業規模較英國、澳洲和紐西蘭為小，但是香港仍被普遍視為亞洲的創意中心。研究報告指出，香港政府自2002年起才開始關注創意產業，是年3月，香港創意產業佔香港總就業人數的3.7%，佔服務業總就業人數的比例則為4.5%；創意產業在香港經濟上擔任的角色愈趨重要，同時對提升香港成為世界級城市非常關鍵。（香港創意產業基線研究，2003）

2005年，香港行政區政府在施政報告中明確指出，香港邁向文化創意產業的方向將更趨明朗，甚至在將「創意產業」改稱為「文化及創意產業」，並將文化及創意產業列為新經濟增長點，做為集中推動發展政策之一。香港政府推動文化創意產業發展政策，主要包括五大方向（周宗德，2007：34）：

1. 資金的協助

透過不同性質基金資助文化及創意產業，以及提供信用保證協助業者取得資金；同時政府積極為投資者及業界建立交流平臺，促進文化及創意業者與銀行家、投資者之間的投融資合作。

2. 產業群聚策略

香港與珠江三角洲生產體系的有機連結與分工是支持創意產業在香港群聚的重要因素，譬如珠江三角洲製造的服裝、玩具、手錶及珠寶等輕工業，都與香港的創意產業緊密聯繫著，而國際買家也依賴香港供應商提供管理、設計與生產等活動。另外，在政策措施方面，香港政府近年來提出數碼港、設計智優

計畫、西九龍文娛藝術區開發計畫等，都包含「吸引國內、外相關業者進駐」的群聚概念，並希望發展成為產業支援中心。

3. 國際市場及中國市場的開拓

由於島內市場有限，香港政府十分重視海外市場的推廣，經常藉由舉辦巡迴展以及參與海外博覽會的方式，把香港的文化創意產業推廣至海外。為了開拓中國內地市場，香港政府透過CEPA協議（香港與中國大陸簽訂的「更緊密經貿關係安排」CEPA於2004年1月1日簽訂，香港270餘項產品享有進入大陸零關稅優惠。）的協商機制，與中國大陸中央和省市有關當局密切合作，推動貿易自由化，為業界爭取了多項降低進入內地市場的門檻及限制。

4. 知識產權保護

知識產權的保護是創意產業發展十分重要的一環，為了對抗盜版和侵權，香港自1998年起開始制訂有關版權的新法例和修訂現有法規，在嚴厲執法後，盜版情形已大為改善。但對於海外侵權行為，如中國內地盜版仿冒猖獗，嚴重侵害香港在中國的商業利益，為此，香港政府正積極與中國內地的有關部門建立合作關係，推動中國內地知識產權保護的觀念以及法治的環境，並協助港商深入了解中國內地的知識產權法規和政策。

5. 人才培訓與吸引

香港在許多的協助計畫中都包含有人才培訓的部分，香港亦希望能吸納外地的創意人才到香港來，並以香港作為發展的根據地。

三、文化創意產業發展計畫

(一) 臺灣文化創意產業的發展

隨著全球文化創意產業發展的趨勢，臺灣在全球化下驚覺保護自己文化資產及創新文化產業的重要，終於在「挑戰2008：國家發展重點計畫」中，列

入重點發展之項目，以「文化創意產業發展計畫」，爲提振臺灣文化產業的計劃，著重於拓展創意領域，結合人文、經濟以發展出兼具累積文化和經濟效益的產業。

臺灣文化創意產業發展計畫，主要由四個部會負責：教育部－負責跨領域之人才培育；文建會－負責藝術產業；新聞局－負責媒體產業；經濟部－負責設計產業外，另爲跨部會之協調與彙整，成立經濟部文化創意產業推動小組，以跨部會之任務組織負責政策之擬定與推動。（經濟部文化創意產業推動小組，2008）。並將文化創意產業之分類則爲：視覺藝術產業、音樂與表演藝術產業、文化展演設施產業、工藝產業、電影產業、廣播電視產業、出版產業、廣告產業、設計產業、數位休閒娛樂產業、設計品牌時尚產業、建築設計產業、創意生活產業等共計13項產業。在行政組織職權架構上，臺灣推動文化創意產業之組織架構圖如下：

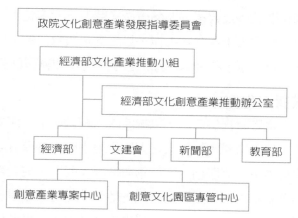

圖7-2　臺灣推動文化創意產業之組織架構

臺灣對於推動文化創意產業的協助工作有下列五大項：（經濟部文化創意產業推動小組，2008）

1. 整備文化創意產業發展機制

首要在於強化文化政策之發展環境，設立跨專業領域之部門以穩固其環

境；

　　其次，為數位產業工作者設立一系列之相關輔導，以建立「出版權認證及交易平臺」之概念；再者，結合中央、地方及民間的智慧研發產業之經營模式；最後，強化民眾對智慧財產權之重視，以維護並保障創意產業工作者。

2. 設置文化創意產業資源中心

　　成立教學資源中心加強創意產業之發展，以培訓跨領域之人才；成立臺灣創意設計中心，藉以透過國內優質設計提升臺灣產業之附加價值，成為國內設計與藝術發展之交流平臺；建立五大創意園區做為推行文化政策之基地；建置能提供影音產業之相關資訊與交流中心，以促進國內媒體產業發展及未來媒介之發展趨勢。

3. 發展藝術產業

　　邀請國外專業師資並甄選人才出國進修，以學習國外相關產業之知識與經驗；成立一系列相關法令及政策協助藝術產業轉型為產業化；舉辦國際性數位競賽並邀請國際之專業人士作評審工作，以因應新興數位藝術於國內之發展；為保存臺灣傳統工藝技術，將臺灣傳統工藝產業轉為知識型創意產業。

4. 發展重點媒體文化產業

　　國片業者製作電影時提供協助，以振興國內電影產業，使臺灣電影成為國際華文電影中心；培育廣播電視產業之人才與縮小國內城鄉資訊落差；輔導並協助國內流行音樂產業，克服創意、行銷與盜版等問題，成立可供音樂工作者發展的環境；為保有華文市場出版業之領先地位及促進其產業發展，建置出版資訊網、舉辦活動提升民眾閱讀率、推行出版業數位化、專業出版人才培育；區隔數位娛樂設備與電玩機臺，改善一般民眾對數位娛樂之不良觀感，推動國際級休閒服務產業來臺投資生態休閒服務產業。

5. 臺灣設計產業起飛

　　行政機關需導入設計管理組織以活化設計產業之推動；運用設計促使公營及民營企業提升其企業形象、產業競爭力及商品附加價值；運用臺灣多元之文

化內涵形塑具臺灣文化設計風格及特色之產品，使民眾了解與認同臺灣文化，並將臺灣之設計推向國際；促進重點設計之發展，對於各種設計產業人才之培育、知識及資料彙整與交流，訂立特殊法令、經費之補助等以協助其發展；舉辦各類互動式展覽，以提升全民對創意設計與智慧財產之重視，進而提高消費族群對設計價值之認知，並發掘自身之創作潛力；自中小學教育中融入設計教學與活動，提升美感與人文素養之概念；透過國際性之創意設計活動建立臺灣設計與國際知名度與地位，提升國際社會對臺灣創意設計之了解。

(二) 臺灣文化創意產業發展第二期計畫

1. 計畫目標

　　政府將「文化創意產業發展計畫」納入「挑戰2008：國家發展重點計畫」積極推動後，該計畫執行期程自2003至2007年，執行有了一定的成效與基礎後，賡續推動第二期計劃，以收形塑文化創意產業新風貌之效。

　　政府積極介入文化創意產業的規劃與發展乃世界趨向，原因在於它提供產業轉型發展的可能性，且該產業為一複合型跨業種的產業，不論它的內容、操作、市場、消費等皆如是。而政府在此的主要任務便是提供資源整備、強化產業發展機制、搭建藝企媒合和產銷平臺、刺激文化產品消費、擴大文化市場規模。因此，在第一期計畫之基礎上，研擬推動第二期計畫，聚焦於藝文產業的發展及輔導；以政策引導地方政府加強文化創意產業之推動；建立創意銀行資料庫；提供藝企媒合平臺；扶植青年藝文工作者進入產業領域；另積極建構文創產業在園區中的文化群聚與異業結合，作為推動創意產業的平臺，使文化創意產業能獲得更大的發展空間。（文建會創意產業發展第二期計畫，2008：2）。

　　以文建會創意產業發展第二期計畫而言，第一期計畫（92-96年）已為環境整備及概念傳遞奠定了基礎，第二期計畫（97-100年）將進一步聚焦於藝文產業的扶植及創新育成，強化交流平臺及地方推動能量，並結合產官學界相關資源，串連相關業者、地方政府及大專院校創新育成中心共同投入產業發展。

基於藝術文化產業的特殊性，本計畫擬定了政策性的補助措施，並以第一期計畫完成初步建置之五大創意文化園區及工藝園區爲基礎場域，搭配各園區之產業定位，推動產業扶植輔導及創新育成之相關計畫，期使軟硬體相互輝映，以促成美感創新及產業升級。在第一期創意產業發展計畫中，著重的是文化創意源頭之耕耘，進行「培基固本」的文化藝術觀念強化工作，多管齊下地活絡文化創意產業，推動藝術美學的扎根與觀念推廣，以協助各領域增加創作中的「藝術元素」，期透過美學化與民眾審美觀念之提升，豐富臺灣文化創意產業的文化藝術內涵。另在一定資源的分配下，優先完成華山園區整改建，積極規劃以OT、ROT等方式引進民間力量活化創意文化園區，打造園區經營管理的可行模式，也爲其它已完成整體發展規劃、都市計畫變更、土地撥用、調查研究、刻正進行修復工程中的園區，提供了可依循的發展策略（文建會創意產業發展第二期計畫，2008：3）。

　　文化創意產業發展第二期計畫與以往最大的不同，主要是以更貼近產業的需求爲切入點，希望以文化群聚和產業輔導的方式，促成美感的創新、文化資本的加值和積累，並進行文化消費市場的開拓，以提升臺灣整體的文化創意產業競爭力。計畫的目標說明如下：

(1) 結合產官學界促進文化創意產業發展

　　作爲國家重點政策的文化創意產業，需整合中央部會、地方政府、學術單位及產業界之資源網絡，方能有效推展。因此本計畫希望藉由引入學界創新研發能量、帶動地方政府投注資源、扶植藝文產業工作者，並進行藝企媒合，以促進文化創意產業發展。

(2) 建置數位創意銀行擴大創意資源運用

　　在科技高度發展的當代，爲善用臺灣科技產業的發展優勢，本計畫將建置數位創意銀行，將文化藝術元素轉化爲數位物件並進行加值運用，以充實產業發展能量。

(3) 扶植青年藝術家蓄積及發揮創意動力

　　爲使青年藝術家得以發揮創造力及爆發力，本計畫將藉由相關項目之推動，提供其產業資源及發展環境，鼓勵及扶持青年藝術家投入文化創意產業。

(4) 建構工藝產業育成及市場機制

在本會主管之四項藝文產業中，以工藝產業最具經濟規模，亦佔有相當大之產值。為提升其產業效益，本計畫將工藝產業之創作端、實踐端及行銷端建立媒合串連機制，並進一步強化其育成及市場機制，以期促成傳統工藝再創新。

(5) 完成創意文化園區整建及開放營運

創意文化園區之發展將以第一期硬體建設為基礎，全力推動臺灣文化創意產業的軟體建設，依各園區之功能定位賡續進行整建及開放營運，蘊釀豐富藝術、創意、設計之環境氛圍，並肩負起「打造臺灣專有文化品牌」、「創造高附加價值且具備產業競爭力之園區」、「打造文創產業鏈優質共生環境」、「文化創意原創性孵化及延續之場所」、「拓展文化消費市場」及「縮減城鄉創意落差及發展速度」之任務。

(6) 藝文產業產值提升至550億元

依據中華經濟研究院提供之文化創意產業產值推估資料，文建會主管之藝文產業自92年434億元提升至95年479億元，在四年間成長了45億元。第二期計畫執行至100年時，期待藝文產業之年產值目標可提升至550億元。

2. 執行策略及計劃架構

文化創意產業發展第一期計畫（92-96年）已為環境整備及概念傳遞奠定了基礎，第二期計畫將進一步聚焦於藝文產業的扶植及創新育成，強化交流平臺及地方推動能量，並結合產官學界相關資源，串連相關業者、地方政府及大專院校創新育成中心共同投入產業發展。基於藝術文化產業的特殊性，本計畫擬定了政策性的補助措施，並以第一期計畫完成初步建置之五大創意文化園區及工藝園區為基礎場域，搭配各園區之產業定位，推動產業扶植輔導及創新育成之相關計畫，期使軟硬體相互輝映，以促成美感創新及產業升級。

本計畫在執行策略上，擬定下列三項子計畫為推動主軸，並訂定分年執行項目。子計畫一：強化產業環境發展計畫，子計畫二：工藝創意產業發展計畫，子計畫三：創意文化園區推動計畫。略述如下（文建會創意產業發展第二

期計畫，2008：45）：

(1) 強化產業環境發展計畫

　　各工作項目如下：A.輔導成立藝文產業創新育成中心。B.補助縣市政府推動藝文產業發展。C.補助藝文產業研發生產及行銷推廣。D.建置數位資料庫及數位創意銀行。E.青年藝術家展才計畫。

(2) 工藝創意產業發展計畫

　　各工作項目如下：A.建立臺灣工藝育成網絡（資源人力面）。B.強化工藝產業競爭力（產出面）。C.建構工藝產業市場機制（市場面）。D.工藝創新育成中心基地硬體設施整建計畫。

(3) 創意文化園區推動計畫

　　各工作項目如下：A.五大園區管理發展。B.華山創意文化園區定位為「文化創意產業、跨界藝術展現與生活美學風格塑造」，以「酷」（時尚、前衛、實驗……）與「玩」（玩樂、享樂、娛樂……）為規劃主軸，突顯華山園區做為跨界創意的發揮空間，扮演媒合跨界藝術、產業互動的場所，建構異業、異質交流結盟的平臺，並發展成文化創意產業人才的育成中心。。C.臺中創意文化園區，發展臺中園區為「臺灣建築·設計與藝術展演中心。D.花蓮創意文化園區，定位為「文化藝術產業與觀光結合之實驗場域」。E.嘉義創意文化園區，定位成為「嘉義傳統藝術創新中心」，實踐傳統技藝與傳統技術之轉型及創新。F.臺南創意文化園區，定位為「臺南創意生活媒體中心—Creative Media Center」，發展「文化生活與產業環境之整合創新平臺」，以媒體中心作為一個創意啓動器。

3. 第二期計劃發展架構圖

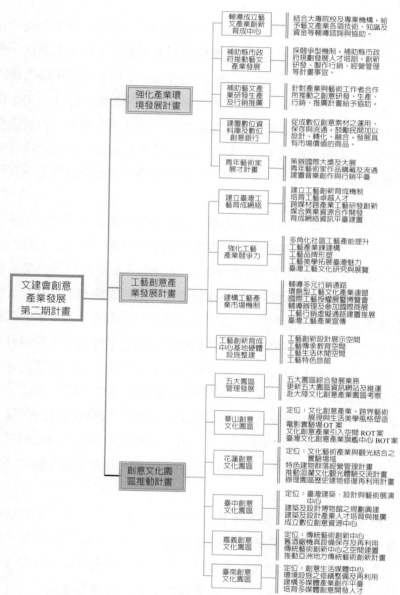

圖7-3　文建會創意產業發展第二期計畫架構圖

資料來源：文建會，文化創意產業發展第二期計畫研究報告，2008：44。

第二節　中國大陸文化產業政策

　　文化創意產業自21世紀後，成為新興的顯學。主因是工業革命後，大量複製的規格化，庸俗化的工業成品，逐漸使消費者失去自主性及主體性。而隨著國民收入提高，生活水準提升，科技的快速發展，消費者希望產品能獨特化、優質化、美學化，業者看到市場需求的改變，開始將工業產品注入文化意涵，生產出具有美學意涵，但又可大量生產的商品。這個產業趨勢，將製造及代工為主要型態的工業製造產業型態，轉向以文化及創新服務為主的新經濟型態；這種新經濟型態吸引了資本主義市場大量的資本投入，逐漸發展出「文化產業鏈」的概念。

　　何謂文化產業？聯合國教科文組織將文化產業，定義為「結合創作、產製與商品化過程的內容，而這些內容的本質是無形的資產，並具有文化的概念，同時這些內容會受到智慧財產權的保護，並以產品或服務的形式來呈現。」（聯合國，2015）學者則從特色觀察產業型態，認為文化產業具有三大特色：「1.其產業活動會在其生產過程中運用到某種形式的創意；2.其產業活動被視為與象徵意義的產生與溝通有關；3.其製成的產品是某種形式的智慧財產權。（David Thorsby, 2001:4）」從文化產業特質中可發現，文化產業在經濟特性中已和以往的農業、工業、商業經濟不同，變得更注重美感、符號、心靈等抽象因素，結合了文化深層意涵的創意商品，創造了商機的無限想像。（中國大陸2016年首季電影票再創新高，收入達人民幣144.7億元（約新臺幣723億元），較去年同期大增51.2%，是2012年同期的4倍，比起工業產值成長，更具商機想像力。）

　　文化產業又與文化工業意涵不同，學者認為：「文化工業的基礎在複製、消費與消耗；文化產業基本上是在創造、創作與生產（郭曜棻，2007：55）。」文化工業是技術化的大量複製，但文化產業則以美學特性，以「文化經濟學」、「手感經濟學」、「體驗經濟學」、「消費歷史」、「幸福經濟」、「設計至上」、「動畫科技」等概念，從文化工業中改變，加入美學設計及文化衍生而來。其實文化是生活的軌跡，創意的概念是從意念中，離開規

則而產生新的發想與意涵，而產業本是一種製造生產的生產鏈，將這三個概念加以結合的產業，就可稱之「文化創意產業」。

　　既以文化爲產業基礎，必與歷史、美學、藝術有關；學者認爲：「文化創意產業是以現代科學技術和文化資源爲基礎，通過創意化、個性化的創造過程生產、複製和傳播，文化內容作爲核心的商品與服務的。」（鄧曉輝，2006）「既是以文化爲基調的產業，必然與知識，情思價值有關，尤其要求創意，便和藝術的認知與解釋有關。」（黃光男，2011：90）「創意、文化商品以及經濟發展，可視爲文化創意產業的基本構成。」（邱誌勇，2011：34）

　　臺灣在2002年提出「挑戰2008──國家發展重點計畫」，首次將「文化軟體」視爲國家重大建設工程，希望結合人文與經濟產業創造高附加價值的效益，增加就業人口、以提升國民的生活品質。政府認爲文化創意產業發展之目標，乃在於開拓創意領域，結合經濟以發展文化產業，也認知到這是一種新的經濟領域，不僅要有新作法，並且要建立一種新價值觀。國家提出文化創意產業計畫，即希望臺灣從第二類產業的製造生產組織型態，改造成以知識經濟、高附加價值、創意設計爲核心的生產及服務組織型態。

　　2003年，由經濟部、教育部、新聞局及文建會共同組成跨部會「文化創意產業推動小組」，確立了臺灣文化創意產業的定義和範疇，認爲文化產業的特性爲：「1.就業人數多或參與人數多。2.產值大或關聯效益高。3.成長潛力大。4.原創性高或創新性高。5.附加價值高。」該小組將文化創意產業定義爲「源自創意與文化積累，透過智慧財產的形成與運用，具有創造財富與就業機會潛力，並促進整體生活環境提升的行業」。

　　文化創意產業作爲新興行業，離不開政府的政策扶植及引導。如英國1997年首次將文化創意產業列爲國家重點扶植產業，並設立文化創意產業工作組，對英國文化創意產業的可持續發展，進行跨部門協調，制定發展策略，激發文化創意產業的潛能。中國大陸文化創意產業在北京、上海及深圳等城市蓬勃發展，高度開發都市認識到文化創意產業的重要作用，制定相關政策以持續發展。北京在其《城市總體規劃2004-2020》中，明確定位北京爲「國家首都、國際城市和文化名城」，爲促進北京文化創意產業的發展，北京先後掛牌文化

創意產業集聚區，並制定一系列優惠政策扶持。自文化產業思潮興起後，西方先進國家如美國、英國、法國等，已經成為文化創意產業的領先者，其文化創意產業的規模，已經超過傳統的農業、工業、交通和建築等行業的產值，成為國民經濟的重要支柱。

　　文化創意產業，綜言之，「是環繞著文化經濟學中，知識與創新的軟實力產業。」文化創意產業的定義與內容，從產業形成及特性上，去尋求文化創意產業的概念，應更具有實質意涵。本文認為，「將源自文化的產業加上創新、轉換、提升美感後重新呈現的產品」，具有這種特質概念的產業，廣義上都可以列入文化創意產業。在本文研究中，將對兩岸文化創意產業發展政策，進行系統總結和分析，並比較兩岸文化創意產業發展政策的異同。

一、中國大陸文化產業定義與分類

(一) 定義

　　中國大陸地區目前檔中呈現僅有文化產業概念，並無刻意加入「創意」字樣。依據2003年中國文化產業年度發展報告，將文化產業定義為「由市場化行為主體實施的，以滿足人們的精神文化需求為目的，而提供文化產品或文化服務的大規模商業活動的集合。」2003年9月，中國文化部制定下發的《關於支持和促進文化產業發展的若干意見》，將文化產業界定為：「從事文化產品生產和提供文化服務的經營性行業。」文化產業是社會生產力發展的必然產物，是隨著中國社會主義市場逐步完善，和現代生產方式不斷進步後，轉型經濟所發展起來的新興產業。文化創意產業與文化產業有很大程度的重合，致使很多人混淆文化創意產業和文化產業的概念，吾人以為，文化產業是以文化做基底的產業鏈，文化創意產業則更植基於新技術條件下，新的地方主義自省下，對產業鏈的分解重組，以創意滲透於產業鏈的各個環節，創造出全新的產品。

　　國家統計局對文化及相關產業的界定是：「為社會公眾提供文化娛樂產品

和服務的活動，以及與這些活動有關聯的活動的集合。」綜言之，中國對文化產業的界定是「文化娛樂的集合，與具有國家意識形態性的文化事業。」文化產業基本上可以劃分為三類：「一是生產與銷售以相對獨立的物態形式，呈現的文化產品的行業（如生產與銷售圖書、報刊、影視、音像製品等行業）；二是以勞務形式出現的文化服務行業（如戲劇舞蹈的演出、體育、娛樂、策劃、經紀業等）；三是向其他商品和行業提供文化附加值的行業（如設計、裝飾、博物館、文化旅遊等）。」文化創意產業的核心既然是創意，而創造具有新穎性、設計性、短時性的新興產業，是人們對傳統產業認識逐步加深，擴展文化領域的結果。

綜言之，中國文化創意產業應該具備以下幾個主要特點：（李世忠，2008）

1. 文化創意產業是適應新的產業形態而出現的創新概念，是對新形態的概括、總結和發展。

2. 文化創意產業與傳統產業相比，其最大的特點是具備完整的價值鏈，價值鏈上的節點較為清楚，利潤分配明確，以創意為基礎，形成多層次，多角度的利潤增值點。

3. 文化創意產業的根本觀念是通過「跨界」促成不同行業，不同領域的重組和合作。

4. 文化創意產業賣設計、賣理念、賣精神、賣品牌，賣風格，賣文化，賣增值服務。

5. 文化創意產業不同於製造業等勞動密集型產業，是靠創意群體的高文化、高技術和高管理，特別是創新階層中最富創造性的高端創意人才。

6. 從產業模式上看，文化創意產業的發展更加動態化，是市場經濟運行的高端方式，更加遠離過去的計畫經濟方式，在互聯網的世界，更多的依靠市場和消費自身的社群推動，同時又不斷的設計市場、策劃市場、培育市場、激發市場。

(二) 分類

　　國家統計局頒佈了新修訂的《文化及相關產業分類2012》標準，文化及相關產業被分為10個大類，其中涵蓋如書刊出版和版權服務、音像製品出版、電子出版物出版、廣播電視、電影製作、文藝創作與表演、網絡文化服務、藝術品及收藏品拍賣、廣告業、工藝美術品製造等，其中「文化創意和設計服務」分類首次在《分類》中被提出。

　　各地區在自己的文化產業上也進行分類管理。上海興建的文化創意產業園區，涉及行業包括工業設計、室內設計、建築設計、廣告設計、時裝設計、動漫設計、網絡媒體、時尚藝術、影視製作、品牌發佈、工藝品製作等，比北京市提出的《文化創意產業分類》，在文化創意產業上分類上，內容更加細化而具體。但仍有一些新興行業，如動漫製作、網絡休閒互動、遊戲軟件、品牌創意、時尚生活藝術等都沒有提及，顯示文化產業發展迅速，中國大陸地區對文化產業目錄更新須更快速。詳如表7-4所示。

表7-4　中國大陸文化及相關產業分類

類別名稱	產業名稱
文化產品的生產	新聞服務、出版服務、發行服務
廣播電視電影服務	廣播電視服務、電影和影視錄音服務
文化藝術服務	文藝創作與表演服務、圖書館與檔案館服務、文化遺產保護服務、群眾文化服務、文化研究和社團服務、文化藝術培訓服務、其他文化藝術服務
文化資訊傳輸服務	互聯網信息服務、增值電信服務（文化部分）、廣播電視傳輸服務
文化創意與設計服務	廣告服務、文化軟件服務、建築設計服務、專業設計服務
文化休閒娛樂服務	景區遊覽服務、娛樂休閒服務、攝影擴印服務
工藝美術品的生產	工藝美術品的製造、園林、陳設藝術及其他陶瓷製品的製造、工藝美術的銷售
文化產品生產的輔助生產	版權服務、印刷複製服務、文化經紀人代理服務、文化貿易代理與拍賣服務、文化出租服務、會展服務、其他文化輔助生產
文化用品的生產	辦公用品的製造、樂器的製造、玩具的製造、遊藝器材及娛樂用品的製造、視聽設備的製造、焰火、鞭炮產品的製造、文化用紙的製造、文化用油墨顏料的製造、文化用化學品的製造、其他文化用品的製造、文具樂器照相器材的銷售、文化用家電的銷售、其他文化用品的銷售

類別名稱	產業名稱
文化專用設備的生產	印刷專用設備的製造、廣播電視電影專用設備的製造、其他文化專用設備的製造、官博電視電影專用設備的批發、舞臺照明設備的批發

資料來源：國家統計局設管司（2012）。文化及相關產業分類(2012)。http://www.stats.gov.cn/tjsj/tjbz/201207/t20120731_8672.html。

表7-5　北京市文化創意產業分類

主管機關	產業名稱
文化藝術	1.文藝創作、表演及演出場所2.文化保護和文化設施服務3.群眾文化服務4.文化研究與文化社團服務5.文化藝術代理服務
新聞出版	1.新聞服務2.書、報、刊出版發行3.音響及電子出版物出版發行4.圖書及音響製品出租
廣播、電視、電影	1.廣播、電視服務2.廣播、電視傳輸3.電影服務
軟體、網路及電腦服務	1.軟體服務2.網路服務3.電腦服務
廣告會展	1.廣告服務2.會展服務
藝術品交易	1.藝術品拍賣服務2.工藝品銷售
設計服務	1.建築設計2.城市規劃3.其他設計
旅遊、休閒娛樂	1.旅遊服務2.休閒娛樂服務
其他輔助服務	1.文化用品、設備及相關文化產品的生產2.文化用品、設備及相關文化產品的銷售3.文化商務服務

資料來源：北京經濟資訊網（2008）。文化創意產業分類，http://www.beinet.net.cn/3966/cycy/cyfl/200801/t220642.htm。

　　針對文創產業快速的發展，北京並擬定《北京市關於推進文化創意和設計服務與相關產業融合發展行動計劃（2015-2020年）》，《行動計劃》主要圍繞首都經濟轉型升級要求、構建「高精尖」產業結構目標，以及積極釋放創意創造活力和解放發展生產力需要等方面，提出的包括製造業、農業、體育、文化產業等十大板塊上的融合發展行動。這是首都經濟進入新常態下調結構轉方式的創新之舉。文化創意與設計及相關產業的融合發展，是在新時期發展先進生產力的關鍵抓手，也將成爲構建首都「高精尖」經濟結構發展的強大引擎。預計2020年，在《行動計劃》的影響下，北京市將基本形成文化創意和設計服務與相關產業高水準、寬領域、深層次的融合發展格局。《行動計劃》的發布，是首都經濟進入新常態下調結構轉方式的創新之舉，不僅標志著首都文化

創意產業朝著更具文化內涵、更具創意價值的方向發展，也預示著相關產業將積極植入文化元素，朝著更具特色、更具活力魅力、更具市場競爭力的道路加快邁進。可以預期，未來文化創意和設計服務將是蓄積和增強實體經濟發展能量的內生動力和強大引擎。（人民網，2016）

二、中國大陸文化產業政策

中國歷經了一段社會主義計畫經濟期間，經濟改革開放後，人們思想解放，對精神層面的文化產品需求，尤其強烈，強有力的拉動了文化產業的發展背景與成因。學者認為中國大陸文化產業的形成原因有：「市場消費需求的變化，經濟體制和文化體制改革的刺激，對外開放，龐大失業人口就業的巨大壓力與需求。」（李斌，2012：25）其實一個經濟型態的形成，不是一朝一夕的事，是經過需求之拉動，產業的變革，經濟的轉型，慢慢建構成的；中國從製造大國到消費大國，人民經濟從無到有到追求幸福，以及國際社會的趨勢導引，是文化產業政策最重要的成因。

2006年是中國大陸文化產業的元年，《國家十一五時期文化發展規劃綱要》和文化部《文化建設十一五規劃》，首次納入「文化產業」這個明確概念。《綱要》指出，以建設文化創意產業中心城市為核心，要加快產業整合。《規劃》指出，要加快文化創意產業園區建設，使之成為文化創意產業的「孵化器」。

2009年7月國務院常務會議審議通過《文化產業振興規劃》，將「文化產業」作為文化產業發展的九大重點之一，文化產業的地位確定得到提升。「文化產業振興規劃」除了設立文化產業投資基金，另樹立下列四項政策措施，加強對中國文化產業的扶植力道：

1. 降低准入門檻——通過獨資、合資、合作等多種途徑，積極吸收社會資本和外資進入政策允許的文化產業領域，參與國有文化企業的股份制改造，形成以公有制為主體、多種所有制共同發展的文化產業格局。

2. 加大政府投入——中央和地方各級人民政府要加大對文化產業的投

入，通過貸款貼息、項目補貼、補充資本金等方式，支援國家級文化產業基地
建設，支援文化產業重點專案及跨區域整合，支援國有控股文化企業股份制改
造，支援文化領域新產品、新技術的研發。支援大宗文化產品和服務的出口。
大幅增加中央財政"扶持文化產業發展專項資金"和文化體制改革專項資金規
模，不斷加大對文化產業發展和文化體制改革的支持力度。

3. 落實稅收優惠政策——貫徹落實《國務院辦公廳關於印發文化體制改
革中經營性文化事業單位轉制為企業和支援文化企業發展兩個規定的通知》中
的相關稅收優惠政策，研究確定文化產業支撐技術的具體範圍，加大稅收扶持
力度，支援文化產業發展。

4. 鼓勵金融業提供支援——鼓勵銀行業金融機構加大對文化企業的金融
支援力度。積極宣導鼓勵擔保和再擔保機構大力開發支援文化產業發展、文化
企業「走出去」的貸款擔保業務品種。支援有條件的文化企業進入主機板、創
業板上市融資，鼓勵已上市文化企業通過公開增發、定向增發等再融資方式進
行並購和重組，迅速做大做強。支持符合條件的文化企業發行企業債券。（文
化產業振興規劃，2009）

2010年10月，國務院《關於加快培育和發展戰略性新興產業的決定》指
出，大力發展數字虛擬等技術（Big Data大數據），促進文化產業發展。以五
項具體政策扶持文化產業等戰略性新興產業的發展，標誌著政府將文化產業提
升到戰略高度予以支持，各地文化產業，至此時進入高度發展期。

觀察中國文化產業政策的進程，有以下面向：

(一) 確立文化產業地位政策

1978年中國共產黨在鄧小平同志帶領下開始改革開放，1979年深圳與廈門
等特區成立，中國沿海娛樂產業悄然興起，文化產業在經濟發展戰略下開始萌
芽。1980年1月，鄧小平在《目前形勢和任務》講話中指出：我們現在「不繼
續提文藝從屬於政治這樣的口號，因為這個口號容易成為對文藝橫加干涉的理
論依據，長期的實踐證明它對文藝的發展利少害多」，「任何進步的、革命的

文藝工作者都不能不考慮作品對社會的影響，不能不考慮人們的利益、國家的利益、黨的利益。文藝一定要堅持為人民服務，為社會主義服務的方向，讓文化產業脫離出政治附屬品的窘境。」

1991年國務院批轉《文化部關於文化事業若干經濟政策意見的報告》，提出「文化經濟」概念。1992年，共產黨的十四屆三中全會通過《中共中央關於建立社會主義市場經濟體制若干問題的決定》，勾畫出社會主義市場經濟體制的藍圖和基本架構，自此，中國文化體制改革的步伐明顯加快，文化從直接管理到間接管理，藝術從計畫經濟向市場經濟轉變。

1998年8月，文化部文化產業司成立並制定工作規則，成為第一次設立的文化產業專門管理機構，文化產業已由民間自發發展階段進入到政府政策推動的新時期。2000年10月，共產黨第十五屆五中全會通過的《中共中央關於制定國民經濟和社會發展第十個五年計劃的建議》，提出對「文化發展規劃綱要」的五項方針：1.加強對民族文化遺產的保護。2.積極開展對外文化交流。3.完善文化產業政策。4.加強文化市場建設與管理。5.推動有關文化產業發展。其中第一次在中央正式文檔裡提出了「文化產業」和「文化產業政策」這一概念，要求完善文化產業政策，加強文化市場建設和管理，推動有關文化產業發展。2003年，共產黨的十六屆三中全會通過的《完善社會主義市場經濟體制若干問題的決定》，開始將文化產業列入國民經濟的重要產業。

2001年中國加入WTO，對中國大陸的文化產業政策產生重要影響，全球化的文化產業思潮影響著中國大陸發展。2006年公佈的《國家十一五時期文化發展規劃綱要》特別提到：「要堅持樹立新的文化發展觀，不斷深化對文化發展的地位、方向、動力、思路、格局和目的的認識，衝破一切束縛文化發展的思想觀念、做法、規定和體制機制的障礙，不斷解放和發展文化生產力，促進文化與經濟、政治、社會協調發展。在文化創意產業上亦有明確的方針，借鏡世界文明的優秀成果，大力推進文化創新，努力創作具有中國特色、中國風格、中國氣派、深受群眾喜愛的優秀文學藝術作品，繁榮發展文學藝術。實施文化精品戰略，扶持原創性作品，繼續支援舞臺藝術精品創作。」此時期是國際條約影響中國文化產業最顯著的時期。

2009年7月，國務院出臺《文化產業振興規劃》，明確指出規劃目標有五項：1.文化市場主體進一步完善；2.文化產業結構進一步優化；3.文化創新能力進一步提升；4.現代文化市場體系進一步完善；5.文化產品和服務出口進一步擴大。並將文化創意、數字內容及動漫等產業列為重點產業，期以數字化、網絡化技術運用提升文化產業的科技水準，進而形成國際品牌營銷海外。這是繼鋼鐵、汽車、紡織等十大產業振興規劃後出臺的又一個重要的產業振興規劃，標誌著文化產業已經上升為國家的戰略性產業。

2011年《中央關於深化文化體制改革、推動社會主義文化大發展大繁榮若干重大問題的決定》的發佈，將文化產業發展成為國民經濟支柱性產業，首次被中央以檔形式確立。隨後中央辦公廳、國務院辦公廳印發《國家十二五時期文化改革發展規劃綱要》，提出推動文化產業跨越式發展的計畫，實現《規劃綱要》提出「文化產業逐步成長為國民經濟支柱性產業的目標。」

2016年《國家十三五時期文化改革發展規劃綱要》，提出「深化文化體制改革，實施重大文化工程，完善公共文化服務體系、文化產業體系、文化市場體系。推動基本公共文化服務標準化、均等化發展，引導文化資源向城鄉基層傾斜，創新公共文化服務方式，保障人民基本文化權益。推動文化產業結構優化升級，發展骨幹文化企業和創意文化產業，培育新型文化業態，擴大和引導文化消費。普及科學知識。宣導全民閱讀。發展體育事業，推廣全民健身，增強人民體質。做好2022年北京冬季奧運會籌辦工作。」

故從2006起至今的十三五規劃，文化經濟已逐漸成為中國大陸經濟轉型的發展主軸，文化產業快速發展，在各項檔與綱要中，已成為不可或缺之項目。

(二) 深化文化市場政策

2005年12月，中共中央、國務院正式頒布《關於深化文化體制改革的若干意見》，明確劃分文化事業和文化產業的範圍和界限、明確目標和政策依據。還首次允許轉制為企業的文化單位元，可以吸收部分社會資本，進行投資主體多元化的股份制度改革。

　　2014年2月，由中央全面深化改革領導小組第二次會議審議通過《深化文化體制改革實施方案》，將啟動實施80多項改革任務，大體有三方面：「一是積極推進的改革任務，包括基本完成省級新聞出版、廣播電影電視部門的整合，依法減少和規範文化行政審批，推進國有經營性文化單位轉企改制，建立公共文化服務體系建設協調機制，加強現代文化市場體系建設等。二是穩妥推進的試點任務，包括傳媒企業實行特殊管理股制度試點，公共圖書館、博物館、文化館、科技館等組建理事會試點，基層綜合性文化服務中心建設試點等。三是研究制定的政策檔，包括制定構建現代公共文化服務體系的意見，明確國家基本公共文化服務標準和指標體系，出臺支援經營性文化事業單位轉企改制和文化企業發展政策的實施細則，制定促進電影發展的經濟政策，以及扶持地方戲曲發展、實體書店發展政策等。」

　　2014年4月，國務院辦公廳印發《關於印發文化體制改革中經營性文化事業單位轉制為企業，和進一步支援文化企業發展兩個規定的通知》，此《通知》包括《文化體制改革中經營性文化事業單位轉制為企業的規定》和《進一步支援文化企業發展的規定》兩個檔，主要涉及財政稅收、投資融資、資產管理、土地處置、收入分配、社會保障、人員安置、工商管理等多方面的支持配合政策。2014年9月，國家版權局國家發展改革委發佈《使用文字作品支付報酬辦法》，辦法共十七條，分別從版稅、基本稿酬加印稿酬、一次性付酬等支付方式，深化及規範使用文字作品支付報酬的標準和計算方法。綜言之，以金融政策手段及法規制定，加深文化是場的平臺，促進文化經濟獲得的正向發展。

(三) 鼓勵高科技文化產業發展政策

　　鼓勵高科技文化產業發展是中國文化產業的一項重要政策，《國家十一五時期文化發展規劃綱要》提出發展重點文化產業，要求確定重點發展文化產業門類，推動國家數字電影製作基地建設、國產動漫振興工程、「中華字庫」工程等一批具有戰略性、引導性和帶動性的重大文化產業項目。「動漫產業政

策」和「遊戲產業政策」是其中兩項重要政策。

　　2006年國務院辦公廳即轉發財政部等部門《關於推動我國動漫產業發展若干意見的通知》，提出推動中國動漫產業發展的一系列政策措施，建立有文化部召集，相關部門參加的扶持動漫產業發展的部際聯繫會議制度。第一次全面性的提出中國動漫產業的發展政策，以協助中國動漫產業迅速崛起。在《十一五規劃綱要》明確提出加快發展民族動漫產業，大幅度提高國產動漫產品的數量和質量。光電總局還下發《關於進一步規範電視動畫片播出管理通知》，保障國產動畫片的播出，鼓勵動畫原創。為促進中國動漫產業發展，2014年1月，財政部、國家稅務總局，更發佈《關於動漫產業增值稅和營業稅政策的通知》，以稅收優惠的財政政策手段，推動文化產業發展。

　　2005年，文化部和信息產業部聯合下發《關於網絡遊戲發展和管理的若干意見》，首次公佈中國政府的網絡遊戲政策，在《國家十一五時期文化發展規劃綱要》明確要求「開拓動漫遊戲、移動電視等新興市場」，「積極發展網絡文化產業，鼓勵扶持民族原創的、健康向上的網絡文化產品的創作和研發」。2007年中共十七大報告指出，「運用高新技術創新文化生產方式，培育新的文化業態，加快構建傳輸快捷、覆蓋廣泛的文化傳播體系。」以文化政策，明確要求發展新興文化產業和新興互聯網媒體。

　　2014年06月19日，財政部、國家發展改革委、國土資源部、住房和城鄉建設部、中國人民銀行、國家稅務總局、新聞出版廣電總局印發《關於支持電影發展若干經濟政策的通知》，指出八大重點任務，包括「1.加強電影事業發展專項資金的管理；2.加大電影精品專項資金支持力度；3.通過文化產業發展專項資金重點支援電影產業發展；4.對電影產業實行稅收優惠政策；5.實施中西部地區縣級城市影院建設資金補貼政策；6.加強和完善電影發行放映的公共服務和監管體系建設；7.對電影產業實行金融支持政策；8.實行支持影院建設的差別化用地政策。」以文化的具體政策措施，積極擴充電影產業的規模與發展。」

　　2016的十三五規劃，更提出「加強網上思想文化陣地建設，實施網路內容建設工程，發展積極向上的網路文化，淨化網路環境。推動傳統媒體和新興媒

體融合發展，加快媒體數字化建設，打造一批新型主流媒體。優化媒體結構，規範傳播秩序。加強國際傳播能力建設，創新對外傳播、文化交流、文化貿易方式，推動中華文化走出去。」明確指出數字傳媒產業，是文化產業重要項目。

綜言之，高科技所帶來的網路世界，裡面充滿的商機：（2016年4月，阿里巴巴的網路金融營業額正是超過美國沃爾瑪百貨，成為全球最大的零售公司），高科技帶來的遊戲產業、動漫產業，甚至是3D產業及虛擬實境產業，成為新的文化產業發展方向。

(四) 支持小微文化企業與民族特色產業發展

2014年8月，文化部、工業和資訊化部、財政部聯合發佈《關於大力支持小微文化企業發展的實施意見》，分為六個部分，共17條具體政策內容。文件闡述了支援小微文化企業發展的重要意義，明確了《實施意見》的支援範圍和工作目標，提出支持小微文化企業發展的政策措施。

2014年3月，文化部、財政部發佈《藏羌彝文化產業走廊總體規劃》，指出「1.發展重點領域，包括文化旅遊、演繹娛樂、工藝美術及文化創意等新興業態。2.優化空間佈局，包括構建核心區域、完善梯度佈局。3.加強文化產品生產，包括推動骨幹企業和園區基地發展、扶持小微文化企業、培育知名文化品牌。」

2014年8月，文化部、財政部發佈《關於推動特色文化產業發展的指導意見》，要求加大財政對特色文化產業發展的支持力度，把「特色文化產業發展工程」納入中央財政文化產業發展專項資金扶持範圍，分步實施、逐年推進。充分發揮財政資金槓桿作用，重點支持具有地域特色和民族風情的民族工藝品創意設計、文化旅遊開發、演藝劇碼製作、特色文化資源向現代文化產品轉化和特色文化品牌推廣，支持絲綢之路文化產業帶、藏羌彝文化產業走廊建設。

綜言之，文化產業的經濟特性是美學經濟，所以小微產業（臺灣城中小企業）的扶持是很重要的；且因為民族特色是無法取代的歷史文化，將其轉型為

文化特色產業，是正確的定位。

(五) 加快文化產品出口政策

隨著改革開放，中國大陸的對外文化貿易的規模日益擴大，結構逐步優化，但核心文化產品和服務貿易逆差仍然存在。如何加快發展對位文化貿易，對於拓展中國大陸的文化發展空間、提高對外貿易的質量，進而提升國家軟實力，具有重要意義。

2003年12月，胡錦濤總書記在全國宣傳思想工作會議上指出：「大力發展涉外文化產業，積極參與國際文化競爭」，「走出去」戰略首次出現在文化產業領域。2005年印發《關於進一步加強和改進文化產品和服務出口工作的意見》，標誌著中國走出去戰略在文化產業領域基本成型。2005年文化部制定《國家文化產品出口釋放基地認定管理辦法（暫行）》，並全面開展國家文化產品出口師範基地認定工作。同年，中宣部、文化部、國家廣電總局、新聞出版總署、商務部和海關總署聯合下發《關於加強文化產品進口管理的辦法》，中央辦公廳和國務院辦公廳印發《關於進一步加強和改進文化產品和服務出口工作的意見》。都以外貿政策具體推動文化走出去的新方向。

《國家十一五時期文化發展規劃綱要》具體規定，培育外向型骨幹文化企業。以走出去重大工程項目的具體政策，做大做強對外文化貿易品牌，重點是扶持具有中國民族特色的文化藝術、演出展覽、電影、電視劇、動畫片、出版物、民族音樂舞蹈和雜技等產品和服務的出口，支援動漫遊戲、電子出版物等新興文化產品進入國際市場，發揮國有文化企業在對外文化貿易方面的主導作用。

2007年，文化部和商務部等六部門出臺《文化產品和服務出口指導目錄》，並要求各地上報重點文化出口企業和重點文化出口項目。中國大陸在文化出口方面，過去是產品出口多，現在都是以工藝藝術品為主的出口多，但是在文化服務方面出口，相對比較少，正以文化政策轉型積極推動中。

2014年3月，國務院發佈《關於加快發展對外文化貿易的意見》，指出

「1.明確支持重點：鼓勵和支持國有、民營、外資等享有同等待遇、鼓勵和引導文化企業加大內容創新力度、支援文化企業拓展文化出口平臺和管道、支援文化和科技融合發展等；2.加大財稅支持。加大文化產業發展專項資金等支持力度、對國家重點鼓勵的文化產品出口實行增值稅零稅率等；3.強化金融服務。鼓勵金融機構探索適合對外文化貿易特點的信貸產品和貸款模式、支援重點企業擴展融資方式等；4.完善服務保障。享受海關便捷通關措施、減少對文化出口的行政審批事項、加強相關智慧財產權保護等。」

綜言之，扶持具有中國特色的文化藝術、演出展覽、電影、電視劇、動畫片、出版物、民族音樂舞蹈和雜技等產品和服務的出口，協助文化產品進入國際市場，促進對外文化貿易的產值，成為國家政策的一環。

(六) 支持文化產業發展的金融財稅政策

文化產業由於產業的特殊性，投資風險比較大，在傳統金融服務體系下，因為很難預測文化產業風險係數（藝術票房是很難預測的），融資困難問題，依然制約著文化創意產業壯大繁榮。其他的工業產品可根據人口、每年消費的情況進行預測，但電影的播放要達到多少的票房規模是難以預測的，因此投資風險就變大。且文化產業，很多時候貸款缺乏固定資產的擔保，需要「知識產權抵押貸款」，因此金融領域也需要創新與調整。

2005年初國務院公佈《關於鼓勵支持和引導個體私營等非公有製經濟發展的若干意見》，鼓勵非公有資本參與文化創意產業發展的產業准入政策，之後國務院又公佈《關於非公有資本進入文化產業的若干規定》，使得非公有制資本進入文化產業既有理論依據，又有現實依據和法律依據。2005年7月，文化部、國家廣播電影電視總局、國家新聞出版總署、國家發展和改革委員會、商務部又聯合發出《關於文化領域引進外資的若干意見的通知》，就外資進入文化領域做出明確規定。《文化體制改革中經營性文化事業單位轉制為企業的若干稅收政策問題的通知（財稅2005-1號）》、《關於文化體制改革試點中支持文化產業發展若干稅收政策問題的通知財稅2005-2號》，為推動文化體制改革

試點工作的財政工作開展。

國務院辦公廳發佈《文化體制改革中支持文化產業發展的規定（試行）》規定7個方面的財稅優惠政策，具體包括：

1. 試點地區可安排文化產業專項資金，並制定相應使用和管理辦法，採取貼息、補助等方式，支援文化產業發展。

2. 對政府鼓勵新辦的報業、出版、發行、廣電、電影、放映、演藝等文化企業，給予免征1-3年的企業所得稅照顧。

3. 對試點報業、出版、發行、廣播、電視、電影等文化集團，符合規定的可以給予合併繳納企業所得稅的優惠政策。

4. 文化產品出口可按照國家現行稅法規定享受出口退稅政策，文化勞務出口境外收入不征營業稅，免征企業所得稅；為生產重點文化產品而引進的先進技術或進口所需要的自用設備及配套件、備件等，按先行稅法規定，免征進口關稅和進口環節增值稅。

5. 文化企業繳稅確有困難的，可申請減免經營用土地和房產的城鎮土地使用稅和房產稅。

6. 鼓勵興辦高新技術文化產業，鼓勵、引導社會資本投資於高新技術文化產業。從事數字廣播影視、數據庫、電子出版等研發、生產、傳播的文化單位，凡符合國家關於高新技術企業稅收優惠政策規定的，可享受相應的稅收優惠政策。

7. 對經國務院批准成立的電影製片廠銷售的電影拷貝收入免征增值稅；對電影發行企業向電影放映單位收入的電影發行收入免征營業稅。

2014年3月，文化部、中國人民銀行、財政部聯合發佈《關於深入推進文化金融合作的意見》，《意見》吸納了近年來文化金融合作的經驗與成果，結合當前金融改革和文化產業發展的新趨勢，突出改革創新精神，發揮市場配置資源的決定性作用，從認識推進文化金融合作重要意義、創新文化金融體制機制、創新文化金融產品及服務、加強組織實施與配套保障這四個方面，提出了深入推進文化金融合作的要求。

綜言之，文化產業因為屬性特殊，屬「軟實力產業」，貸款缺乏固定資

產的擔保，需要「知識產權抵押貸款」的變通，因此金融領域也需要創新與調整。中國以彈性的金融政策，重點支持文化產業的資金問題，擴大資金活水，才能將文化產業做大做好。

(七) 文化創意產業與相關產業的融合發展政策

　　隨著中國大陸產業升級化，去產能化，資訊化、城鎮化及農業現代化、小康家庭化進程加快，文化創意和設計服務已貫穿各個行業。文化創意和設計服務具有高知識性、高增值性及低耗能等特徵，是發展創新經濟、促進經濟機構調整、加快實現由「中國製造」向「中國創造」轉變的內在要求，是催生新興業態、帶動就業、滿足多樣化的消費需求，提高人民生活質量的重要途徑。

　　為推進文化創意和設計服務與相關產業的融合發展，2014年3月，國務院發佈《關於推進文化創意和設計服務與相關產業融合發展的若干意見》，加強協調配合，著力推進文化軟體服務、建築設計服務（包括房屋設計）、專業設計服務、廣告服務等文化創意和設計服務與裝備製造業，消費品工業、建築業、資訊業、旅遊業、農業和體育產業等重點領域融合發展，相關產業文化含量顯著提升，培養一批高素質人才，培育一批具有核心競爭力的企業，形成一批擁有自主智慧財產權的產品，打造一批具有國際影響力的品牌，建設一批特色鮮明的融合發展城市、集聚區和新型城鎮。

　　文化與其他產業的融合發展，一方面影響產業的生產成本，另一方面創新文化市場，融合改變產品的消費特性，改變市場的競爭格局。2014年3月，文化部貫徹落實《國務院關於推進文化創意和設計服務與相關產業融合發展的若干意見》的實施意見，指出充分發揮文化創意和設計與裝備製造業、消費品工業、人居環境、科技創新、旅遊行業、特色農業、體育產業的融合發展，並提出具體的實施意見。

(八) 加強文化產業人才培養和學科建設的政策

　　文化部在《關於支持和促進文化產業發展的若干意見》中，明確要求抓好

文化產業人才的培養工作：完善人才激勵機制，拓寬人才選拔途徑，創造優秀人才聰穎而出的環境；大力培養和引進經營管理人才，文化經濟人才和科技創新人才等各類文化產業急需人才，吸引和聘用海外高級人才，實施引得進、留得住、用的活的人才戰略；鼓勵支持文化產業創新育發展研究基地以及有條件的綜合性大學，參與文化產業人才培養，培訓工作，爲文化產業可持續發展累積資本。

　　文化部貫徹落實《國務院關於推進文化創意和設計服務與相關產業融合發展的若干意見》的實施意見，指出「將發揮高校院所、文化企業、園區基地、創業創意孵化器等各自優勢，推進產學研用合作培養人才。實施重點文化設施經營管理人才培養計畫，有效提升劇院、圖書館、博物館、文化產業園區基地等各類文化設施經營管理水準。辦好國家數字文化產業高級研修班、國家原創動漫高級研修班、西部文化產業經營管理人才培訓班、文化產業投融資實務系列研修班，組織全國演藝企業經營管理人才進行分批次系統化輪訓。鼓勵依託工作室、文化名人、藝術大師，培養具有較強創意創新能力和國際視野的文化創意和設計服務人才。推動將非物質文化遺產傳承人培養納入職業教育體系，推動將學藝者納入免費中等職業教育範疇，並提供資金補助、免費培訓等扶持。規範和鼓勵舉辦國際化、專業化的創意和設計競賽活動，促進創意和設計人才創新成果展示交易。」

第三節　臺灣文化創意產業政策

一、臺灣文化創意產業定義與分類

(一)定義：臺灣於2010年制定並頒佈《文化創意產業發展法》，並將文化創意產業定義爲「源自創意或文化積累，透過智慧財產之形成及運用，具有創造財富與就業機會之潛力，並促進全民美學素養，使國民生活環境提升之產業」（文化部，2013）。

(二)在此定義下，《文化創意產業發展法》，將「文化創意產業」的範疇由13類擴大爲15類，分別爲：視覺藝術、音樂及表演藝術、文化資產應用及展演設施產業、工藝產業、電影產業、廣播電視產業、出版產業、流行音樂及文化內容產業、廣告產業、產品設計產業、視覺傳達設計產業、設計品牌時尚產業、創意生活產業、數位元內容產業、建築設計產業等十五類。15項次產業下之目的事業主管機關，分屬文化部、經濟部、內政部等三個機關，詳如表7-6所示。

表7-6　臺灣文化創意產業類別與主管機關

主管機關	產業（新15類）	產業（舊13類）
文化部	視覺藝術產業	視覺藝術產業
	音樂及表演藝術產業	音樂及表演藝術產業
	文化資產應用及展演設施產業	文化資產應用及展演設施產業
	工藝產業	工藝產業
	電影產業	電影產業
	廣播電視產業	廣播電視產業
	出版產業	出版產業
	流行音樂及文化內容產業（新增）	
經濟部	廣告產業	廣告產業
	產品設計產業（調整）	設計產業
	視覺傳達設計產業（調整）	
	設計品牌時尚產業	設計品牌時尚產業

主管機關	產業（新15類）	產業（舊13類）
	創意生活產業	創意生活產業
	數位元內容產業（調整）	數位休閒娛樂產業
內政部	建築設計產業	建築設計產業

資料來源：2014臺灣創意產業年報

二、臺灣文化創意產業發展政策

(一) 文化產業產業思維形成

　　1993年，文建會與各縣市政府開始辦理「全國文藝季」，以深耕藝術文化，振興社會倫理，結合社區意識為主要的文化產業培力工作。1995年，文建會就在「文化產業研討會」中提出「文化產業化、產業文化化」概念，並以此作為「社區總體營造」的核心概念之一。當時的「文化產業」概念，還屬於傳統產業思維，只是已注入「文化是可以賺錢的好生意概念」，以手工的家庭方式，社區型態經營，但因注入人文及在地內涵，雖還在探索商業模式，已有小規模的經濟雛型。

　　臺灣文創政策的進程，不似中國大陸以政治人物的講話及五年規畫綱要作為基礎，而是以社會的轉型作為萌芽的沃土。從遷臺後的中華文化復興運動，到現代主義興起的工商改革，到以地方為主軸的文化政策思考，經由十二項建設計畫，全國文藝季轉型，文化公民權地方自治的推動，社區總體營造的成型，文化保存觀念的興起，地方美學產業的建立，國際展演地方化的落實，甚至到藝文補助制度的公私協力化，這些社會多元化改革，都是孵育文化創意產業政策成型的社會能量，我們可以說，當這些政策或運動，在民主自由主義社會裡累積後，終於在文化經濟的世界潮流牽引下，文化創意產業正式成形。

(二) 2002年《挑戰2008：國家發展重點計畫》

　　臺灣半個世紀來的經濟發展型態快速變化，臺灣經濟面對高度工業化後，大規模製造業為主的世界代工生產型態，因人力成本高漲，已逐漸失去優勢，臺灣除了往高科技的方向發展之外，勢必建立起更能適應新經濟的生產組織型態，深化以知識為基礎的經濟競爭力。而知識經濟附加價值最高的，就是以創意設計為核心的生產領域，尤其源於藝術美學創作與產品或科技結合的設計。臺灣地區因經濟發展模式極待轉型的需求，和全球文化創意影響的趨勢，文化創意產業快速興起，與生物科技、醫療照護、精緻農業、觀光旅遊等，成為臺灣地區「新興產業」。

　　2002年5月，行政院提出《挑戰2008：國家發展重點計畫（2002-2007）》，正式將文化創意產業納入為重點發展產業。該計畫中，文化創意產業政策從五個面向構成：（文化部，2002）

　　1. 成立文化創意產業推動組織：由臺灣地區行政院召集經濟部、文建會、教育部與經建會共同成立「文化創意產業推動小組」，統籌相關工作。經濟部統籌並負責設計產業，教育部負責跨領域的人才培訓，新聞局負責媒體產業，文建會則負責藝術產業扶植。

　　2. 培育藝術、設計及創意人才：包括藝術與設計人才養成教育、延攬藝術與設計領域國際師資、藝術設計人才國際進修、藝術設計人才國家交流等。

　　3. 整備創意產業發展的環境：包括成立臺灣設計中心、規劃設置創意文化園區、協助文化藝術工作者創業、強化知識產權保護等。文建會於2002年規劃文化創意園區的設置，將臺北酒廠、臺中酒廠、嘉義酒廠、花蓮酒廠與臺南北門倉庫群，依其使用狀況、地域資源、及文化環境特性來進行各項規劃、包括設立數字藝術特區、表演藝術場地、視覺藝術展場及生活藝術交易平臺等，並策略性扶植文化創意產業，成為跨專業與資源整合的平臺。

　　4. 促進創意設計重點產業發展：包括商業設計、創意傢俱設計、創意生活設計、紡織與時尚設計、數字藝術創作、傳統工藝技術等在設計創新、人才培育、市場營銷上的輔導與促進。

　　5. 促進文化產業發展：包括創意藝術產業（表演藝術、視覺藝術等）、創意出版產業、創意影音產業、本土動畫工業等。

　　綜言之，《挑戰2008：國家發展重點計畫（2002-2007）》，作為文化創意產業發展的總體政策規劃，從產業發展的主導思想到政府領導的組織架構，從核心文化藝術產業、設計應用型產業，到周邊支援型產業，三個層次的產業結構設計及相關產業發展的具體措施，都有系統的設計與操作方案，這一政策體系的建構，標誌臺灣文化產業政策的正式形成。

(三) 2009年《創意臺灣－文化創意產業發展方案》

　　2009年5月，行政院院會通過「創意臺灣－文化創意產業發展方案行動計畫」，為臺灣文化創意產業第二期發展方案，執行期為2009至2013年。《創意臺灣》是臺灣文化創意產業的延續和深化，針對臺灣發展文化創意產業的優勢、潛力、困境與需求，提出具體的推動策略，期望將臺灣打造成「亞太文化創意產業匯流中心」。為落實「創意臺灣—文化創意產業發展方案」，計劃分為兩個部分，「環境整備」與「旗艦產業」。（文化部，2009）

　　在「環境整備」部分較《挑戰2008：國家發展重點計畫》更明確的針對市場的建立劃分為五大重點，「多元資金挹注」、「產業研發及輔導」、「市場流通及開拓」、「人才培育及媒合」與「產業群聚效果」，以建構文化創意產業友善發展環境，使相關產業獲得輔導和協助。在旗艦計畫方面，方案建議六大旗艦計畫，且由文建會、新聞局、經濟部等三個部會分別負責執行：新聞局：推動電視內容、電影及流行音樂產業計畫。經濟部推動數字內容與設計產業計畫。文建會推動工藝產業計畫。

　　《創意臺灣－文化創意產業發展方案》的內容：

　　1. 與《挑戰2008》相比，《創意臺灣》有許多重大突破，在組織架構上，《創意臺灣》實行跨部會制，整合各項文化管理事權，並制定文建會為文化創意產業總體政策整合及協調單位，具體產業則分由推動小組各成員專項負責。

2. 在行政推動力度上：除文化創意產業專項預算外，政府將文化預算從1.3%提高至總預算的4%，並另撥300億成立觀光發展基金，而行政院於2009年編列10億元成立「地方產業發展基金」，推動包括農特產品、工藝品、園藝休閒等地方產業發展計畫。

3. 兩岸文化交流和文化創意產業合作：《創意臺灣》將臺灣文化創意產業目標定位於拓展華文市場，進軍國際，打造臺灣成為「亞太文化創意產業匯流中心」。

綜言之，由於中國大陸經濟社會的快速發展，大陸文化產業的發展日盛，加之大陸龐大蓬勃的文化市場，人人想要進入競逐。臺灣地區因有限資源和政府管制，顯然成為文化創意產業發展的障礙。兩岸政治關係發展新局面中，文創產業既是競爭，也是優勢合作的兩岸視野，開始達成共識。《創意臺灣》指出「現今兩岸開放，經貿關係逐步正常化，華文市場也漸漸成形，臺灣近年成為精緻、創新及當代華人文化的孕育地，影視和流行音樂產業更是引領風騷，因此兩岸和亞洲華人所形成的新的大華語市場，對於臺灣來說是難得的契機。」

(四) 2010年施行《文化創意產業發展法》

2010年，臺灣正式頒佈了《文化創意產業發展法》，為第一部臺灣當前具有法律位階之文化創意產業法，其下尚有八個配套子法與之相輔。在此之前，臺灣的文化創意產業政策主要以國家產業發展的計畫之一的方式存在。《文創法》共分四章，分別為：總則、協助及獎補助機制、租稅優惠、附則，共三十條，對臺灣文化創意產業的發展具有重要意義：通過健全文創產業法制基礎，以及建立著作財產權設質登記、授權制度，為文化創意產業的發展、流通提供制度保障；透過補助藝文團體、鼓勵企業購票捐贈學生及弱勢群體，以及文創業者租稅優惠措施等，增加藝文消費人口，擴大藝文消費市場、活絡文創產業發展環境；健康文創產業商業機制，設立財團法人文化創意產業發展研究院，建立文化創意事業投融資機制，臺灣自由品牌及拓展國際市場等。《文化創意

產業發展法》乃基於過去推動文化創意產業的法規及機構尚未完備，資源未能整合及政府預算不足。立法後政府給予文化創意產業的補助、獎勵及租稅優惠等行政措施有法規的依據。立法的原則是「低度管理，高度輔導」保障文化創意產業發展所需的經費，訂定各項輔助、獎勵及輔導措施，整合資源，培養文化創意產業人才。

(五) 文化部成爲專責機構

　　爲更有效的整合資源，2012年行政院將文建會改制爲文化部。作爲主管機關，文化部業務範疇，除現有文建會之文化資產、文學、小區營造、文化設施、表演藝術、視覺藝術、文化創意產業、文化交流業務外，還納入行政院新聞局出版產業、流行音樂產業、電影產業、及廣播電視事業，將政府組織中原本分散的文化事務予以整合，打破傳統個別業務設置司處的作法，以「彈性、跨界、資源整合及合作」之角度，推動文創產業做爲下一波產業發展的重點，協助民間社會與產業發展更多元且具深度的文化創意產業，臺灣自此，邁入文創產業發展的新紀元。

(六) 2013年「價值產值化—文創產業價值鏈建構與創新 （2013年至2016年）」中程計畫

　　2013年文化部提出「價值產值化—文創產業價值鏈建構與創新（2013年至2016年）」中程計畫，針對臺灣文化創意產業面臨的共通性問題及產業需求，思考因應策略，期建構對所有文創產業皆友善之發展環境，使相關產業皆能獲得適當之輔導及協助而成長養成爲明日之旗艦產業。計畫以「多元資金挹注、產業研發及輔導、市場流通及拓展、人才培育及媒合、產業集聚效應，與跨界整合及加值應用」等六大推動策略，繼續辦理環境整備工作，達到公民文化權的全面落實、美學環境的創造、文化價值的維護與建立、文化創意產業競爭力的提升。計畫策略則在於：多元資金挹注、產業研發及輔導、人才培育、市場流通及拓展、產業集聚效應、跨界整合及加值應用。

第四節　臺灣文化創意產業發展法評析

　　2010年，歷經超過七年的催生，文化界及產業界高度期盼的「文化創意產業發展法」（以下簡稱文創法），終於在立法院三讀通過，臺灣結合全球文化創意產業趨勢，列為國家六大新興產業之一的文化創意產業，自此有了發展的法律基礎，進入新的里程碑。

　　文創法通過後，除明定文化創意產業的範圍、給予明確的創業資金來源、並首創文化創意有價的觀念，增列協助、獎勵、補助機制，創立文化創意產業發展研究院之新機構，更以藝文體驗券之施行，從需求面擴大教育學習，以深根創意產業的發展。

　　文創法計分4章（總則、協助及獎補助機制、租稅優惠、附則）共30條，且規範有子法制定之配套措施。文化部完成13項子法訂定及相關配套的作業，包括：「1.文化創意產業內容及範圍、2.財團法人文化創意產業發展研究院設置條例、3.國家發展基金投資文化創意產業之審核、提撥機制與績效指標等辦法、4.文化創意產業協助、獎勵及補助辦法、5.補助學生觀賞藝文展演或藝文體驗券發放實施辦法、6.鼓勵文化創意事業以優惠之價格提供原創產品或服務辦法、7.獎勵或補助民間提供適當空間予文化創意事業使用、8.公有公共運輸系統之場站優先提供予文化創意產品或服務辦法、9.公有文化創意資產之出租、授權、收益保留及其他相關事項之辦法、10.文化創意產業產生之著作財產權為標的之質權登記辦法、11.著作財產權人不明或其所在不明之利用辦法、12.營利事業捐贈文化創意事業抵稅及13.文創法施行細則等。」

一、立法背景與理由

　　「民主法治國家的立法功能，除了制定法律，賦予政府治理之依據、給予人民依循之規範外，更有著調解社會衝突與爭議的角色」（沈中元，2005：

20）。我國的產業結構，從農業經濟、工業經濟，隨著時代的推進已邁入科技經濟及知識經濟的時代，其中以文化為基礎的文化產業，加上創意思考，是否能成為拉高全民經濟產值的主力，成為下一波國家競爭力的決勝關鍵。文創法中引發的租稅減免、鑑價制度、優惠補助及土地使用等爭議，藉由立法機構的立法程式討論，獲得民意最大公約數的協商解決，即成了訂立專章法規的立法背景。

行政院推動「文化創意產業發展法」的立法背景略述如下：

「以文化、藝術、美學、創作為核心之文化創意產業，結合知識經濟力量，以及全球多樣性消費需求，將帶動另一波經濟成長，為北歐諸國、英國、澳洲、韓國及日本等國極力發展之產業。

我國經濟面臨高度工業化後之新局面，既有以大規模製造業為主之生產型態，已逐漸失去優勢，未來除持續往高科技產業方向發展外，勢須建立更能適應知識經濟時代之新產業型態，並深化以知識為基礎之產業競爭力。根據先進國家之發展經驗，在知識經濟時代中，文化創意產業係能創造高度附加價值之重要產業之一。因此，文化創意產業將成為我國未來經濟成長之動力。

文化創意產業之範疇，可區分為視覺藝術產業、音樂與表演藝術產業、文化展演設施產業、工藝產業、電影產業、廣播電視產業、出版產業、廣告產業、設計產業、設計品牌時尚產業、建築設計產業、數位休閒娛樂產業及創意生活產業等產業。其特質在於多樣性、小型化、分散式，但其就業人口及產值一直保持穩定成長，對於環境與生活品質之提升及經濟發展均有助益，為先進國家極力推動之重要產業。然揆諸現行法律，促進產業升級條例係以製造業及技術服務業為主要考量，並無法全然適用於文化創意產業；文化藝術獎助條例著重獎助文化藝術活動之提升，適用對象為文化藝術工作者及事業。因此，針對文化創意產業之特性與發展需求，以低度管理、高度輔導為立法原則，就政策導引、智財應用、人才培育、公用設施、產業輔導、資金取得、土地利用及協助行銷等不同面向，提出文化創意產業化全方位整合推動機制，擬具「文化創意產業發展法」。

由此說明，可知行政院已凝聚共識，針對文化創意產業與一般產業及勞力

密集產業之不同，願意推動專屬之法規，以收全方位整合促進之效。

二、文化創意產業發展法逐條評析

(一) 立法目的及主管機關、推動文化創意產業發展之基本原則及方向

第一條：為促進文化創意產業之發展，建構具有豐富文化及創意內涵之社會環境，運用科技與創新研發，健全文化創意產業人才培育，並積極開發國內外市場，特制定本法。文化創意產業之發展，依本法之規定。其他法律規定較本法更有利者，從其規定。

本文認為，法律制定之第一條，通常為教示規定，說明立法之緣由或宗旨。本法第一條：「為促進——，建構具——，運用科技——，健全——，積極開發——，特制定本法」，在立法目的上是正確的。惟法制體例，從新從輕原則本是法理原則與基礎，第一條末「其他法律規定較本法更有利者，從其規定。」，無須揭明，立法目的主要在揭示國家政策，這部份應是立法諸公善意，但似為贅詞。

第二條：政府為推動文化創意產業，應加強藝術創作及文化保存、文化與科技結合，注重城鄉及區域均衡發展，並重視地方特色，提升國民文化素養及促進文化藝術普及，以符合國際潮流。

本文認為，第二條亦屬教示規定，揭示立法所欲創造之均衡發展環境與目的。但文化創意產業之發展，除了上述之目的方向外，著作權之保護其實是文化產業發展環境中之重要項目，產業的基礎建設其實是文化競爭力的基點；本文認為本條應增加「加強著作權之保護及產業基礎建設」文字，以收教示之功。

第五條：本法所稱主管機關：在中央為行政院文化部；在直轄市為直轄市政府；在縣（市）為縣（市）政府。

　　本文認爲，第五條係明示中央及地方主管機關。因文化創意產業範圍寬廣，經濟部、文化部、教育部、農委會等都有相關業務，本文認爲，以行政組織權限歸屬角度，在管轄歸屬上明定中央跨部會業務之主政機關，是屬正確體例。相關的文化資產保護法，亦明定主關機關爲文化部及農委會，是屬相同做法。

(二) 文化創意產業、文化創意事業之定義

　　第三條：本法所稱文化創意產業，指源自創意或文化積累，透過智慧財產之形成及運用，具有創造財富與就業機會之潛力，並促進全民美學素養，使國民生活環境提升之下列產業：一、視覺藝術產業。二、音樂及表演藝術產業。三、文化資產應用及展演設施產業。四、工藝產業。五、電影產業。六、廣播電視產業。七、出版產業。八、廣告產業。九、產品設計產業。十、視覺傳達設計產業。十一、設計品牌時尚產業。十二、建築設計產業。十三、數位內容產業。十四、創意生活產業。十五、流行音樂及文化內容產業。十六、其他經中央主管機關指定之產業。前項各款產業內容及範圍，由中央主管機關會商中央目的事業主管機關定之。

　　本文認爲，第三條是將文化創意產業範圍加以明定。草案中本無「視覺傳達設計產業，流行音樂及文化內容產業」，增加此兩款應是因應時代趨勢之新興轉變。各國文化創意產業適用之產業範圍，本因國情有所不同各有分類與重點，無須他山之石強植，本條規範方式與勞基法適用、消保法適用之行業制定體例相同，以列舉方式列舉十五款行業，再加第十六款概括規定以補不足；並以第二項立法訂定行業別之內容及範圍，立法授權行政機關以行政命令定之，是屬正確。

　　第四條：本法所稱文化創意事業，指從事文化創意產業之法人、合夥、獨資或個人。

　　本文認爲，第四條係鑒於目前從事文化創意活動者，包括諸多營利及非營利之法人、合夥、獨資及個人，故明定組織事業之型態可以爲法人、合夥、獨

資或個人，組織之目的可以爲營利或非營利。文化之所以無法發展成爲產業，與傳統觀念上文化的非營利特性有關，今將文化創意事業組織，以公司法之組織型態加上個人加以規範，符合全球將文化視爲好生意的趨勢，是屬正確。

(三) 文化創意產業發展政策之訂定及檢討修正，出版文化創意產業發展年報

第六條：中央主管機關應擬訂文化創意產業發展政策，並每四年檢討修正，報請行政院核定，作爲推動文化創意產業發展之政策依據。中央主管機關應會同中央目的事業主管機關建立文化創意產業統計，並每年出版文化創意產業年報。

本文認爲，公共政策之擬定、評估、民意反饋回應，自有一政策制定與評估流程，似無須在法律條文中，明定行政機關應有擬定文化發展政策之法定義務，政策之檢討隨民意而有回應，亦無需強定四年之期限。第二項規定「應出版文化創意產業發展年報」，此係因年報之統計資料，是文化創意產業產值及產業分析的基礎，各國皆有由政府規劃出版的文化統計年報機制。但政府機關出版年度出版品，係公權力行政行爲中的行政裁量，立法機關在法律中明定行政機關之行政作爲義務，雖亦有前例，但究非正常體例，本文認爲應尊重行政機關行政裁量權，本條似屬贅文。

(四) 發展並保障文化創意產業發展所需之經費。

第八條：政府應致力於發展文化創意產業，並保障其發展所需之經費。

本文認爲，政府之任務，在服務人民，解決人民之困難。幾付行政理念所揭櫫的福利國家，既便財政困難亦不得不爲「必要之惡」以實踐國家政策。2008年全球金融風暴下，美國政府搶救金融業及汽車業，中國大陸的家電下鄉補助，臺灣的擴大內需補助方案，並不符合租稅公平，但政府寧願舉債編列赤字預算，亦不得不做此施政。故國家政策發展文化創意產業，保障發展所需之經費預算編列，乃屬國家政策所必然之任務，此條規範應與第二條之教示規定

合併，似屬贅文。

(五) 推廣文化創意資產有價之觀念，鼓勵創意及文化之開發及利用，教育培養國民美學

第十條：政府應推廣文化創意有價之觀念，充分開發、運用文化創意資產，並落實於相關政策。政府用於有形或無形之文化創意資產支出，經濟效用年限達二年以上者，應劃編爲資本門經費預算。各中央目的事業主管機關應訂定各項獎勵或輔導措施，以協助公民營企業及文化創意事業，將創意成果及文化創意資產，轉化爲實際之生產或運用。

本文認爲，此條屬教示規定，規定政府應充分推廣「文化創意資產有價」之觀念，政府應利用文化創意人才資源及文化創意資產，使之落實於施政措施，鼓勵並協助企業，將創意成果及文化創意資產轉化爲實際之生產或利用，是屬正確。特別在文化資產上本有「有形如古蹟、無形如風俗語言」之別，第二項「將政府用於有形或無形之文化創意資產支出，經濟效用年限達二年以上者，應劃編爲資本門經費預算」。解決行政部門預算支出在經常門及資本門之僵化分別，是屬立法預見行政體制困難之先進立法體例，甚爲肯定。

第十一條：爲培育文化創意事業人才，政府應充分開發、運用文化創意人力資源，整合各種教學與研究資源，鼓勵文化創意產業進行產官學合作研究及人才培訓。政府得協助地方政府、大專校院及文化創意事業充實文化創意人才，並鼓勵其建置文化創意產業相關發展設施，開設相關課程，或進行創意開發、實驗、創作、與展演。

第十三條：爲提升國民美學素養及培養文化創意活動人口，政府應於高級中等以下學校提供美學及文化創意欣賞課程，並辦理相關教學活動。

本文認爲，這兩條主要在整合培育文化創意人才之資源與管道。人才爲文化創意產業發展之重要關鍵因素，政府整合各種教學資源，以「應」字規範高級中學以下學校，提供文化美學課程，賦予教育單位法定課程義務，以深根文化欣賞人口，以培育文化創意事業人才，是屬正確。

(六) 設立財團法人文化創意產業發展研究院

　　第七條：爲促進文化創意產業之發展，政府應捐助設立財團法人文化創意產業發展研究院，其設置條例另定之。

　　此條準用「工研院」之型態，設置一全新的組織「文研院」，在立法時本有不同見解。反對者認爲在行政組織精簡化的今天，因一個目的成立一個新的組織，顯有疊床架屋之嫌，文建會本已在作多項計畫與研究，無須再增設一新機構浪費人民公帑；贊成者認爲文化創意產業係全新創造產業，有需要大量學術研究支撐其實驗成功之必要。

　　本文認爲，雖然工業產銷育成與文化產業育成，形態及發展上多有不同，但文化的深度與廣度，文化創意產業發展之多樣與難度，實變化快速，成立一獨立組織以作爲臺灣文創產業發展之先驅研究，找出全球化下的臺灣定位，以創造提升臺灣新世紀的文化經濟產值，實是刻不容緩的事情，故在政策規畫角度、政策執行面向上，本文支持此設立之議。

　　至於政府捐助之財團法人組織，是公法組織還是與私法組織？依組織設立之準據法及所從事之事務性質，作爲主要之判斷。論斷組織之法律性質後，牽涉組織成員之是否須具公務員資格？組織審查是否屬公權力之行政處分得提出行政救濟？是否須依行政程式法之規範進行？這議題在法律性質上學者本有不同看法（吳庚，2001：174；沈中元，2009：97）本文認爲，將來「文研院」係主管機關許可，並向法院登記始取得法人資格，以公益爲目的設立之財團法人，「文研院」雖符合學理上公法上財團之要件，但由於我國理論體系及相關法制尚未建構完成，目前通說及實務上，將此財團法人之法律性質歸屬於私法組織，爲具私法性質之組織，將來行使依私法行爲決定法律效果。

(七) 國家發展基金應提撥一定比例投資文化創意產業

　　第九條：國家發展基金應提撥一定比例投資文化創意產業。前項投資之審核、撥款機制與績效指標等相關事項之辦法，由中央主管機關會同相關目的事業主管機關定之。

本文認為，以立法規範國家發展基金之經費，應有一定比例投資文創產業，係憲法上保障文教預算經費最低比例精神之延伸。國家發展基金係負有國家政策任務之創業投資，就有發展有潛力之文創業進行投資，將帶動先驅效果。另在委任立法授權行政機關訂定行政命令，審核相關之項目與績效，是屬監督文創產業經費具體落實之進步立法。

(八) 文化創意事業給予適當之協助、獎勵或補助之事項

第十二條：主管機關及中央目的事業主管機關得就下列事項，對文化創意事業給予適當之協助、獎勵或補助：一、法人化及相關稅籍登記。二、產品或服務之創作或研究發展。三、創業育成。四、健全經紀人制度。五、無形資產流通運用。六、提升經營管理能力。七、運用資訊科技。八、培訓專業人才及招攬國際人才。九、促進投資招商。十、事業互助合作。十一、市場拓展。十二、國際合作及交流。十三、參與國內外競賽。十四、產業群聚。十五、運用公有不動產。十六、蒐集產業及市場資訊。十七、推廣宣導優良文化創意產品或服務。十八、智慧財產權保護及運用。十九、協助活化文化創意事業產品及服務。二十、其他促進文化創意產業發展之事項。前項協助、獎勵或補助之對象、條件、適用範圍、申請程式、審查基準、撤銷、廢止補助及其他相關事項之辦法，由中央目的事業主管機關定之。

文化創意事業是否應予補助？學界或有不同觀點，但本文採支持看法（沈中元，2009：86），認為依文化公民權利保障之法律觀點，文化權是公民基本權利的新內涵，在不同的國家發展階段，尤其在文化藝術及文化資產需要保存的時代，政府藉由政策的補助，保障文化權的保障及實踐，是國家應盡的職能。

但國家涉入了文化的場域，開始扮演一個贊助者的角色時，面對的是：「我繳的稅，我從不看文化表演，為什麼你要拿我繳的稅來補助藝術團體？」的聲音。但政府受人民委託統治及服務人民，本有擬定政策照顧各個不同族群及文化的法律義務，為了實踐政府職能，解決「政府失靈」的缺憾，策立藝術

補助制度，在施政基礎上才屬穩固，這也是政策制定的執政者權限。也許下一個十年保障補助全球暖化政策，再下一個十年保障補助老年安養的生活，藝術補助只是政府補助政策的一個階段項目而已。本條以列舉十九項再加上概括規定，應已完整，審查之機制並另訂新法規審查之，是屬進步立法。

(九) 獎勵民間活用空間設置文化展演設施；設置具區域特色之文化展演設施

第十六條：中央目的事業主管機關得獎勵或補助民間提供適當空間，設置各類型創作、育成、展演等設施，以提供文化創意事業使用。前項獎勵或補助辦法，由中央目的事業主管機關定之。並輔導地方特色之主題活動及鼓勵媒體製播文化創意產業相關節目。

本條為活用民間空間，作為文化創意事業之場地，輔導地方特色之文化發展，規定得予以獎勵之情形，是善用民間力量，鼓勵民間參與文創產業之正確作法與條文。

(十) 補助學生觀賞藝文展演，並得發放藝文體驗券

第十四條：為培養藝文消費習慣，並振興文化創意產業，中央主管機關得編列預算補助學生觀賞藝文展演，並得發放藝文體驗券。前項補助、發放對象與實施辦法，由中央主管機關定之。

本條是政治協商產物。草案本是依租稅補助精神做租稅減免，但因朝野協商，改以藝文體驗券代替，本文雖認為與租稅減免立意差之甚遠，認為效果不彰，但政治是一種妥協漸進過程，以先跨出一步腳步勉為接受。且將來執行後，行政院應先整合財政部，說明租稅公平是相對概念，全視國家發展重點而定，再提租稅減免修正才是正途。

2014年起巴西針對低收入戶發文化消費卷，將文化權落實至社會福利層面，兩岸已進入開發國家之林，人民的文化公民權，應落實至此條文，屬全民共用，而非只是學生而已。

(十一) 政府採購採公開評選方式者，得將文化創意產品或服務列爲評選項目

第十七條：政府機關辦理文化創意產品或服務之採購，其採公開評選方式者，得將文化創意產品或服務之創意、美學列爲評選項目。

本條係規範政府採購，規定政府機關採公開評選方式辦理採購者，得將文化創意產品或服務列爲評選項目。此與政府採購「綠色標章」產品推動環保政策，係屬相同之政府鼓勵規範，對採購優良文化創意產品有實質的幫助。但草案條文中本爲「應」字而非「得」字，係採購法與行政獎勵措施之權衡，給予行政機關依不同採購項目而有行政裁量空間。

(十二) 公有公共運輸場站廣告空間應提供文化創意產品及服務優惠使用

第十八條：公有公共運輸系統之場站或相關設施之主管機關，應保留該場站或相關設施一定比率之廣告空間，優先提供予文化創意產品或服務，以優惠價格使用；其比率及使用費率，由主管機關定之。

本條爲促進文化創意產品或服務之推廣行銷，明定公有公共運輸系統之場站或相關設施應保留一定比率廣告空間，優先提供文化創意產品或服務，以優惠價格使用；其比率及使用費率，由主管機關定之。文化創意產品欠缺的是市場認同與行銷管道，此種規範方式與「文化藝術獎助條例」規範一定金額之公共工程，百分之一的預算應提撥作爲公共藝術設置使用，係屬相同獎勵作法，以推動文化創意產品之行銷通路，本文甚表贊同。

(十三) 鼓勵文化創意事業以優惠之價格提供原創產品或服務，其價差由中央主管機關補助

第十五條：爲發展本國文化創意產業，政府應鼓勵文化創意事業以優惠之價格提供原創產品或服務，其價差由中央主管機關補助之。前項原創產品或服務範圍之認定與補助相關辦法，由中央主管機關定之。

　　此條是政府介入文化市場機制之方法。為鼓勵民眾能以較優惠之價格欣賞到好的文化創意產業產品，政府吸收了市場價格與售價之間的差額。至於較低價格是否真能吸引較多民眾參與文化活動，雖是待檢驗的問號？但是在鼓勵文化創意事業的創意發想與產品創造上，確實具有積極正面之效果（創造一部新劇花費大筆預算，的確會先想到將來票價之訂定）。政府在鼓勵農民生產某產品時，也有平價均衡機制，證諸文化事業，也應有此補助措施，本文認為是好的立法。

(十四) 協助文化創意產業建立自有品牌及拓展國際市場

　　第二十條：中央目的事業主管機關為鼓勵文化創意事業建立自有品牌，並積極開拓國際市場，得協調各駐外機構，協助文化創意事業塑造國際品牌形象，參加知名國際展演、競賽、博覽會、文化藝術節慶等活動，並提供相關國際市場拓展及推廣銷售之協助。

　　本文認為，品牌是文化創意產業最珍貴的商品價值（幾米、雲門、法藍瓷都是著例）。為鼓勵文化創意事業建立自有品牌，並積極開拓國際市場，規定中央目的事業主管機關得協調各駐外機構提供相關協助。惟品牌是需要經營的，創立及持續的經營才是品牌歷久不衰的緣由。北京有「北京百年老字號協會」，就是以民間集體的力量持續推廣品牌之價值，政府應該在這部份做出更多的努力。設置此條文是一個好的立法政策落實，本文甚表贊成。

(十五) 建立文化創意事業投資、融資與信用保證機制

　　第十九條：中央主管機關應協調相關政府機關（構）、金融機構、信用保證機構，建立文化創意事業投資、融資與信用保證機制，並提供優惠措施引導民間資金投入，以協助各經營階段之文化創意事業取得所需資金。政府應鼓勵企業投資文化創意產業，促成跨領域經營策略與管理經驗之交流。

　　本文認為，本條旨在規範為文化創意產業之無形資產，取得融資方式的全新作法，此保證機制係指文化創意產業取得資金之「文化資產鑑價制度」，是

屬先進的立法體例。因爲文化創意作品如風俗、聲音、舞蹈、表演等常屬「無形資產」，沒有廠房與機器設備擔保，並不容易向金融機構取得融資，因此以文化創意及無形文化資產及知識產權作爲主要資產之文創公司，產品並無固定之市場價格，普遍面臨籌資不易之問題。故設立全新融資保證機制，以協助投資資金的取得，是屬進步立法，本文甚爲肯定。

論者謂：「雖然目前我國法令並未禁止銀行從事無形資產之擔保融資，但因尚未建立相關機制，銀行難以評估授信風險，承辦意願自然不高，目前臺灣以無形資產擔保貸款之案例幾乎是零，銀行給予無形資產貸款意願不高，主要原因即在於缺乏具公信力的機構可以作出讓銀行信任之鑑價報告。」「對於此一問題，提案單位雖已意識到具公信力之無形資產評價制度及評價機構，是改善文化創意產業籌資環境之必要條件之一，並於草案第20條提出「爲協助文化創意事業取得資金及促進其無形資產流通運用，政府應推廣文化創意產業無形資產之評價運用」之規定，但對於所稱「文化創意產業無形資產之評價運用」，究應如何推廣？其具體內容如何？乃至如何確立評價結果之客觀公信力？均未見規定，稍嫌消極被動。」「無形資產評價制度，在美國已發展20多年，日、韓等國亦已發展近10年，而我國尚屬起步階段，鑑價機構之技術尚在發展，鑑價結果之公信力尚待檢驗，尤其文化創意產業的價值往往超脫一般商品市場價格策略之傳統思維，因此政府如何結合文化、創意、經濟、財務等各方面的學者專家，建構具客觀公信力之無形資產評價制度，自屬當務之急。」「認爲政府對於無形資產評價制度之建立，不應僅止於消極「推廣」而已，而是應儘早邀集專家學者及相關民間團體代表，參酌美、日、韓等國之無形資產評價制度，研擬出合乎我國產業特性之無形資產評價制度，並積極推動建立無形資產評價證照制度，以提升無形資產評價機構之公信力，方屬正辦。」（立法院法制局，2008：8）本文甚表贊同。

(十六) 公有文化創意資產之利用

第二十一條：爲促進文化創意產業之發展，政府得以出租、授權或其他

方式，提供其管理之圖書、史料、典藏文物或影音資料等公有文化創意資產。但不得違反智慧財產權相關法令規定。依前項規定提供公有文化創意資產之管理機關，應將對外提供之公有文化創意資產造冊，並以適當之方式對外公開。管理機關依第一項規定取得之收益，得保留部分作為管理維護、技術研發與人才培育之費用，不受國有財產法第七條及地方政府公有財產管理法令規定之限制。利用人係為非營利目的而使用公有文化創意資產時，管理機關得採優惠計價方式辦理。公有文化創意資產之出租、授權、收益保留及其他相關事項之辦法或自治法規，由中央目的事業主管機關、直轄市或縣（市）主管機關定之。

　　本條規定公有財產中具高度文化性與創意性之文化創意資產（如故宮、歷史博物館等之典藏文物，具有豐富文化價值），可以出租或授權方式，供文化創意事業利用，進而創造產業經濟價值，是活化公有文物使用之明確規定。公有文化創意資產，保留著作財產權，而將相關之權利經由契約授權之方式，由被授權人加以利用創造更多名譽與價值。且公有文化創意資產之出租、授權、收益保留及其他相關事項之辦法或自治法規，由中央目的事業主管機關、直轄市或縣（市）主管機關定之，是屬藝術授權範圍，應是著作權使用之適切方法（沈中元，2009：38）。

(十七) 公有非公用不動產之利用

　　第二十二條：政府機關為協助文化創意事業設置藝文創作者培育、輔助及展演場所所需公有非公用不動產，經目的事業主管機關核定者，不動產管理機關得逕予出租，不受國有財產法第四十二條及地方政府公有財產管理法令相關出租方式之限制。

　　本文認為，本條就文化創意事業所需公有非公用不動產使用之方式加以規定。按國有財產法對於非公用不動產之利用，包括撥用、借用及出租等三種方式。就撥用而言，得申請撥用之單位，限於「各級政府機關」，且其目的須為「公務」或「公共需要」（國財法第三十八條）；就借用而言，得申請之單位，限於「機關、部隊、學校」，其目的須為「臨時性或緊急公務或公共用」

（國財法第四十條）：至於非公用財產之出租，原則上限於「標租」之方式
（國財法第四十二條）；而地方政府公有財產管理法令，對於地方政府所有財
產之利用，亦有類似上述限制之情形。準此，為扶助文化創意事業之發展，宜
加以鬆綁，規定文化創意事業所需公有非公用不動產，經中央目的事業主管機
關核定者，不動產管理機關得逕予出租，以活化國有財產之使用，甚屬正確。

(十八) 著作財產權為標的之設質登記

　　第二十三條：以文化創意產業產生之著作財產權為標的之質權，其設定、
讓與、變更、消滅或處分之限制，得向著作權專責機關登記；未經登記者，不
得對抗善意第三人。但因混同、著作財產權或擔保債權之消滅而質權消滅者，
不在此限。前項登記內容，任何人均得申請查閱。第一項登記及前項查閱之辦
法，由著作權法主管機關定之。著作權專責機關得將第一項及第二項業務委託
民間機構或團體辦理。

　　本條是文化創意產業，得以該產業產品產生之著作財產權為標的，向著
作權專責機關為質權之設定、讓與、變更、消滅或處分之限制等登記之規定。
透過設質的方式，讓發展文化創意產業的人，經由法定之方式獲得更多籌資管
道，是為正確。

(十九) 著作財產權人不明或其所在不明致無法取得授權時之
　　　強制授權

　　第二十四條：利用人為製作文化創意產品，已盡一切努力，就已公開發表
之著作，因著作財產權人不明或其所在不明致無法取得授權時，經向著作權專
責機關釋明無法取得授權之情形，且經著作權專責機關再查證後，經許可授權
並提存使用報酬者，得於許可範圍內利用該著作。著作權專責機關對於前項授
權許可，應以適當之方式公告，並刊登政府公報。第一項使用報酬之金額應與
一般著作經自由磋商所應支付合理之使用報酬相當。依第一項規定獲得授權許
可完成之文化創意產品重製物，應註明著作權專責機關之許可日期、文號及許

可利用之條件與範圍。第一項申請許可、使用報酬之詳細計算方式及其他應遵行事項之辦法，由著作權法主管機關定之。依第一項規定，取得許可授權後，發現其申請有不實情事者，著作權專責機關應撤銷其許可。依第一項規定，取得許可授權後，未依著作權專責機關許可之方式利用著作者，著作權專責機關應廢止其許可。

　　本條爲著作權強制授權之規定。可參酌著作權法第六十九條規定：「錄有音樂著作之銷售用錄音著作發行滿六個月，欲利用該音樂著作錄製其他銷售用錄音著作者，經申請著作權專責機關許可強制授權，並給付使用報酬後，得利用該音樂著作，另行錄製。」「前項音樂著作強制授權許可、使用報酬之計算方式及其他應遵行事項之辦法，由主管機關定之。」

　　本條明示利用人爲製作文化創意產品，已盡一切努力，就已公開發表之著作，因著作財產權人不明或其所在不明致無法取得授權時，經向著作權專責機關釋明無法取得授權之情形，且經著作權專責機關再查證後，經許可授權並提存使用報酬後者，得於許可之範圍內利用該著作，即屬強制授權之概念。係著作權法立法意指之延伸，是屬先進立法。

(二十) 應協助設置文化創意聚落

　　第二十五條：政府應協助設置文化創意聚落，並優先輔導核心創作及獨立工作者進駐，透過群聚效益促進文化創意事業發展。

　　本條似爭議甚多，爲通過全法而協商的階段性之文字敘述。因全條流於「協助設置文化創意聚落，並優先輔導核心創作及獨立工作者進駐」之教示文字，不若草案中對「文化創意園區之創設有明文積極規範」，甚爲可惜。

　　聚落是抽象名詞，園區是整體發展之特設規定，法律效果完全不同。原草案積極活化國有土地，雖有文化界人士認爲有圖利財團之嫌，但本文認爲可以「土地國有、設定地上權」之方式協商處理，本條不提活化國有土地，作爲文創產業使用之機制，是消極的立法條文。

　　原草案以：「文化創意產業區之劃設；文化創意產業區需用公有土地之

提供開發或讓售，及依法徵收私有土地；協調辦理都市計畫或非都市土地使用之變更；有效利用文化創意產業區所需用地，並全面發展文化創意產業區附屬事業之土地使用。」「土地開發之公民營事業、土地所有權人或文化創意事業開發文化創意產業區，其經核定劃設範圍內公有土地，由各該公有土地出售機關辦理讓售，其公有土地面積不超過劃設總面積十分之一或總面積不超過五公頃者，得不受土地法第二十五條規定之限制。前項公有土地讓售價格，由各該公有土地出售機關，按一般公有財產處分計價標準計算。」（原草案第二十九條）為創設「文化創意園區」提供法源。

　　論者謂：「此一設計，恐仍難脫圖利特定財團，造成利益輸送之疑慮。而據報載，經濟部日前向行政院經濟建設委員會提出於南港興建「創意設計園區」，作為協助設計產業發展之用，該園區營運模式即比照南港軟體園區3期，以「土地國有、設定地上權」方式辦理，而非以讓售公有土地方式辦理，自可避免公有土地最後淪為財團炒作標的之疑慮。因此，關於劃設於文化創意產業區內之公有土地使用方式，以參照前開方式辦理為宜。」（立法院法制局，2008：11）

　　臺灣在推動「科學園區」的群聚效應上，成效卓著；故擬以「文化園區」之方式創造周邊產業之群聚，以收產值拉升之效果。文化園區之土地，只要有公開之標售程式，或如本文主張之設定地上權方式，就可免其圖利財團之疑慮。本條捨去創設全新制度之立法契機，淪為教示規定，令人甚為失望。

　　本文認為，中國大陸在「文化創意園區」政策發展上成效卓著，老地方的新使用，產生歷史文化的再創連結與時代接軌的商業產值，足堪借鏡。將來修法時宜再列入，以積極之行政作為，開創臺灣全新的文化創意園區發展。

(二十一) 租稅優惠與減免

　　第二十六條：營利事業之下列捐贈，其捐贈總額在新臺幣一千萬元或所得額百分之十之額度內，得列為當年度費用或損失，不受所得稅法第三十六條第二款限制：一、購買由國內文化創意事業原創之產品或服務，並經由學校、機

關、團體捐贈學生或弱勢團體。二、偏遠地區舉辦之文化創意活動。三、捐贈文化創意事業成立育成中心。四、其他經中央主管機關認定之事項。前項實施辦法，由中央主管機關會同中央目的事業主管機關定之。

第二十七條：為促進文化創意產業創新，公司投資於文化創意研究與發展及人才培訓支出金額，得依有關稅法或其他法律規定減免稅捐。

第二十八條：文化創意事業自國外輸入自用之機器、設備，經中央目的事業主管機關證明屬實，並經經濟部專案認定國內尚未製造者，免徵進口稅捐。

文化創意產業的投資，或民眾參與藝文活動的支出，可不可以獲得租稅之減免獎勵？一直是本法爭議的重點。

經濟部工業局原擬「文化創意產業發展法草案」，在租稅減免部分數之甚詳是先進立法，略有：

「納稅義務人本人、配偶及受扶養親屬欣賞文化創意事業舉辦之戲劇、音樂劇──之票價消費支出，得申報為列舉扣除額，自當年度綜合所得總額中減除。但每人每年扣除數額以不超過新臺幣一萬二千元為限。」（原草案第二十六條）「營利事業捐贈合於民法總則公益社團及財團法人之文化創意事業，得於當年度全部捐贈總額新臺幣三百萬元之限度內，不受所得稅法第三十六條第二款有關不超過所得額百分之十之限制」。（原草案第二十七條）文化創意事業自國外輸入自用之設備機器，在國內尚未製造，經中央主管機關專案認定者，免徵進口稅捐及營業稅。（原草案第二十八條）

論者謂：「文化創意產業不但需要正確的政策，也需要投入大量的研發與人力培訓的費用，更需要長時間的持續獎勵扶助才能成功。因此，對於文化創意產業之創意研發及人才培訓，給予稅負減免自為必要且可行之獎勵措施，且參諸「促進產業升級條例」及「生技新藥產業發展條例」亦不乏對研究發展及人才培訓之稅負減免規定。（立法院法制局，2008：12）

本文認為租稅減免是振興產業的必要手段。各國都有招商之特別租稅優惠，針對文化創意產業，租稅的優惠也是國情各有不同。但只要是將文化創意產業列為發展重點的國家，都因鼓勵、獎勵、補助等不同方式，而達到振興產業的目的（發展半導體、發展面板產業、發展生科都是著例）。本文認為我國

既然將文創產業列為國家發展計畫中之重點計劃，自然在政策上，有租稅減免之必要。

本文認為，減免應在消費減免、捐贈減免、投資減免三方面進行。至於減免的範圍多大？多少項目？多少金額？可以視實務狀況討論、修正。

故支持消費減免「文化消費支出，得申報為列舉扣除額，自當年度綜合所得總額中減除。但每人每年扣除數額以不超過新臺幣一萬二千元為限。」

故支持捐贈減免「捐贈合於民法總則公益社團及財團法人之文化創意事業，得於當年度全部捐贈總額新臺幣三百萬元之限度內，不受所得稅法第三十六條第二款有關不超過所得額百分之十之限制。」

故支持投資減免「文化創意事業投資於創意之開發、研究發展及人才培訓支出金額百分之三十五限度內，自當年度起五年內抵減各年度應納營利事業所得稅額；文化創意事業當年度創意之開發或研究支出超過前二年度創意之開發或研究經費平均數，或當年度人才培訓支出超過前二年度人才培訓經費平均數者，超過部分得按百分之五十抵減之。前項投資抵減，其每一年度得抵減總額，以不超過該事業當年度應納營利事業所得稅額百分之五十為限。但最後年度抵減金額，不在此限。第一項投資抵減之適用範圍、核定機關、申請期限、申請程式、施行期限、抵減率及其他相關事項，由行政院定之。」

本次通過之第二十六條所列，捐贈總額在新臺幣一千萬元或所得額百分之十之額度內，得列為當年度費用或損失，不受所得稅法第三十六條第二款限制，雖立意良善，但屬「捐贈贊助」性質，比起個人因進行文化消費，產生個人實質之租稅減免，及文化美學之增加，畢竟效果差之甚遠，宜於法案修正時重新思考之。

第五節　兩岸文創產業政策執行與評估

　　由於政治環境和各自所處的產業發展階段不同，兩岸的文化產業政策在共性中存在著差異。茲以在環境整備工作與旗艦產業計畫兩大方向來比較分析政策之異同。

一、環境整備工作

　　兩岸在健全文化創意產業發展上，對於產業整體發展投入更多資源，以建構一個良好健全的發展環境，在產業發展的環境上，主要從「多元資金挹注」、「產業研發及輔導」、「市場流通及開拓」、「人才培育及媒合」與「產業群聚效果」、「跨界整合及加值運用」幾方面分別探討兩岸發展政策的異同。

(一) 多元資金挹注

　　中國大陸為落實推動文化產業，依據文化產業不同類別，降低投資門檻，積極開放社會資本及外資進入政策允許的文化產業領域，如國務院《關於非公有資本進入文化產業的若幹決定》和《文化部關於鼓勵支持和引導非公有經濟發展文化產業的意見》下發後，非公有資本進入文化產業領域的步伐不斷加快。參與國有文化企業股份制改造，加大政府投資，通過貸款貼息、項目補貼、企業增資等方式，支援國際級文化產業基地建設，重點項目整合。大幅增加中央扶植文化產業發展專項資金，預算及其他文化體制改革專項資金規模。鼓勵金融機構加大對文化企業的金融支持力度，支持由條件的企業上市融資，落實相關稅收優惠政策等各項資金支持與稅收優惠政策。

　　2013年大陸金融市場為文化產業的發展提供了更多資金和融資管道，鼓勵企業兼併重組是提升競爭力重要管道。2014年，文化部、中國人民銀行、

財政部聯合發佈《關於深入推進文化金融合作的意見》及文化部、工業和資訊化部、財政部聯合發佈《關於大力支持小微文化企業發展的實施意見》。在傳統融資管道之外，大眾籌資模式（網路募資平臺），也成為新一代經濟資本的募資來源，透過自主自由的網路平臺，向社會自由募資，成為新型態的股東型態。

　　臺灣資金挹注文化創意產業發展的對象主要為：原有文化產業廠商、新創事業、創新育成中心以及透過地方政府或非政府組織協助的地方文創產業；資金挹注方式主要包括政府預算補助、文化部推薦及信保基金的信用保證額度、國發基金參與投資等。在「數字內容及文化創意產業優惠貸款」與「促進產業研究發展貸款」項目，提供企業取得設置與營運的資金。文創產業投資機制，決定投入新臺幣200億用於「行政院國發基金投資數字內容、軟件及文化創意業計畫」，協助推動無形資產評價機制，以長期建立產業發展的商業機制。

　　綜言之，兩岸都深知文化產業的特性，以金融政策支持無形資產的評價，以便於從金融市場裡帶出資金投資。在方法上也都推動文化產業公司證券化，在資本市場裡找到資金活水。臺灣更有「文創版」的證券分類，從事文化事業的如誠品生活，華研，霹靂多媒體，都受到高本益比的肯定。

（二）產業研發及輔導

　　中國大陸要求各地方人民政府確實將各項文化產業規劃，列入重要議事日程，建立相關的考核、評價和責任制度，針對以文化為主導單位協助完善產業政策、培育市場主體、創新文化業態，搭建服務平臺、引導產品出口、加強理論研究等工作的宏觀調控與協調指導。

　　臺灣產業研發及輔導主要的表現，一為文創產業輔導陪伴計畫，協助文創業者瞭解文創產業相關法規、提供財務、法律、稅務、行銷、智慧財產等相關經營管理事宜之專業諮詢輔導。二為文化創業產業投融資輔導，幫助文創業者針對文化部推行之各項投融資內容及進入資本市場等扶植產業發展等政策，能經由多元管道瞭解並以符合自身需求的管道獲得協助。

(三) 市場流通及開拓

　　中國文化部文化產業司，重點扶持國際文化產業博覽交易會。2004年，文化部與相關部門，共同舉辦的中國深圳國際文化產業博覽交易會、中國西部文化產業博覽會等，國家級文化展會後，使中國大陸文博會成爲一項重要文化產業會展。2006年12月，文化部啓動的《文化產業項目服務工程》，通過整合全國各地的文化資源，在中國文化產業網上，設立了「國家文化產品服務」項目和「投資融資」項目資源庫，在生產者、消費者、投資者之間搭建了一個相互溝通的橋梁，爲各類社會資本進中國文化產業領域，提供了全面、便捷和有效的服務。上海世博會，「中韓日文化產業論壇」，「中國—東盟文化產業論壇」是中國大陸在文化產業的重大盛事。國際間文化產業領域的多邊交流與合作，因此得到了加強。

　　2013年，臺灣舉辦「國際文化創意產業博覽會」，協助業者參與國際型會展活動，協助文創產業進行國際拓展，重要的展會包括：「國際文化創意產業博覽會」、「文化創意產業國際拓展計畫」國際級兩岸文化創意產業組織搭橋計畫，深化與國際合作關係。

(四) 人才培育及媒合

　　中國大陸文化部，非常重視文化產業理論研究工作，1999年和2002年，分別與上海交通大學、北京大學合作設立了兩個國家文化產業創新與發展研究基地；2005年又與中國傳媒大學、深圳市文化產業研究所合作設立了國家對外文化貿易理論研究基地；2007年，又與清華大學等6所高校合作建設了國家文化產業研究中心。這些研究基地和研究中心，活躍在文化產業理論研究的前沿，對涉及文化產業發展的一系列重大問題，進行了廣泛深入的前瞻性研究，爲中央和地方政府治理決策提供了有效的支持，爲探索中國特色文化產業發展道路，發揮了深化作用。

　　臺灣文化產業人才培育及媒合工作，主要以培育此具跨界整合能力及國際行銷能力的專業人才爲主。一爲文創產業國際人才培訓：辦理文創仲介及經紀

人養成課程，包括經營管理、品牌行銷、文化轉譯、專業領域（如藝文產業、設計產業、工藝產業及數位元內容等市場研析）。二為文創產業仲介與經紀人才培育：辦理文創仲介語經濟國際講座、辦理文創經紀人工作坊、辦理文創商品開發與行銷工作坊等。以產學合作方式開始專業課程，提升現有人才之專業技能與知識，並於高等教育及技職教育體系中，建立重點人才輔導措施，臺灣許多大學陸續建立文化創意產業學程或產業相關學系，鼓勵大專院校相關系所開設實習課程，為培育有潛力、有能力人才為文化創意產業服務。

(五) 產業群聚效果

2004年開始，中國文化部先後命名國家文化產業示範基地，為培育產業市場的主體，以加快文化產業基地和區域性特色產業群建設。全國各地的省、自治區、直轄市，亦制訂了文化產業示範基地管理辦法。引導我國文化產業向聚落化、規模化、專業化的方向發展，發揮磁吸效應。文化部並核示國家級文化產業示範園區，已起文創產業集聚的示範帶動作用。

臺灣文化部推動臺北、臺中、花蓮、嘉義及臺南五大文化創意產業園區整建基產業群聚營運計畫，以「文創產業軸帶」概念，進行區域產業串通，進而達到文化創意產業與所在城市整體區位發展、人才及產值全面提升之卓越績效。其中華山園區定位為「文化創意產業、跨界藝術展現於生活美學風格塑造」；花蓮園區定位為「文化藝術與觀光結合之實驗場域」；臺南園區定位為「臺灣創造生活產業發展中心」；嘉義園區定位為「傳統藝術創新」。

(六) 跨界整合及加值運用

中國大陸2014年3月國務院印發《關於推進文化創意和設計服務與相關產業融合發展的若干意見》，促進文化創意和設計服務與相關產業融合發展；2014年8月中央全面深化改革領導小組第四次會議審議通過了《關於推動傳統媒體和新興媒體融合發展的指導意見》，鼓勵新舊媒體融合；同年10月國務院印發《關於加快發展體育產業促進體育消費的若干意見》，促進文化產業融

合。互聯網巨頭阿裡巴巴，騰訊及萬達，紛紛進軍文化產業，在影視、遊戲、網絡文學、音樂等內容產業多方佈局。此外文化產業也與運動產業、建築業、資訊業、旅遊業、農業和體育產業等多個行業進行融合發展，爲這些行業的轉型升級提供利器。

　　臺灣跨界整合及加值運用主要表現在：1.臺灣推動文化內容開放與價值應用。主要爲建置「文創咖啡廳」媒合平臺，鼓勵文創業者提出各式創意素材與加值應用之作品與提案，由平臺提供資金或媒合、輔導、工作坊等協助，促成更多一源多用之優秀文創作品。訂定「文化部推動共有文化創意素材加值應用」補助須知並受理申請，協助運動文化部所屬館所及相關公有文創資產管理機關之文化創意資產衍生素材進行開發應用，領域橫跨博物館商品開發、古籍史料電子書籍兒童教材開發、表演藝術影音內容開發、原住民文創素材平臺建置、數位動畫製作等。2.協助推動智慧財產權保護劑管理措施：策辦「文創智財權保護及加值應用工作營」，協助文創業者瞭解智慧財產權申請、保護、授權及管理、智慧財產的侵害訴訟、取締盜版等知識。3.鼓勵一源多用於促成跨界跨業整合：辦理文創跨界及加值應用體系建立，分原創加值組與跨界創新組，前者鼓勵原創作者將產品或內容，結合多種加值應用產業別（如電子書結合影音與文字作加值應用）。後者則是聯合2種以上不同類別（如科技與原創）跨界合作。（文化部，2015）

二、旗艦產業計畫

(一) 文化政策的支持

　　中國大陸於《文化產業振興計劃》中特別指出：加速發展文化創意、影視製作、出版發行、印刷複製、廣告、演繹娛樂、文化會展、數字內容和動漫產業，其中重大文化建設項目包括：推動國產動漫振興工程、國家數字元電影製作基地建設工程、多媒體數據庫和經濟資訊平臺、「中華字庫工程」、「國

家知識資源數據庫出版工程」。爲落實鼓勵和支持文化產品和服務出口的優惠政策，在市場開拓、技術創新、海關通關方面進行政策支持，制定《2009-2010》年度國家文化出口重點企業與項目，重點扶持電視劇、電影、動畫片及網絡遊戲等產業。

　　2009年臺灣，行政院核定「創意臺灣—文化創意產業發展方案」、「文化創意產業發展第二期（97-102年）修正計畫」，推動環境整備工作及電視、電影、流行音樂、數位內容、設計、工藝等六大旗艦計畫，由文化部與經濟部分就其主管產業執行六大旗艦計畫。102年文化部在既有基礎下，進一步推動「價值產值化—文創產業價值鏈建構與創新」計畫，針對文創業界需求，提供業者多元的資金挹注及輔導陪伴工具，並積極推動文化內容開放與加值應用，強化仲介與經紀體系、促進跨業及跨界的合作，以加強產業鏈上、中、下游的鏈結與創新，賡續協助文化創意產業之發展。在政府以「人才培育及媒合」、「多元資金挹注」、「產業輔導」、「市場流通及拓展」、「產業集聚效應」、「跨界整合與加值應用」等策略扶植與推動文創產業發展之下，臺灣文化創意產業產值從2009年6,479億元成長至2013年7,856億元；家數從2009年之59,668家成長至2013年之61,978家。另同年度我國文創產業年複合成長率3.09%，高於GDP年複合成長率2.97%。（2014文化創意產業年報）

(二) 電影產業

　　中國在電影產業方面，財政部等七部委發布《關於支持電影發展若干經濟政策的通知》，將每年安排1億元資金，用於扶持5-10部有影響力的重點題材影片，該資金將採取重點影片個案報批的方式。對電影製片企業銷售電影拷貝（含數位拷貝）、轉讓版權取得的收入，電影發行企業取得的電影發行收入，電影放映企業在農村的電影放映收入，自2014年1月1日至2018年12月31日免征增值稅。具體包括1.加強電影事業發展專項資金的管理；2.加大電影精品專項資金支持力度；3.通過文化產業發展專項資金重點支援電影產業發展；4.對電影產業實行稅收優惠政策；5.實施中西部地區縣級城市影院建設資金補貼政

策；6.加強和完善電影發行放映的公共服務和監管體系建設；7.對電影產業實行金融支持政策；8.實行支持影院建設的差別化用地政策。

　　臺灣國片市場復甦，99年至101年，國片上映數量計119部，較96~98年國片上映量計82部，大幅成長約45%。102年，文化部著手修定《電影法》，解除意識形態的管制，提供產業扶植的養分，為電影發展營造沃土。自102年起，規畫為期四年「臺灣經典電影數位修復及加值利用計畫」，以保護及推廣珍貴國家電影資產。另補助輔導財團法人中華民國電影事業發展基金會辦理金馬國際影展及金馬獎頒獎典禮。紀錄片是社會的良心，也是公民社會的展現，臺灣因為擁有自由開放的環境，紀錄片發展蘊積豐沛的能量，文化部自102年起即積極扶植紀錄片拍攝與推廣，亦規劃「五年五億紀錄片發展計畫」，以奠定臺灣紀錄片在華人世界的指標地位。另辦理「電影工具箱計畫」等相關事務，以利向海外推廣臺灣電影文化。為了因應電影事業發展與文化推廣的需求，文化部參考世界各國的經驗，擘劃推動原公設財團法人國家電影資料館，全面提升並擴大其業務與功能，於103年7月轉型為「財團法人國家電影中心」，協助政府部門進行電影文化資產之修復、典藏及活化運用、電影教育紮根、人才培訓、產業統計及趨勢研究、拓展海外市場、影展策劃與推動等工作，扮演政府、民間及跨國資訊與經驗交流之平臺角色。在產業扶植與推廣上，著重強化媒合機制，加強輔導辦理創投會議、補助業者參與國際創投會議、辦理影視優惠融資貸款等，協助業界取得資金奧援。在人才培育方面，則積極推動「製片人制」、培育編劇、高階電影人才、選送人員出國交流等。（2016文化部官網）

(三) 電視廣播產業

　　在電視娛樂產業，中國大陸以扶持本國產業的方式，保護國內電視娛樂產業的發展。通過與其他國家簽訂國際貿易協定的方法，對外資不開放電視市場，為本國電視產業的發展爭取空間；政府規制國內市場的主要手段有：1.制定了文化產業發展規劃《中國文化產業第十個五年計劃》，以政府為主導來指

導和規範電視產業的發展。2.中國政府對境外媒體的准入採取了審慎的態度，通過限制外資和境外媒體的方法，對本國電視產業進行保護。2004年，國家廣電總局發佈的《關於促進中國廣播影視業發展的意見》以及國家廣播電影電視總局和商務部聯合發佈了《中外合資、合作廣播電視節目製作經營企業管理暫行規定》，對外資投資中國電視媒體的原則性指導意見做更爲具體規定。

　　臺灣因國內電視產業因規模有限及頻道過量，加上國際強勢競爭及人才磁吸下，電視產業面對空洞化的危機。如何因應數位元元元趨勢，加速產業升級，乃現階段輔助之重點。建立監理、輔導機關及業界三向溝通平臺；調整外國節目審查、證照收費標準及回饋措施；修定《公視法》以發揮公共媒體效能，且協助財團法人公共電視文化基金會營運高畫質頻道，並研訂相關獎補措施，挹注多元內容。補助輔導財團法人中央廣播電臺製播優質節目，樹立國家新形象，促進國際人士對我國之正確認知及加強華僑對國家之向心力，並增進大陸地區對臺灣地區的了解。在製作方面，針對電視節目之製作與海內外行銷予以輔助，鼓勵「建立品牌」，同時融入「作中學」概念進行人才培育，並以整合行銷擴展整體內容。廣播是歷史最悠久的電子媒體，其即時性、親地性，即使面臨數位媒體及娛樂工具充斥的挑戰，依然勉力維持獨特的價值，經營分衆的生活資訊。內容就是王道，未來將持續鼓勵民營電臺製播多元節目，成爲「質精量豐」的文化傳播管道，亦將因應移動載具的發展，鼓勵廣播業者進行產業升級。（2016文化部官網）

(四) 動漫及音樂產業

　　中國在動漫產業方面，文化部出臺了《關於扶持動漫產業發展的若干意見》，提出在原創能力、人才培養、技術開發、產業鏈整合、智慧財產權保護等方面的一系列扶持政策。文化部公佈《十二五時期國家動漫產業發展規劃》提出，要促進與動漫形象有關的服裝、玩具、食品、文具、電子遊戲等衍生產品的生產和經營，延伸動漫產業鏈，擴大動漫產業的盈利空間和市場規模，大力發展動漫品牌授權業務，推動各環節企業的互動合作。

　　2014年，國內動漫展會有了較大發展，有國家和省級政府主辦的全國性動漫展會，也有省會城市主導的地方性動漫展會，及由企業推動的動漫展會等。如由文化部和上海市政府共同主辦的中國國際動漫遊戲博覽會，已形成了專業化、國際化、高層次、大規模的特色；北京文博會也專設動漫遊戲產業單元，舉辦了展覽、交易活動和國際論壇。基地建設方面，來國家新聞出版廣電總局建立國家影視動畫產業基地，並撥出專項資金用於扶持優秀動畫原創產品生產、技術服務等。

　　臺灣的流行音樂產業是臺灣文創產業中，最具文化輸出能量及華語市場競爭優勢者。為創造「臺流」，深化臺灣華語流行音樂中心領導地位，持續支援並加速北部流行音樂中心與海洋文化流行音樂中心的興建，以促成結合周邊產業、在地文化特色、產業及科技發展趨勢、相關產業聚落等，除具專業級表演空間外，更以流行音樂及文化創意產為主軸，形成產業帶動核心。在人才培育方面，將鼓勵海外專業進修與研習，加強培育開拓國際市場之人才；舉辦就業媒合活動，協助人才投入產業市場；打造臺灣流行音樂新秀「星」品牌，輔助業者針對歌唱演藝新人與新樂團之養成、開發與訓練；鼓勵產學合作，完備國內產業人才教育環境，縮短學用落差。市場經營面，則以建立媒合國際商演及音樂授權交易機制；邀請國際策展單位及潛在買家來臺，強化國際展演行銷機會；以及輔導流行音樂業者擅用投融資政策工具。在製作與研發方面，將加強輔助硬地音樂錄音、行銷及展演，持續豐沛臺灣創作能量；鼓勵跨界合作，提升流行音樂加值應用。在海外行銷與國際傳播，將善用網路媒體，以求發揮綜效。包括加強與國際知名音樂網站合作，設置專屬網站頻道；推動產業跨國合作，爭取國際舞臺曝光行銷機會；鼓勵具國際發展潛質之企業開發國際市場；鼓勵流行音樂產業與臺灣其他優勢產業（如IT、觀光等）聯合行銷，擴大國際市占率。（2016文化部官網）

　　中國大陸逐漸開放影音市場，對臺灣而言是拓展中國及亞太地區的的營銷機會，臺灣為建構完善的電影產業及發展環境，在電影產業旗艦計畫中突出三大重點：包括協助業者拍出在華語市場叫好又叫座品牌國片、輔導國片華語市場行銷及推廣、厚植我國電影人才及工業基礎。具體包括辦理年度優良電影劇

本徵選、辦理金穗獎、臺灣電影工業數位化及技術升級、協助國片行銷國際、輔導國片參加國際影展等。其中文化部影視及流行音樂產業據輔導金影片《郊遊》、《聶隱娘》等，榮獲威尼斯國際影展「評審團大獎」、愛沙尼亞塔林黑夜影展「評審團大獎」、西班牙塞維亞歐洲影展「最佳導演獎」、杜拜國際影展「最佳導演獎」等獎項，臺灣電影之國際知名度大幅提升。

(五) 法規整備

1. 中國大陸

(1) 電影

　　中國大陸針對「電影及錄影帶之製作與發行服務」此一行業，於WTO服務貿易總協定（GATS）下僅承諾開放錄影帶及電影之製作與行銷服務業中的錄影發行服務，另外又開放電影與錄影帶之租賃服務。但在以商業據點呈現中，中國仍保留審查影音製品內容的權利，且外國服務提供者僅能設立合資企業，外資可持股百分之四十九。至於「電影放映服務」（亦即電影院之經營）部份，中國於GATS承諾開放外商合資建設、改裝電影院，惟外資持股不得超過49%。

　　依據《海峽兩岸經濟合作架構協議》服務貿易早期收穫之承諾，中國大陸針對視聽服務—錄像的分銷服務，包括娛樂軟件及錄音製品分銷予以回歸加入世界貿易組織時承諾的內容。同時，進一步解除臺灣自製電影之進口配額限制。根據臺灣有關規定設立或建立的製片單位所拍攝的、擁有50%以上的電影片著作權的華語電影片經大陸主管部門審查通過後，不受進口配額限制在大陸發行放映。該電影片主要工作人員組別中，臺灣居民應占該組別整體員工數目的50%以上。另外，依據《外商投資產業指導目錄（2004年修訂）》之規定，電影院的建設、經營以及電影製作原先均屬於外商限制進入的領域。所謂「限制進入」是限制外商在進入中國市場時必須由中方控股，不得獨資。而也同時將電影發行公司列為絕對禁止外商投資的產業項目。

　　針對外國影片之進口，《電影管理條例》第三十條電影進口業務由國務院

廣播電影電視行政部門指定電影進口經營單位經營；未經指定，任何單位或者
個人不得經營電影進口業務。目前依《進口影片管理辦法》之規定，從外國及
港澳地區進口發行影片或試映拷貝的業務，統一由中國電影發行放映公司（以
下簡稱中影公司）經營管理。進口供公映的電影片，進口前應當報送電影審查
機構審查。經電影審查機構審查合格並發給《電影片公映許可證》和進口批准
檔後，由中影公司持進口批准檔到海關辦理進口手續。簡言之，電影進口的管
理許可權屬於廣電總局電影局；電影局委託中影公司統一辦理選片、送審、簽
約、進口、報關、繳稅、結算等事項，然後再向國內放映單位發行供片。《電
影企業經營資格准入暫行規定》進一步將華夏電影發行公司納入進口片發行市
場，進口影片的發行壟斷於是變為兩家寡占。

　　中國大陸並未針對電影設有分級制度，但相對地其內容審查較其他國家嚴
格許多。根據《電影審查規定》第5條之規定，內容審查機構為廣電總局下設
之電影審查委員會和電影複審委員會。《電影管理條例》與《電影審查規定》
均規定有審查標準，諸如:危害國家的統一、危害國家安全、煽動民族分裂，
破壞民族團結、洩露國家秘密以及宣揚不正當性關係等內容均在禁止之列，在
實務運作上這些電影禁止內容之審查標準十分寬泛，給予內容審查機構有相當
程度的解釋適用空間，使得電影內容審查成為外片引進中國的一大障礙。

　　在影片發行權與公開播放權上，目前中國也實行電影和電視劇在放（播）
映前的事前審查。亦即，電影和電視劇攝製完成後，必須報請主管部門審查，
獲得發行許可證，才可放映或播放。《電影管理條例》（2002）第42條就規
定，電影片本身拍攝完成後須報請電影片審查。審查合格者，由國務院廣播電
影電視行政部門發給《電影片公映許可證》方可發行、放映。（中華經濟研究
院，2011）

(2) 電視廣播

　　設立及經營電視臺的部分，根據《廣播電視管理條例》第十條之規定，國
家禁止設立外資經營、中外合資經營和中外合作經營的廣播電臺、電視臺。針
對播放境外電視劇部分，根據管理條例第三十九條之規定，應送國務院廣播電
視行政部門審查批准，並設有播放時間比例與時段之限制。另外，根據《境外

電視節目引進、播出管理規定》第十一條之規定，省級廣播電視行政部門正式
受理申請後，應在行政許可法規定的期限內作出詳細、明確的初審意見，報廣
電總局審查批准。廣電總局正式受理申請後，在行政許可法規定的期限內作出
同意或不同意引進的行政許可決定，係採取嚴格的審批制度。

(3) 流行音樂

依2007年修訂之《外商投資產業指導目錄》，演出場所經營項目屬於鼓勵
外商投資產業，但限於中方控股；演出經紀機構與電影以外音像製品之分銷則
均屬於限制外商投資產業，限於中方控股。音像製品和電子出版物的出版、製
作和進口業務均屬於禁止外商投資產業。依《出版管理條例》第四十五條之規
定，省級以上人民政府出版行政主管部門可以對出版物進口經營單位進口的出
版物直接進行內容審查。而根據《音像製品管理條例》、《音像製品出版管理
規定》、《音像製品製作管理規定》與《音像製品進口管理辦法》之規定，音
像製品之出版與進口管理與圖書類似，均由政府指定之經營單位壟斷，且依法
進行內容審查。（中華經濟研究院，2011）

2. 臺灣

臺灣研議電影法修正草案，希望建構一個使電影產業永續發展的健全環
境，其修正重點包括：明定中央主管機關對電影產業獎勵輔導措施之法源依
據、廢除電影片製作業、發行業、電影工業許可制及電影從業人員登記證、開
放電影片之廣告及宣傳品免事前送審、成立電影基金、國外電影來臺拍攝退稅
優惠及電腦票房統計機制等，期以符合社會現況及時代潮流，並藉由電影法規
修訂，健全電影環境。同時，亦著手公共電視法修正草案，除邀請學者專家諮
詢公共電視法修正相關意見，並廣邀各界舉辦公聽會，亦融合文化部之公廣政
策，以明確架構公視基金會組織、定位公廣集團頻道屬性、界定公視基金會與
華視間之關係、強化基金會內外部監督機制等，並對公視未來的經營規模提供
具彈性的支援，以建構更完善的公視體制，讓公共電視發揮最大的功能及效
益。（2016文化部官網）

(六) 未來發展

　　中國大陸目前推動之「文化產業」，與臺灣所指的文化產業類別或涵蓋面，並非完全相同，其以推動「文化創意園區」和「文創聚落」爲重點。由於中國式中央集權國家，中央政府重點推動的政策化產業進入，做出藩籬。其並以各種政策、綱要、計劃，引導資金匯流，搭配各種優惠金融免稅政策，扶持文化產業發展。而且因文化產業涉及藝術表現、新聞出版、廣播、電視、電影，網路等產業，內容受到高度關注之監管，在內容審查上相對嚴格。（臉書及google至今仍被拒於中國之外就是最好範例）須待自由化程度再度拉高開放，審查制度之合法化等問題加以透明化，才能讓外資及臺灣的文創產業，在中國有平等的發展機會。

　　反觀臺灣已爲高度自由化的國家，文化產業低度限制，缺少的是市場及資金。故爲因應文創經濟時代來臨，及維護本土文化保存及推廣，奠定臺灣影視音內容在華語地區品牌風格及代表地位，應將強化資金資源引導、擴大國內市場需求，鼓勵業界製作優質影視音作品，帶動更多內容的產製，藉由「質」與「量」的提升，增加臺灣影視音進入國際市場能量。臺灣並應積極培育創意人才，使臺灣成爲亞太影視音製作人才供應中心，同時深耕海外行銷，建立臺灣影視音優質品牌，激發特有多元內容風格，接軌全球並拓展文創經濟影響力。（2016文化部官網）

三、兩岸文化創意產業的SWOT分析

　　「SWOT分析」是一種分析工具，廣泛被使用在制定策略及政策分析上。S.W.O.T.四個字母所分別代表的意義爲，組織的內在環境優勢（Sternghs）與劣勢（Weaknesses）；組織外在環境的機會（Opporrtunities）與威脅（Threats）。SWOT分析的結果，可以做爲政策分析、策略方案及願景修正的參考。

　　中國大國崛起，全球第二大經濟體的經濟的影響力不容忽視，大中華經濟圈已然成形，已成爲全球關注焦點。而兩岸同文同種，皆在發展文化創意產業，在競合中，各自能夠以優勢劣勢，機會威脅來做爲競合及互補，應是重要發展方向。

　　中國大陸，有其市場規模優勢，資金豐沛無虞，但是政治仍屬高度集權，公民治理參與缺乏。臺灣，雖有創新人才，但是因市場規模有限，人才嚴重外移，也因國際社會的封鎖，在世界文化遺產領域成績匱乏。兩岸在文創產業上，各有其條件，應建構平臺，作出更多協議，共謀創新發展。

表7-7　兩岸文化創意產業SWOT分析

	中國大陸	臺灣
優勢	政府政策集中扶持 文化市場規模龐大 文化資源資金豐富 硬體設施效率整備	經濟轉型政策重點計畫 高度的人才競爭優勢 文創與科技生產鏈完整 社會民主改革開放
劣勢	政治體制缺少民主化參與 文化經濟缺少自由化 地區發展傾斜失衡 創意人才有待培育 文化產業規模仍待擴充 法規制定仍待鬆綁	國際資金來源卻步 主管部門預算有限 臺灣主體遭受國際阻礙 創新人才嚴重外流 文創產業規模太小 法律制定及修正牛步化
機會	文化經濟興起、生產型態改變 東協文化經濟體已然成形 跨國文創機制的建立 華人文化世界的領航者	文化經濟已是全民共識 生物科技重點發展 自由化程度遠高於對岸 智慧產權保護優於對岸
威脅	全球市場的人才競爭 新興科技的快速發展 地域政治的圍籬	文化創新中缺少價值共識 科技創新中缺少品牌 國際政治的封鎖

作者分析整理。

附　錄

附錄一：著作權法

第一章　總則

第 1 條　　　為保障著作人著作權益，調和社會公共利益，促進國家文化發展，特制定本法。本法未規定者，適用其他法律之規定。

第 2 條　　　本法主管機關為經濟部。

著作權業務，由經濟部指定專責機關辦理。

第 3 條　　　本法用詞，定義如下：

一、著作：指屬於文學、科學、藝術或其他學術範圍之創作。

二、著作人：指創作著作之人。

三、著作權：指因著作完成所生之著作人格權及著作財產權。

四、公眾：指不特定人或特定之多數人。但家庭及其正常社交之多數人，不在此限。

五、重製：指以印刷、複印、錄音、錄影、攝影、筆錄或其他方法直接、間接、永久或暫時之重複製作。於劇本、音樂著作或其他類似著作演出或播送時予以錄音或錄影；或依建築設計圖或建築模型建造建築物者，亦屬之。

六、公開口述：指以言詞或其他方法向公眾傳達著作內容。

七、公開播送：指基於公眾直接收聽或收視為目的，以有線電、無線電或其他器材之廣播系統傳送訊息之方法，藉聲音或影像，向公眾傳達著作內容。由原播送人以外之人，以有線電、無線電或其他器材之廣播系統傳送訊息之方法，將原播送之聲音或影像向公眾傳達者，亦屬之。

八、公開上映：指以單一或多數視聽機或其他傳送影像之方法於同一時間向現場或現場以外一定場所之公眾傳達著作內容。

九、公開演出：指以演技、舞蹈、歌唱、彈奏樂器或其他方法向現場之公眾傳達著作內容。以擴音器或其他器材，將原播送之聲音或影像向公眾傳達者，亦屬之。

十、公開傳輸：指以有線電、無線電之網路或其他通訊方法，藉聲音或

　　影像向公眾提供或傳達著作內容，包括使公眾得於其各自選定之時
　　間或地點，以上述方法接收著作內容。

十一、改作：指以翻譯、編曲、改寫、拍攝影片或其他方法就原著作另
　　　　為創作。

十二、散布：指不問有償或無償，將著作之原件或重製物提供公眾交易
　　　　或流通。

十三、公開展示：指向公眾展示著作內容。

十四、發行：指權利人散布能滿足公眾合理需要之重製物。

十五、公開發表：指權利人以發行、播送、上映、口述、演出、展示或
　　　　其他方法向公眾公開提示著作內容。

十六、原件：指著作首次附著之物。

十七、權利管理電子資訊：指於著作原件或其重製物，或於著作向公眾
　　　　傳達時，所表示足以確認著作、著作名稱、著作人、著作財產權
　　　　人或其授權之人及利用期間或條件之相關電子資訊；以數字、符
　　　　號表示此類資訊者，亦屬之。

十八、防盜拷措施：指著作權人所採取有效禁止或限制他人擅自進入或
　　　　利用著作之設備、器材、零件、技術或其他科技方法。

十九、網路服務提供者，指提供下列服務者：

　　　(一) 連線服務提供者：透過所控制或營運之系統或網路，以有線
　　　　　或無線方式，提供資訊傳輸、發送、接收，或於前開過程中
　　　　　之中介及短暫儲存之服務者。

　　　(二) 快速存取服務提供者：應使用者之要求傳輸資訊後，透過所
　　　　　控制或營運之系統或網路，將該資訊為中介及暫時儲存，以
　　　　　供其後要求傳輸該資訊之使用者加速進入該資訊之服務者。

　　　(三) 資訊儲存服務提供者：透過所控制或營運之系統或網路，應
　　　　　使用者之要求提供資訊儲存之服務者。

　　　(四) 搜尋服務提供者：提供使用者有關網路資訊之索引、參考或
　　　　　連結之搜尋或連結之服務者。

前項第八款所定現場或現場以外一定場所，包含電影院、俱樂部、錄影

帶或碟影片播映場所、旅館房間、供公眾使用之交通工具或其他供不特定人進出之場所。

第 4 條　　　外國人之著作合於下列情形之一者，得依本法享有著作權。但條約或協定另有約定，經立法院議決通過者，從其約定：

一、於中華民國管轄區域內首次發行，或於中華民國管轄區域外首次發行後三十日內在中華民國管轄區域內發行者。但以該外國人之本國，對中華民國人之著作，在相同之情形下，亦予保護且經查證屬實者為限。

二、依條約、協定或其本國法令、慣例，中華民國人之著作得在該國享有著作權者。

第二章　著作

第 5 條　　　本法所稱著作，例示如下：

一、語文著作。

二、音樂著作。

三、戲劇、舞蹈著作。

四、美術著作。

五、攝影著作。

六、圖形著作。

七、視聽著作。

八、錄音著作。

九、建築著作。

十、電腦程式著作。

前項各款著作例示內容，由主管機關訂定之。

第 6 條　　　就原著作改作之創作為衍生著作，以獨立之著作保護之。

衍生著作之保護，對原著作之著作權不生影響。

第 7 條　　　就資料之選擇及編排具有創作性者為編輯著作，以獨立之著作保護之。

編輯著作之保護，對其所收編著作之著作權不生影響。

第 7-1 條　　表演人對既有著作或民俗創作之表演，以獨立之著作保護之。

表演之保護，對原著作之著作權不生影響。

第 8 條　　二人以上共同完成之著作，其各人之創作，不能分離利用者，爲共同著
作。

第 9 條　　下列各款不得爲著作權之標的：

一、憲法、法律、命令或公文。

二、中央或地方機關就前款著作作成之翻譯物或編輯物。

三、標語及通用之符號、名詞、公式、數表、表格、簿冊或時曆。

四、單純爲傳達事實之新聞報導所作成之語文著作。

五、依法令舉行之各類考試試題及其備用試題。

前項第一款所稱公文，包括公務員於職務上草擬之文告、講稿、新聞稿
及其他文書。

第三章　著作人及著作權

第一節　通則

第 10 條　　著作人於著作完成時享有著作權。但本法另有規定者，從其規定。

第 10-1 條　依本法取得之著作權，其保護僅及於該著作之表達，而不及於其所表達
之思想、程序、製程、系統、操作方法、概念、原理、發現。

第二節　著作人

第 11 條　　受雇人於職務上完成之著作，以該受雇人爲著作人。但契約約定以雇用
人爲著作人者，從其約定。

依前項規定，以受雇人爲著作人者，其著作財產權歸雇用人享有。但契
約約定其著作財產權歸受雇人享有者，從其約定。

前二項所稱受雇人，包括公務員。

第 12 條　　出資聘請他人完成之著作，除前條情形外，以該受聘人爲著作人。但契
約約定以出資人爲著作人者，從其約定。

依前項規定，以受聘人爲著作人者，其著作財產權依契約約定歸受聘人
或出資人享有。未約定著作財產權之歸屬者，其著作財產權歸受聘人享
有。

　　　　　　依前項規定著作財產權歸受聘人享有者，出資人得利用該著作。

第 13 條　　在著作之原件或其已發行之重製物上，或將著作公開發表時，以通常之
　　　　　　方法表示著作人之本名或眾所周知之別名者，推定為該著作之著作人。

　　　　　　前項規定，於著作發行日期、地點及著作財產權人之推定，準用之。

第 14 條　　（刪除）

第三節　著作人格權

第 15 條　　著作人就其著作享有公開發表之權利。但公務員，依第十一條及第十二
　　　　　　條規定為著作人，而著作財產權歸該公務員隸屬之法人享有者，不適用
　　　　　　之。

　　　　　　有下列情形之一者，推定著作人同意公開發表其著作：

　　　　　　一、著作人將其尚未公開發表著作之著作財產權讓與他人或授權他人利
　　　　　　　　用時，因著作財產權之行使或利用而公開發表者。

　　　　　　二、著作人將其尚未公開發表之美術著作或攝影著作之著作原件或其重
　　　　　　　　製物讓與他人，受讓人以其著作原件或其重製物公開展示者。

　　　　　　三、依學位授予法撰寫之碩士、博士論文，著作人已取得學位者。

　　　　　　依第十一條第二項及第十二條第二項規定，由雇用人或出資人自始取得
　　　　　　尚未公開發表著作之著作財產權者，因其著作財產權之讓與、行使或利
　　　　　　用而公開發表者，視為著作人同意公開發表其著作。

　　　　　　前項規定，於第十二條第三項準用之。

第 16 條　　著作人於著作之原件或其重製物上或於著作公開發表時，有表示其本
　　　　　　名、別名或不具名之權利。著作人就其著作所生之衍生著作，亦有相同
　　　　　　之權利。

　　　　　　前條第一項但書規定，於前項準用之。

　　　　　　利用著作之人，得使用自己之封面設計，並加冠設計人或主編之姓名或
　　　　　　名稱。但著作人有特別表示或違反社會使用慣例者，不在此限。

　　　　　　依著作利用之目的及方法，於著作人之利益無損害之虞，且不違反社會
　　　　　　使用慣例者，得省略著作人之姓名或名稱。

第 17 條　　著作人享有禁止他人以歪曲、割裂、竄改或其他方法改變其著作之內
　　　　　　容、形式或名目致損害其名譽之權利。

第 18 條　著作人死亡或消滅者，關於其著作人格權之保護，視同生存或存續，任何人不得侵害。但依利用行為之性質及程度、社會之變動或其他情事可認為不違反該著作人之意思者，不構成侵害。

第 19 條　共同著作之著作人格權，非經著作人全體同意，不得行使之。各著作人無正當理由者，不得拒絕同意。

共同著作之著作人，得於著作人中選定代表人行使著作人格權。

對於前項代表人之代表權所加限制，不得對抗善意第三人。

第 20 條　未公開發表之著作原件及其著作財產權，除作為買賣之標的或經本人允諾者外，不得作為強制執行之標的。

第 21 條　著作人格權專屬於著作人本身，不得讓與或繼承。

第四節　著作財產權

第一款　著作財產權之種類

第 22 條　著作人除本法另有規定外，專有重製其著作之權利。

表演人專有以錄音、錄影或攝影重製其表演之權利。

前二項規定，於專為網路合法中繼性傳輸，或合法使用著作，屬技術操作過程中必要之過渡性、附帶性而不具獨立經濟意義之暫時性重製，不適用之。但電腦程式著作，不在此限。

前項網路合法中繼性傳輸之暫時性重製情形，包括網路瀏覽、快速存取或其他為達成傳輸功能之電腦或機械本身技術上所不可避免之現象。

第 23 條　著作人專有公開口述其語文著作之權利。

第 24 條　著作人除本法另有規定外，專有公開播送其著作之權利。

表演人就其經重製或公開播送後之表演，再公開播送者，不適用前項規定。

第 25 條　著作人專有公開上映其視聽著作之權利。

第 26 條　著作人除本法另有規定外，專有公開演出其語文、音樂或戲劇、舞蹈著作之權利。

表演人專有以擴音器或其他器材公開演出其表演之權利。但將表演重製後或公開播送後再以擴音器或其他器材公開演出者，不在此限。

錄音著作經公開演出者，著作人得請求公開演出之人支付使用報酬。

第 26-1 條　著作人除本法另有規定外，專有公開傳輸其著作之權利。

表演人就其經重製於錄音著作之表演，專有公開傳輸之權利。

第 27 條　著作人專有公開展示其未發行之美術著作或攝影著作之權利。

第 28 條　著作人專有將其著作改作成衍生著作或編輯成編輯著作之權利。但表演不適用之。

第 28-1 條　著作人除本法另有規定外，專有以移轉所有權之方式，散布其著作之權利。

表演人就其經重製於錄音著作之表演，專有以移轉所有權之方式散布之權利。

第 29 條　著作人除本法另有規定外，專有出租其著作之權利。

表演人就其經重製於錄音著作之表演，專有出租之權利。

第 29-1 條　依第十一條第二項或第十二條第二項規定取得著作財產權之雇用人或出資人，專有第二十二條至第二十九條規定之權利。

第二款　著作財產權之存續期間

第 30 條　著作財產權，除本法另有規定外，存續於著作人之生存期間及其死亡後五十年。

著作於著作人死亡後四十年至五十年間首次公開發表者，著作財產權之期間，自公開發表時起存續十年。

第 31 條　共同著作之著作財產權，存續至最後死亡之著作人死亡後五十年。

第 32 條　別名著作或不具名著作之著作財產權，存續至著作公開發表後五十年。但可證明其著作人死亡已逾五十年者，其著作財產權消滅。

前項規定，於著作人之別名為眾所周知者，不適用之。

第 33 條　法人為著作人之著作，其著作財產權存續至其著作公開發表後五十年。但著作在創作完成時起算五十年內未公開發表者，其著作財產權存續至創作完成時起五十年。

第 34 條　攝影、視聽、錄音及表演之著作財產權存續至著作公開發表後五十年。

前條但書規定，於前項準用之。

第 35 條　第三十條至第三十四條所定存續期間，以該期間屆滿當年之末日為期間之終止。

繼續或逐次公開發表之著作，依公開發表日計算著作財產權存續期間時，如各次公開發表能獨立成一著作者，著作財產權存續期間自各別公開發表日起算。如各次公開發表不能獨立成一著作者，以能獨立成一著作時之公開發表日起算。

前項情形，如繼續部分未於前次公開發表日後三年內公開發表者，其著作財產權存續期間自前次公開發表日起算。

第三款　著作財產權之讓與、行使及消滅

第 36 條　著作財產權得全部或部分讓與他人或與他人共有。

著作財產權之受讓人，在其受讓範圍內，取得著作財產權。

著作財產權讓與之範圍依當事人之約定；其約定不明之部分，推定爲未讓與。

第 37 條　著作財產權人得授權他人利用著作，其授權利用之地域、時間、內容、利用方法或其他事項，依當事人之約定；其約定不明之部分，推定爲未授權。

前項授權不因著作財產權人嗣後將其著作財產權讓與或再爲授權而受影響。

非專屬授權之被授權人非經著作財產權人同意，不得將其被授與之權利再授權第三人利用。

專屬授權之被授權人在被授權範圍內，得以著作財產權人之地位行使權利，並得以自己名義爲訴訟上之行爲。著作財產權人在專屬授權範圍內，不得行使權利。

第二項至前項規定，於中華民國九十年十一月十二日本法修正施行前所爲之授權，不適用之。

有下列情形之一者，不適用第七章規定。但屬於著作權集體管理團體管理之著作，不在此限：

一、音樂著作經授權重製於電腦伴唱機者，利用人利用該電腦伴唱機公開演出該著作。

二、將原播送之著作再公開播送。

三、以擴音器或其他器材，將原播送之聲音或影像向公衆傳達。

四、著作經授權重製於廣告後，由廣告播送人就該廣告為公開播送或同
　　步公開傳輸，向公眾傳達。

第 38 條　　（刪除）

第 39 條　　以著作財產權為質權之標的物者，除設定時另有約定外，著作財產權人
　　　　　　得行使其著作財產權。

第 40 條　　共同著作各著作人之應有部分，依共同著作人間之約定定之；無約定
　　　　　　者，依各著作人參與創作之程度定之。各著作人參與創作之程度不明
　　　　　　時，推定為均等。

　　　　　　共同著作之著作人拋棄其應有部分者，其應有部分由其他共同著作人依
　　　　　　其應有部分之比例分享之。

　　　　　　前項規定，於共同著作之著作人死亡無繼承人或消滅後無承受人者，準
　　　　　　用之。

第 40-1 條　共有之著作財產權，非經著作財產權人全體同意，不得行使之；各著作
　　　　　　財產權人非經其他共有著作財產權人之同意，不得以其應有部分讓與
　　　　　　他人或為他人設定質權。各著作財產權人，無正當理由者，不得拒絕同
　　　　　　意。

　　　　　　共有著作財產權人，得於著作財產權人中選定代表人行使著作財產權。
　　　　　　對於代表人之代表權所加限制，不得對抗善意第三人。

　　　　　　前條第二項及第三項規定，於共有著作財產權準用之。

第 41 條　　著作財產權人投稿於新聞紙、雜誌或授權公開播送著作者，除另有約定
　　　　　　外，推定僅授與刊載或公開播送一次之權利，對著作財產權人之其他權
　　　　　　利不生影響。

第 42 條　　著作財產權因存續期間屆滿而消滅。於存續期間內，有下列情形之一
　　　　　　者，亦同：

　　　　　　一、著作財產權人死亡，其著作財產權依法應歸屬國庫者。

　　　　　　二、著作財產權人為法人，於其消滅後，其著作財產權依法應歸屬於地
　　　　　　　　方自治團體者。

第 43 條　　著作財產權消滅之著作，除本法另有規定外，任何人均得自由利用。

第四款　著作財產權之限制

第 44 條　　　中央或地方機關，因立法或行政目的所需，認有必要將他人著作列為內部參考資料時，在合理範圍內，得重製他人之著作。但依該著作之種類、用途及其重製物之數量、方法，有害於著作財產權人之利益者，不在此限。

第 45 條　　　專為司法程序使用之必要，在合理範圍內，得重製他人之著作。
前條但書規定，於前項情形準用之。

第 46 條　　　依法設立之各級學校及其擔任教學之人，為學校授課需要，在合理範圍內，得重製他人已公開發表之著作。
第四十四條但書規定，於前項情形準用之。

第 47 條　　　為編製依法令應經教育行政機關審定之教科用書，或教育行政機關編製教科用書者，在合理範圍內，得重製、改作或編輯他人已公開發表之著作。
前項規定，於編製附隨於該教科用書且專供教學之人教學用之輔助用品，準用之。但以由該教科用書編製者編製為限。
依法設立之各級學校或教育機構，為教育目的之必要，在合理範圍內，得公開播送他人已公開發表之著作。
前三項情形，利用人應將利用情形通知著作財產權人並支付使用報酬。使用報酬率，由主管機關定之。

第 48 條　　　供公眾使用之圖書館、博物館、歷史館、科學館、藝術館或其他文教機構，於下列情形之一，得就其收藏之著作重製之：
一、應閱覽人供個人研究之要求，重製已公開發表著作之一部分，或期刊或已公開發表之研討會論文集之單篇著作，每人以一份為限。
二、基於保存資料之必要者。
三、就絕版或難以購得之著作，應同性質機構之要求者。

第 48-1 條　　中央或地方機關、依法設立之教育機構或供公眾使用之圖書館，得重製下列已公開發表之著作所附之摘要：
一、依學位授予法撰寫之碩士、博士論文，著作人已取得學位者。
二、刊載於期刊中之學術論文。

三、已公開發表之研討會論文集或研究報告。

第 49 條　以廣播、攝影、錄影、新聞紙、網路或其他方法為時事報導者，在報導之必要範圍內，得利用其報導過程中所接觸之著作。

第 50 條　以中央或地方機關或公法人之名義公開發表之著作，在合理範圍內，得重製、公開播送或公開傳輸。

第 51 條　供個人或家庭為非營利之目的，在合理範圍內，得利用圖書館及非供公眾使用之機器重製已公開發表之著作。

第 52 條　為報導、評論、教學、研究或其他正當目的之必要，在合理範圍內，得引用已公開發表之著作。

第 53 條　中央或地方政府機關、非營利機構或團體、依法立案之各級學校，為專供視覺障礙者、學習障礙者、聽覺障礙者或其他感知著作有困難之障礙者使用之目的，得以翻譯、點字、錄音、數位轉換、口述影像、附加手語或其他方式利用已公開發表之著作。

前項所定障礙者或其代理人為供該障礙者個人非營利使用，準用前項規定。

依前二項規定製作之著作重製物，得於前二項所定障礙者、中央或地方政府機關、非營利機構或團體、依法立案之各級學校間散布或公開傳輸。

第 54 條　中央或地方機關、依法設立之各級學校或教育機構辦理之各種考試，得重製已公開發表之著作，供為試題之用。但已公開發表之著作如為試題者，不適用之。

第 55 條　非以營利為目的，未對觀眾或聽眾直接或間接收取任何費用，且未對表演人支付報酬者，得於活動中公開口述、公開播送、公開上映或公開演出他人已公開發表之著作。

第 56 條　廣播或電視，為公開播送之目的，得以自己之設備錄音或錄影該著作。但以其公開播送業經著作財產權人之授權或合於本法規定者為限。

前項錄製物除經著作權專責機關核准保存於指定之處所外，應於錄音或錄影後六個月內銷燬之。

第 56-1 條　為加強收視效能，得以依法令設立之社區共同天線同時轉播依法設立無

線電視臺播送之著作，不得變更其形式或內容。

第 57 條　美術著作或攝影著作原件或合法重製物之所有人或經其同意之人，得公開展示該著作原件或合法重製物。

前項公開展示之人，為向參觀人解說著作，得於說明書內重製該著作。

第 58 條　於街道、公園、建築物之外壁或其他向公眾開放之戶外場所長期展示之美術著作或建築著作，除下列情形外，得以任何方法利用之：

一、以建築方式重製建築物。

二、以雕塑方式重製雕塑物。

三、為於本條規定之場所長期展示目的所為之重製。

四、專門以販賣美術著作重製物為目的所為之重製。

第 59 條　合法電腦程式著作重製物之所有人得因配合其所使用機器之需要，修改其程式，或因備用存檔之需要重製其程式。但限於該所有人自行使用。

前項所有人因滅失以外之事由，喪失原重製物之所有權者，除經著作財產權人同意外，應將其修改或重製之程式銷燬之。

第 59-1 條　在中華民國管轄區域內取得著作原件或其合法重製物所有權之人，得以移轉所有權之方式散布之。

第 60 條　著作原件或其合法著作重製物之所有人，得出租該原件或重製物。但錄音及電腦程式著作，不適用之。

附含於貨物、機器或設備之電腦程式著作重製物，隨同貨物、機器或設備合法出租且非該項出租之主要標的物者，不適用前項但書之規定。

第 61 條　揭載於新聞紙、雜誌或網路上有關政治、經濟或社會上時事問題之論述，得由其他新聞紙、雜誌轉載或由廣播或電視公開播送，或於網路上公開傳輸。但經註明不許轉載、公開播送或公開傳輸者，不在此限。

第 62 條　政治或宗教上之公開演說、裁判程序及中央或地方機關之公開陳述，任何人得利用之。但專就特定人之演說或陳述，編輯成編輯著作者，應經著作財產權人之同意。

第 63 條　依第四十四條、第四十五條、第四十八條第一款、第四十八條之一至第五十條、第五十二條至第五十五條、第六十一條及第六十二條規定得利用他人著作者，得翻譯該著作。

依第四十六條及第五十一條規定得利用他人著作者，得改作該著作。

依第四十六條至第五十條、第五十二條至第五十四條、第五十七條第二項、第五十八條、第六十一條及第六十二條規定利用他人著作者，得散布該著作。

第 64 條　依第四十四條至第四十七條、第四十八條之一至第五十條、第五十二條、第五十三條、第五十五條、第五十七條、第五十八條、第六十條至第六十三條規定利用他人著作者，應明示其出處。

前項明示出處，就著作人之姓名或名稱，除不具名著作或著作人不明者外，應以合理之方式爲之。

第 65 條　著作之合理使用，不構成著作財產權之侵害。

著作之利用是否合於第四十四條至第六十三條所定之合理範圍或其他合理使用之情形，應審酌一切情狀，尤應注意下列事項，以爲判斷之基準：

一、利用之目的及性質，包括係爲商業目的或非營利教育目的。

二、著作之性質。

三、所利用之質量及其在整個著作所占之比例。

四、利用結果對著作潛在市場與現在價值之影響。

著作權人團體與利用人團體就著作之合理使用範圍達成協議者，得爲前項判斷之參考。

前項協議過程中，得諮詢著作權專責機關之意見。

第 66 條　第四十四條至第六十三條及第六十五條規定，對著作人之著作人格權不生影響。

第五款　著作利用之強制授權

第 67 條　（刪除）

第 68 條　（刪除）

第 69 條　錄有音樂著作之銷售用錄音著作發行滿六個月，欲利用該音樂著作錄製其他銷售用錄音著作者，經申請著作權專責機關許可強制授權，並給付使用報酬後，得利用該音樂著作，另行錄製。

前項音樂著作強制授權許可、使用報酬之計算方式及其他應遵行事項之

辦法，由主管機關定之。

第 70 條　　依前條規定利用音樂著作者，不得將其錄音著作之重製物銷售至中華民國管轄區域外。

第 71 條　　依第六十九條規定，取得強制授權之許可後，發現其申請有虛偽情事者，著作權專責機關應撤銷其許可。

依第六十九條規定，取得強制授權之許可後，未依著作權專責機關許可之方式利用著作者，著作權專責機關應廢止其許可。

第 72 條　　（刪除）

第 73 條　　（刪除）

第 74 條　　（刪除）

第 75 條　　（刪除）

第 76 條　　（刪除）

第 77 條　　（刪除）

第 78 條　　（刪除）

第四章　製版權

第 79 條　　無著作財產權或著作財產權消滅之文字著述或美術著作，經製版人就文字著述整理印刷，或就美術著作原件以影印、印刷或類似方式重製首次發行，並依法登記者，製版人就其版面，專有以影印、印刷或類似方式重製之權利。

製版人之權利，自製版完成時起算存續十年。

前項保護期間，以該期間屆滿當年之末日，為期間之終止。

製版權之讓與或信託，非經登記，不得對抗第三人。

製版權登記、讓與登記、信託登記及其他應遵行事項之辦法，由主管機關定之。

第 80 條　　第四十二條及第四十三條有關著作財產權消滅之規定、第四十四條至第四十八條、第四十九條、第五十一條、第五十二條、第五十四條、第六十四條及第六十五條關於著作財產權限制之規定，於製版權準用之。

第四章之一　權利管理電子資訊及防盜拷措施

第 80-1 條　著作權人所為之權利管理電子資訊，不得移除或變更。但有下列情形之一者，不在此限：

一、因行為時之技術限制，非移除或變更著作權利管理電子資訊即不能合法利用該著作。

二、錄製或傳輸系統轉換時，其轉換技術上必要之移除或變更。

明知著作權利管理電子資訊，業經非法移除或變更者，不得散布或意圖散布而輸入或持有該著作原件或其重製物，亦不得公開播送、公開演出或公開傳輸。

第 80-2 條　著作權人所採取禁止或限制他人擅自進入著作之防盜拷措施，未經合法授權不得予以破解、破壞或以其他方法規避之。

破解、破壞或規避防盜拷措施之設備、器材、零件、技術或資訊，未經合法授權不得製造、輸入、提供公眾使用或為公眾提供服務。

前二項規定，於下列情形不適用之：

一、為維護國家安全者。

二、中央或地方機關所為者。

三、檔案保存機構、教育機構或供公眾使用之圖書館，為評估是否取得資料所為者。

四、為保護未成年人者。

五、為保護個人資料者。

六、為電腦或網路進行安全測試者。

七、為進行加密研究者。

八、為進行還原工程者。

九、為依第四十四條至第六十三條及第六十五條規定利用他人著作者。

十、其他經主管機關所定情形。

前項各款之內容，由主管機關定之，並定期檢討。

第五章　著作權集體管理團體與著作權審議及調解委員會

第 81 條　著作財產權人為行使權利、收受及分配使用報酬，經著作權專責機關之

許可，得組成著作權集體管理團體。

專屬授權之被授權人，亦得加入著作權集體管理團體。

第一項團體之許可設立、組織、職權及其監督、輔導，另以法律定之。

第 82 條　著作權專責機關應設置著作權審議及調解委員會，辦理下列事項：

一、第四十七條第四項規定使用報酬率之審議。

二、著作權集體管理團體與利用人間，對使用報酬爭議之調解。

三、著作權或製版權爭議之調解。

四、其他有關著作權審議及調解之諮詢。

前項第三款所定爭議之調解，其涉及刑事者，以告訴乃論罪之案件爲限。

第 82-1 條　著作權專責機關應於調解成立後七日內，將調解書送請管轄法院審核。

前項調解書，法院應儘速審核，除有違反法令、公序良俗或不能強制執行者外，應由法官簽名並蓋法院印信，除抽存一份外，發還著作權專責機關送達當事人。

法院未予核定之事件，應將其理由通知著作權專責機關。

第 82-2 條　調解經法院核定後，當事人就該事件不得再行起訴、告訴或自訴。

前項經法院核定之民事調解，與民事確定判決有同一之效力；經法院核定之刑事調解，以給付金錢或其他代替物或有價證券之一定數量爲標的者，其調解書具有執行名義。

第 82-3 條　民事事件已繫屬於法院，在判決確定前，調解成立，並經法院核定者，視爲於調解成立時撤回起訴。

刑事事件於偵查中或第一審法院辯論終結前，調解成立，經法院核定，並經當事人同意撤回者，視爲於調解成立時撤回告訴或自訴。

第 82-4 條　民事調解經法院核定後，有無效或得撤銷之原因者，當事人得向原核定法院提起宣告調解無效或撤銷調解之訴。

前項訴訟，當事人應於法院核定之調解書送達後三十日內提起之。

第 83 條　前條著作權審議及調解委員會之組織規程及有關爭議之調解辦法，由主管機關擬訂，報請行政院核定後發布之。

第六章　權利侵害之救濟

第 84 條　著作權人或製版權人對於侵害其權利者，得請求排除之，有侵害之虞者，得請求防止之。

第 85 條　侵害著作人格權者，負損害賠償責任。雖非財產上之損害，被害人亦得請求賠償相當之金額。

前項侵害，被害人並得請求表示著作人之姓名或名稱、更正內容或爲其他回復名譽之適當處分。

第 86 條　著作人死亡後，除其遺囑另有指定外，下列之人，依順序對於違反第十八條或有違反之虞者，得依第八十四條及前條第二項規定，請求救濟：

一、配偶。

二、子女。

三、父母。

四、孫子女。

五、兄弟姊妹。

六、祖父母。

第 87 條　有下列情形之一者，除本法另有規定外，視爲侵害著作權或製版權：

一、以侵害著作人名譽之方法利用其著作者。

二、明知爲侵害製版權之物而散布或意圖散布而公開陳列或持有者。

三、輸入未經著作財產權人或製版權人授權重製之重製物或製版物者。

四、未經著作財產權人同意而輸入著作原件或其國外合法重製物者。

五、以侵害電腦程式著作財產權之重製物作爲營業之使用者。

六、明知爲侵害著作財產權之物而以移轉所有權或出租以外之方式散布者，或明知爲侵害著作財產權之物，意圖散布而公開陳列或持有者。

七、未經著作財產權人同意或授權，意圖供公眾透過網路公開傳輸或重製他人著作，侵害著作財產權，對公眾提供可公開傳輸或重製著作之電腦程式或其他技術，而受有利益者。

前項第七款之行爲人，採取廣告或其他積極措施，教唆、誘使、煽惑、

說服公眾利用電腦程式或其他技術侵害著作財產權者,為具備該款之意圖。

第 87-1 條　有下列情形之一者,前條第四款之規定,不適用之:

一、為供中央或地方機關之利用而輸入。但為供學校或其他教育機構之利用而輸入或非以保存資料之目的而輸入視聽著作原件或其重製物者,不在此限。

二、為供非營利之學術、教育或宗教機構保存資料之目的而輸入視聽著作原件或一定數量重製物,或為其圖書館借閱或保存資料之目的而輸入視聽著作以外之其他著作原件或一定數量重製物,並應依第四十八條規定利用之。

三、為供輸入者個人非散布之利用或屬入境人員行李之一部分而輸入著作原件或一定數量重製物者。

四、中央或地方政府機關、非營利機構或團體、依法立案之各級學校,為專供視覺障礙者、學習障礙者、聽覺障礙者或其他感知著作有困難之障礙者使用之目的,得輸入以翻譯、點字、錄音、數位轉換、口述影像、附加手語或其他方式重製之著作重製物,並應依第五十三條規定利用之。

五、附含於貨物、機器或設備之著作原件或其重製物,隨同貨物、機器或設備之合法輸入而輸入者,該著作原件或其重製物於使用或操作貨物、機器或設備時不得重製。

六、附屬於貨物、機器或設備之說明書或操作手冊隨同貨物、機器或設備之合法輸入而輸入者。但以說明書或操作手冊為主要輸入者,不在此限。

前項第二款及第三款之一定數量,由主管機關另定之。

第 88 條　因故意或過失不法侵害他人之著作財產權或製版權者,負損害賠償責任。

數人共同不法侵害者,連帶負賠償責任。

前項損害賠償,被害人得依下列規定擇一請求:

一、依民法第二百十六條之規定請求。但被害人不能證明其損害時,得

以其行使權利依通常情形可得預期之利益，減除被侵害後行使同一權利所得利益之差額，為其所受損害。

二、請求侵害人因侵害行為所得之利益。但侵害人不能證明其成本或必要費用時，以其侵害行為所得之全部收入，為其所得利益。

依前項規定，如被害人不易證明其實際損害額，得請求法院依侵害情節，在新臺幣一萬元以上一百萬元以下酌定賠償額。如損害行為屬故意且情節重大者，賠償額得增至新臺幣五百萬元。

第 88-1 條　依第八十四條或前條第一項請求時，對於侵害行為作成之物或主要供侵害所用之物，得請求銷燬或為其他必要之處置。

第 89 條　被害人得請求由侵害人負擔費用，將判決書內容全部或一部登載新聞紙、雜誌。

第 89-1 條　第八十五條及第八十八條之損害賠償請求權，自請求權人知有損害及賠償義務人時起，二年間不行使而消滅。自有侵權行為時起，逾十年者亦同。

第 90 條　共同著作之各著作權人，對於侵害其著作權者，得各依本章之規定，請求救濟，並得按其應有部分，請求損害賠償。

前項規定，於因其他關係成立之共有著作財產權或製版權之共有人準用之。

第 90-1 條　著作權人或製版權人對輸入或輸出侵害其著作權或製版權之物者，得申請海關先予查扣。

前項申請應以書面為之，並釋明侵害之事實，及提供相當於海關核估該進口貨物完稅價格或出口貨物離岸價格之保證金，作為被查扣人因查扣所受損害之賠償擔保。

海關受理查扣之申請，應即通知申請人。如認符合前項規定而實施查扣時，應以書面通知申請人及被查扣人。

申請人或被查扣人，得向海關申請檢視被查扣之物。

查扣之物，經申請人取得法院民事確定判決，屬侵害著作權或製版權者，由海關予以沒入。沒入物之貨櫃延滯費、倉租、裝卸費等有關費用暨處理銷燬費用應由被查扣人負擔。

前項處理銷燬所需費用，經海關限期通知繳納而不繳納者，依法移送強制執行。

有下列情形之一者，除由海關廢止查扣依有關進出口貨物通關規定辦理外，申請人並應賠償被查扣人因查扣所受損害：

一、查扣之物經法院確定判決，不屬侵害著作權或製版權之物者。

二、海關於通知申請人受理查扣之日起十二日內，未被告知就查扣物為侵害物之訴訟已提起者。

三、申請人申請廢止查扣者。

前項第二款規定之期限，海關得視需要延長十二日。

有下列情形之一者，海關應依申請人之申請返還保證金：

一、申請人取得勝訴之確定判決或與被查扣人達成和解，已無繼續提供保證金之必要者。

二、廢止查扣後，申請人證明已定二十日以上之期間，催告被查扣人行使權利而未行使者。

三、被查扣人同意返還者。

被查扣人就第二項之保證金與質權人有同一之權利。

海關於執行職務時，發現進出口貨物外觀顯有侵害著作權之嫌者，得於一個工作日內通知權利人並通知進出口人提供授權資料。權利人接獲通知後對於空運出口貨物應於四小時內，空運進口及海運進出口貨物應於一個工作日內至海關協助認定。權利人不明或無法通知，或權利人未於通知期限內至海關協助認定，或經權利人認定系爭標的物未侵權者，若無違反其他通關規定，海關應即放行。

經認定疑似侵權之貨物，海關應採行暫不放行措施。

海關採行暫不放行措施後，權利人於三個工作日內，未依第一項至第十項向海關申請查扣，或未採行保護權利之民事、刑事訴訟程序，若無違反其他通關規定，海關應即放行。

第 90-2 條　前條之實施辦法，由主管機關會同財政部定之。

第 90-3 條　違反第八十條之一或第八十條之二規定，致著作權人受損害者，負賠償責任。數人共同違反者，負連帶賠償責任。

第八十四條、第八十八條之一、第八十九條之一及第九十條之一規定，於違反第八十條之一或第八十條之二規定者，準用之。

第六章之一　網路服務提供者之民事免責事由

第 90-4 條　符合下列規定之網路服務提供者，適用第九十條之五至第九十條之八之規定：

一、以契約、電子傳輸、自動偵測系統或其他方式，告知使用者其著作權或製版權保護措施，並確實履行該保護措施。

二、以契約、電子傳輸、自動偵測系統或其他方式，告知使用者若有三次涉有侵權情事，應終止全部或部分服務。

三、公告接收通知文件之聯繫窗口資訊。

四、執行第三項之通用辨識或保護技術措施。

連線服務提供者於接獲著作權人或製版權人就其使用者所為涉有侵權行為之通知後，將該通知以電子郵件轉送該使用者，視為符合前項第一款規定。

著作權人或製版權人已提供為保護著作權或製版權之通用辨識或保護技術措施，經主管機關核可者，網路服務提供者應配合執行之。

第 90-5 條　有下列情形者，連線服務提供者對其使用者侵害他人著作權或製版權之行為，不負賠償責任：

一、所傳輸資訊，係由使用者所發動或請求。

二、資訊傳輸、發送、連結或儲存，係經由自動化技術予以執行，且連線服務提供者未就傳輸之資訊為任何篩選或修改。

第 90-6 條　有下列情形者，快速存取服務提供者對其使用者侵害他人著作權或製版權之行為，不負賠償責任：

一、未改變存取之資訊。

二、於資訊提供者就該自動存取之原始資訊為修改、刪除或阻斷時，透過自動化技術為相同之處理。

三、經著作權人或製版權人通知其使用者涉有侵權行為後，立即移除或使他人無法進入該涉有侵權之內容或相關資訊。

第 90-7 條　有下列情形者，資訊儲存服務提供者對其使用者侵害他人著作權或製版權之行為，不負賠償責任：

一、對使用者涉有侵權行為不知情。

二、未直接自使用者之侵權行為獲有財產上利益。

三、經著作權人或製版權人通知其使用者涉有侵權行為後，立即移除或使他人無法進入該涉有侵權之內容或相關資訊。

第 90-8 條　有下列情形者，搜尋服務提供者對其使用者侵害他人著作權或製版權之行為，不負賠償責任：

一、對所搜尋或連結之資訊涉有侵權不知情。

二、未直接自使用者之侵權行為獲有財產上利益。

三、經著作權人或製版權人通知其使用者涉有侵權行為後，立即移除或使他人無法進入該涉有侵權之內容或相關資訊。

第 90-9 條　資訊儲存服務提供者應將第九十條之七第三款處理情形，依其與使用者約定之聯絡方式或使用者留存之聯絡資訊，轉送該涉有侵權之使用者。但依其提供服務之性質無法通知者，不在此限。

前項之使用者認其無侵權情事者，得檢具回復通知文件，要求資訊儲存服務提供者回復其被移除或使他人無法進入之內容或相關資訊。

資訊儲存服務提供者於接獲前項之回復通知後，應立即將回復通知文件轉送著作權人或製版權人。

著作權人或製版權人於接獲資訊儲存服務提供者前項通知之次日起十個工作日內，向資訊儲存服務提供者提出已對該使用者訴訟之證明者，資訊儲存服務提供者不負回復之義務。

著作權人或製版權人未依前項規定提出訴訟之證明，資訊儲存服務提供者至遲應於轉送回復通知之次日起十四個工作日內，回復被移除或使他人無法進入之內容或相關資訊。但無法回復者，應事先告知使用者，或提供其他適當方式供使用者回復。

第 90-10 條　有下列情形之一者，網路服務提供者對涉有侵權之使用者，不負賠償責任：

一、依第九十條之六至第九十條之八之規定，移除或使他人無法進入該

涉有侵權之內容或相關資訊。

二、知悉使用者所爲涉有侵權情事後，善意移除或使他人無法進入該涉
　　有侵權之內容或相關資訊。

第 90-11 條　因故意或過失，向網路服務提供者提出不實通知或回復通知，致使用
　　　　　　者、著作權人、製版權人或網路服務提供者受有損害者，負損害賠償責
　　　　　　任。

第 90-12 條　第九十條之四聯繫窗口之公告、第九十條之六至第九十條之九之通知、
　　　　　　回復通知內容、應記載事項、補正及其他應遵行事項之辦法，由主管機
　　　　　　關定之。

第七章　罰則

第 91 條　　擅自以重製之方法侵害他人之著作財產權者，處三年以下有期徒刑、拘
　　　　　　役，或科或併科新臺幣七十五萬元以下罰金。

　　　　　　意圖銷售或出租而擅自以重製之方法侵害他人之著作財產權者，處六月
　　　　　　以上五年以下有期徒刑，得併科新臺幣二十萬元以上二百萬元以下罰
　　　　　　金。

　　　　　　以重製於光碟之方法犯前項之罪者，處六月以上五年以下有期徒刑，得
　　　　　　併科新臺幣五十萬元以上五百萬元以下罰金。

　　　　　　著作僅供個人參考或合理使用者，不構成著作權侵害。

第 91-1 條　擅自以移轉所有權之方法散布著作原件或其重製物而侵害他人之著作財
　　　　　　產權者，處三年以下有期徒刑、拘役，或科或併科新臺幣五十萬元以下
　　　　　　罰金。

　　　　　　明知係侵害著作財產權之重製物而散布或意圖散布而公開陳列或持有
　　　　　　者，處三年以下有期徒刑，得併科新臺幣七萬元以上七十五萬元以下罰
　　　　　　金。

　　　　　　犯前項之罪，其重製物爲光碟者，處六月以上三年以下有期徒刑，得併
　　　　　　科新臺幣二十萬元以上二百萬元以下罰金。但違反第八十七條第四款規
　　　　　　定輸入之光碟，不在此限。

　　　　　　犯前二項之罪，經供出其物品來源，因而破獲者，得減輕其刑。

第 92 條　擅自以公開口述、公開播送、公開上映、公開演出、公開傳輸、公開展示、改作、編輯、出租之方法侵害他人之著作財產權者，處三年以下有期徒刑、拘役，或科或併科新臺幣七十五萬元以下罰金。

第 93 條　有下列情形之一者，處二年以下有期徒刑、拘役，或科或併科新臺幣五十萬元以下罰金：

一、侵害第十五條至第十七條規定之著作人格權者。

二、違反第七十條規定者。

三、以第八十七條第一項第一款、第三款、第五款或第六款方法之一侵害他人之著作權者。但第九十一條之一第二項及第三項規定情形，不在此限。

四、違反第八十七條第一項第七款規定者。

第 94 條　（刪除）

第 95 條　違反第一百十二條規定者，處一年以下有期徒刑、拘役，或科或併科新臺幣二萬元以上二十五萬元以下罰金。

第 96 條　違反第五十九條第二項或第六十四條規定者，科新臺幣五萬元以下罰金。

第 96-1 條　有下列情形之一者，處一年以下有期徒刑、拘役，或科或併科新臺幣二萬元以上二十五萬元以下罰金：

一、違反第八十條之一規定者。

二、違反第八十條之二第二項規定者。

第 96-2 條　依本章科罰金時，應審酌犯人之資力及犯罪所得之利益。如所得之利益超過罰金最多額時，得於所得利益之範圍內酌量加重。

第 97 條　（刪除）

第 97-1 條　事業以公開傳輸之方法，犯第九十一條、第九十二條及第九十三條第四款之罪，經法院判決有罪者，應即停止其行為；如不停止，且經主管機關邀集專家學者及相關業者認定侵害情節重大，嚴重影響著作財產權人權益者，主管機關應限期一個月內改正，屆期不改正者，得命令停業或勒令歇業。

第 98 條　犯第九十一條至第九十三條、第九十五條至第九十六條之一之罪，供

犯罪所用或因犯罪所得之物，得沒收之。但犯第九十一條第三項及第九十一條之一第三項之罪者，其得沒收之物，不以屬於犯人者爲限。

第 98-1 條　犯第九十一條第三項或第九十一條之一第三項之罪，其行爲人逃逸而無從確認者，供犯罪所用或因犯罪所得之物，司法警察機關得逕爲沒入。
前項沒入之物，除沒入款項繳交國庫外，銷燬之。其銷燬或沒入款項之處理程序，準用社會秩序維護法相關規定辦理。

第 99 條　犯第九十一條至第九十三條、第九十五條之罪者，因被害人或其他有告訴權人之聲請，得令將判決書全部或一部登報，其費用由被告負擔。

第 100 條　本章之罪，須告訴乃論。但犯第九十一條第三項及第九十一條之一第三項之罪，不在此限。

第 101 條　法人之代表人、法人或自然人之代理人、受雇人或其他從業人員，因執行業務，犯第九十一條至第九十三條、第九十五條至第九十六條之一之罪者，除依各該條規定處罰其行爲人外，對該法人或自然人亦科各該條之罰金。
對前項行爲人、法人或自然人之一方告訴或撤回告訴者，其效力及於他方。

第 102 條　未經認許之外國法人，對於第九十一條至第九十三條、第九十五條至第九十六條之一之罪，得爲告訴或提起自訴。

第 103 條　司法警察官或司法警察對侵害他人之著作權或製版權，經告訴、告發者，得依法扣押其侵害物，並移送偵辦。

第 104 條　（刪除）

第八章　附則

第 105 條　依本法申請強制授權、製版權登記、製版權讓與登記、製版權信託登記、調解、查閱製版權登記或請求發給謄本者，應繳納規費。
前項收費基準，由主管機關定之。

第 106 條　著作完成於中華民國八十一年六月十日本法修正施行前，且合於中華民國八十七年一月二十一日修正施行前本法第一百零六條至第一百零九條規定之一者，除本章另有規定外，適用本法。

著作完成於中華民國八十一年六月十日本法修正施行後者，適用本法。

第 106-1 條　著作完成於世界貿易組織協定在中華民國管轄區域內生效日之前，未依歷次本法規定取得著作權而依本法所定著作財產權期間計算仍在存續中者，除本章另有規定外，適用本法。但外國人著作在其源流國保護期間已屆滿者，不適用之。

前項但書所稱源流國依西元一九七一年保護文學與藝術著作之伯恩公約第五條規定決定之。

第 106-2 條　依前條規定受保護之著作，其利用人於世界貿易組織協定在中華民國管轄區域內生效日之前，已著手利用該著作或為利用該著作已進行重大投資者，除本章另有規定外，自該生效日起二年內，得繼續利用，不適用第六章及第七章規定。

自中華民國九十二年六月六日本法修正施行起，利用人依前項規定利用著作者，除出租或出借之情形外，應對被利用著作之著作財產權人支付該著作一般經自由磋商所應支付合理之使用報酬。

依前條規定受保護之著作，利用人未經授權所完成之重製物，自本法修正公布一年後，不得再行銷售。但仍得出租或出借。

利用依前條規定受保護之著作另行創作之著作重製物，不適用前項規定。

但除合於第四十四條至第六十五條規定外，應對被利用著作之著作財產權人支付該著作一般經自由磋商所應支付合理之使用報酬。

第 106-3 條　於世界貿易組織協定在中華民國管轄區域內生效日之前，就第一百零六條之一著作改作完成之衍生著作，且受歷次本法保護者，於該生效日以後，得繼續利用，不適用第六章及第七章規定。

自中華民國九十二年六月六日本法修正施行起，利用人依前項規定利用著作者，應對原著作之著作財產權人支付該著作一般經自由磋商所應支付合理之使用報酬。

前二項規定，對衍生著作之保護，不生影響。

第 107 條　（刪除）

第 108 條　（刪除）

第 109 條　　（刪除）

第 110 條　　第十三條規定，於中華民國八十一年六月十日本法修正施行前已完成註冊之著作，不適用之。

第 111 條　　有下列情形之一者，第十一條及第十二條規定，不適用之：

一、依中華民國八十一年六月十日修正施行前本法第十條及第十一條規定取得著作權者。

二、依中華民國八十七年一月二十一日修正施行前本法第十一條及第十二條規定取得著作權者。

第 112 條　　中華民國八十一年六月十日本法修正施行前，翻譯受中華民國八十一年六月十日修正施行前本法保護之外國人著作，如未經其著作權人同意者，於中華民國八十一年六月十日本法修正施行後，除合於第四十四條至第六十五條規定者外，不得再重製。

前項翻譯之重製物，於中華民國八十一年六月十日本法修正施行滿二年後，不得再行銷售。

第 113 條　　自中華民國九十二年六月六日本法修正施行前取得之製版權，依本法所定權利期間計算仍在存續中者，適用本法規定。

第 114 條　　（刪除）

第 115 條　　本國與外國之團體或機構互訂保護著作權之協議，經行政院核准者，視為第四條所稱協定。

第 115-1 條　　製版權登記簿、註冊簿或製版物樣本，應提供民眾閱覽抄錄。

中華民國八十七年一月二十一日本法修正施行前之著作權註冊簿、登記簿或著作樣本，得提供民眾閱覽抄錄。

第 115-2 條　　法院為處理著作權訴訟案件，得設立專業法庭或指定專人辦理。

著作權訴訟案件，法院應以判決書正本一份送著作權專責機關。

第 116 條　　（刪除）

第 117 條　　本法除中華民國八十七年一月二十一日修正公布之第一百零六條之一至第一百零六條之三規定，自世界貿易組織協定在中華民國管轄區域內生效日起施行，及中華民國九十五年五月五日修正之條文，自中華民國九十五年七月一日施行外，自公布日施行。

附錄二：文化資產保存法

第一章　總則

第 1 條　爲保存及活用文化資產，保障文化資產保存普遍平等之參與權，充實國民精神生活，發揚多元文化，特制定本法。

第 2 條　文化資產之保存、維護、宣揚及權利之轉移，依本法之規定。

第 3 條　本法所稱文化資產，指具有歷史、藝術、科學等文化價值，並經指定或登錄之下列有形及無形文化資產：

一、有形文化資產：

(一) 古蹟：指人類爲生活需要所營建之具有歷史、文化、藝術價值之建造物及附屬設施。

(二) 歷史建築：指歷史事件所定著或具有歷史性、地方性、特殊性之文化、藝術價值，應予保存之建造物及附屬設施。

(三) 紀念建築：指與歷史、文化、藝術等具有重要貢獻之人物相關而應予保存之建造物及附屬設施。

(四) 聚落建築群：指建築式樣、風格特殊或與景觀協調，而具有歷史、藝術或科學價值之建造物群或街區。

(五) 考古遺址：指蘊藏過去人類生活遺物、遺跡，而具有歷史、美學、民族學或人類學價值之場域。

(六) 史蹟：指歷史事件所定著而具有歷史、文化、藝術價值應予保存所定著之空間及附屬設施。

(七) 文化景觀：指人類與自然環境經長時間相互影響所形成具有歷史、美學、民族學或人類學價值之場域。

(八) 古物：指各時代、各族群經人爲加工具有文化意義之藝術作品、生活及儀禮器物、圖書文獻及影音資料等。

(九) 自然地景、自然紀念物：指具保育自然價值之自然區域、特殊地形、地質現象、珍貴稀有植物及礦物。

二、無形文化資產：

(一) 傳統表演藝術：指流傳於各族群與地方之傳統表演藝能。

(二) 傳統工藝：指流傳於各族群與地方以手工製作為主之傳統技藝。

(三) 口述傳統：指透過口語、吟唱傳承，世代相傳之文化表現形式。

(四) 民俗：指與國民生活有關之傳統並有特殊文化意義之風俗、儀式、祭典及節慶。

(五) 傳統知識與實踐：指各族群或社群，為因應自然環境而生存、適應與管理，長年累積、發展出之知識、技術及相關實踐。

第 4 條　本法所稱主管機關：在中央為文化部；在直轄市為直轄市政府；在縣（市）為縣（市）政府。但自然地景及自然紀念物之中央主管機關為行政院農業委員會（以下簡稱農委會）。

前條所定各類別文化資產得經審查後以系統性或複合型之型式指定或登錄。如涉及不同主管機關管轄者，其文化資產保存之策劃及共同事項之處理，由文化部或農委會會同有關機關決定之。

第 5 條　文化資產跨越二以上直轄市、縣（市）轄區，其地方主管機關由所在地直轄市、縣（市）主管機關商定之；必要時得由中央主管機關協調指定。

第 6 條　主管機關為審議各類文化資產之指定、登錄、廢止及其他本法規定之重大事項，應組成相關審議會，進行審議。

前項審議會之任務、組織、運作、旁聽、委員之遴聘、任期、迴避及其他相關事項之辦法，由中央主管機關定之。

第 7 條　文化資產之調查、保存、定期巡查及管理維護事項，主管機關得委任所屬機關（構），或委託其他機關（構）、文化資產研究相關之民間團體或個人辦理；中央主管機關並得委辦直轄市、縣（市）主管機關辦理。

第 8 條　本法所稱公有文化資產，指國家、地方自治團體及其他公法人、公營事業所有之文化資產。

公有文化資產，由所有人或管理機關（構）編列預算，辦理保存、修復及管理維護。主管機關於必要時，得予以補助。

前項補助辦法，由中央主管機關定之。

中央主管機關應寬列預算，專款辦理原住民族文化資產之調查、採集、整理、研究、推廣、保存、維護、傳習及其他本法規定之相關事項。

第9條　主管機關應尊重文化資產所有人之權益，並提供其專業諮詢。

前項文化資產所有人對於其財產被主管機關認定為文化資產之行政處分不服時，得依法提起訴願及行政訴訟。

第10條　公有及接受政府補助之文化資產，其調查研究、發掘、維護、修復、再利用、傳習、記錄等工作所繪製之圖說、攝影照片、蒐集之標本或印製之報告等相關資料，均應予以列冊，並送主管機關妥為收藏且定期管理維護。

前項資料，除涉及國家安全、文化資產之安全或其他法規另有規定外，主管機關應主動以網路或其他方式公開，如有必要應移撥相關機關保存展示，其辦法由中央主管機關定之。

第11條　主管機關為從事文化資產之保存、教育、推廣、研究、人才培育及加值運用工作，得設專責機構；其組織另以法律或自治法規定之。

第12條　為實施文化資產保存教育，主管機關應協調各級教育主管機關督導各級學校於相關課程中為之。

第13條　原住民族文化資產所涉以下事項，其處理辦法由中央主管機關會同中央原住民族主管機關定之：

一、調查、研究、指定、登錄、廢止、變更、管理、維護、修復、再利用及其他本法規定之事項。

二、具原住民族文化特性及差異性，但無法依第三條規定類別辦理者之保存事項。

第二章　古蹟、歷史建築、紀念建築及聚落建築群

第14條　主管機關應定期普查或接受個人、團體提報具古蹟、歷史建築、紀念建築及聚落建築群價值者之內容及範圍，並依法定程序審查後，列冊追蹤。

依前項由個人、團體提報者，主管機關應於六個月內辦理審議。

經第一項列冊追蹤者，主管機關得依第十七條至第十九條所定審查程序

辦理。

第 15 條　公有建造物及附屬設施群自建造物興建完竣逾五十年者，或公有土地上所定著之建造物及附屬設施群自建造物興建完竣逾五十年者，所有或管理機關（構）於處分前，應先由主管機關進行文化資產價值評估。

第 16 條　主管機關應建立古蹟、歷史建築、紀念建築及聚落建築群之調查、研究、保存、維護、修復及再利用之完整個案資料。

第 17 條　古蹟依其主管機關區分為國定、直轄市定、縣（市）定三類，由各級主管機關審查指定後，辦理公告。直轄市定、縣（市）定者，並應報中央主管機關備查。

建造物所有人得向主管機關申請指定古蹟，主管機關應依法定程序審查之。

中央主管機關得就前二項，或接受各級主管機關、個人、團體提報、建造物所有人申請已指定之直轄市定、縣（市）定古蹟，審查指定為國定古蹟後，辦理公告。

古蹟滅失、減損或增加其價值時，主管機關得廢止其指定或變更其類別，並辦理公告。直轄市定、縣（市）定者，應報中央主管機關核定。

古蹟指定基準、廢止條件、申請與審查程序、輔助及其他應遵行事項之辦法，由中央主管機關定之。

第 18 條　歷史建築、紀念建築由直轄市、縣（市）主管機關審查登錄後，辦理公告，並報中央主管機關備查。

建造物所有人得向直轄市、縣（市）主管機關申請登錄歷史建築、紀念建築，主管機關應依法定程序審查之。

對已登錄之歷史建築、紀念建築，中央主管機關得予以輔助。

歷史建築、紀念建築滅失、減損或增加其價值時，主管機關得廢止其登錄或變更其類別，並辦理公告。

歷史建築、紀念建築登錄基準、廢止條件、申請與審查程序、輔助及其他應遵行事項之辦法，由中央主管機關定之。

第 19 條　聚落建築群由直轄市、縣（市）主管機關審查登錄後，辦理公告，並報中央主管機關備查。

所在地居民或團體得向直轄市、縣（市）主管機關申請登錄聚落建築群，主管機關受理該項申請，應依法定程序審查之。

中央主管機關得就前二項，或接受各級主管機關、個人、團體提報、所在地居民或團體申請已登錄之聚落建築群，審查登錄為重要聚落建築群後，辦理公告。

前三項登錄基準、審查、廢止條件與程序、輔助及其他應遵行事項之辦法，由中央主管機關定之。

第 20 條　進入第十七條至第十九條所稱之審議程序者，為暫定古蹟。

未進入前項審議程序前，遇有緊急情況時，主管機關得逕列為暫定古蹟，並通知所有人、使用人或管理人。

暫定古蹟於審議期間內視同古蹟，應予以管理維護；其審議期間以六個月為限；必要時得延長一次。主管機關應於期限內完成審議，期滿失其暫定古蹟之效力。

建造物經列為暫定古蹟，致權利人之財產受有損失者，主管機關應給與合理補償；其補償金額以協議定之。

第二項暫定古蹟之條件及應踐行程序之辦法，由中央主管機關定之。

第 21 條　古蹟、歷史建築、紀念建築及聚落建築群由所有人、使用人或管理人管理維護。所在地直轄市、縣（市）主管機關應提供專業諮詢，於必要時得輔助之。

公有之古蹟、歷史建築、紀念建築及聚落建築群必要時得委由其所屬機關（構）或其他機關（構）、登記有案之團體或個人管理維護。

公有之古蹟、歷史建築、紀念建築、聚落建築群及其所定著之土地，除政府機關（構）使用者外，得由主管機關辦理無償撥用。

公有之古蹟、歷史建築、紀念建築及聚落建築群之管理機關，得優先與擁有該定著空間、建造物相關歷史、事件、人物相關文物之公、私法人相互無償、平等簽約合作，以該公有空間、建造物辦理與其相關歷史、事件、人物之保存、教育、展覽、經營管理等相關紀念事業。

第 22 條　公有之古蹟、歷史建築、紀念建築及聚落建築群管理維護所衍生之收益，其全部或一部得由各管理機關（構）作為其管理維護費用，不受國

有財產法第七條、國營事業管理法第十三條及其相關法規之限制。

第 23 條　古蹟之管理維護，指下列事項：

一、日常保養及定期維修。

二、使用或再利用經營管理。

三、防盜、防災、保險。

四、緊急應變計畫之擬定。

五、其他管理維護事項。

古蹟於指定後，所有人、使用人或管理人應擬定管理維護計畫，並報主管機關備查。

古蹟所有人、使用人或管理人擬定管理維護計畫有困難時，主管機關應主動協助擬定。

第一項管理維護辦法，由中央主管機關定之。

第 24 條　古蹟應保存原有形貌及工法，如因故毀損，而主要構造與建材仍存在者，應基於文化資產價值優先保存之原則，依照原有形貌修復，並得依其性質，由所有人、使用人或管理人提出計畫，經主管機關核准後，採取適當之修復或再利用方式。所在地直轄市、縣（市）主管機關於必要時得輔助之。

前項修復計畫，必要時得採用現代科技與工法，以增加其抗震、防災、防潮、防蛀等機能及存續年限。

第一項再利用計畫，得視需要在不變更古蹟原有形貌原則下，增加必要設施。

因重要歷史事件或人物所指定之古蹟，其使用或再利用應維持或彰顯原指定之理由與價值。

古蹟辦理整體性修復及再利用過程中，應分階段舉辦說明會、公聽會，相關資訊應公開，並應通知當地居民參與。

古蹟修復及再利用辦理事項、方式、程序、相關人員資格及其他應遵行事項之辦法，由中央主管機關定之。

第 25 條　聚落建築群應保存原有建築式樣、風格或景觀，如因故毀損，而主要紋理及建築構造仍存在者，應基於文化資產價值優先保存之原則，依照

原式樣、風格修復，並得依其性質，由所在地之居民或團體提出計畫，經主管機關核准後，採取適當之修復或再利用方式。所在地直轄市、縣（市）主管機關於必要時得輔助之。

聚落建築群修復及再利用辦理事項、方式、程序、相關人員資格及其他應遵行事項之辦法，由中央主管機關定之。

第 26 條　為利古蹟、歷史建築、紀念建築及聚落建築群之修復及再利用，有關其建築管理、土地使用及消防安全等事項，不受區域計畫法、都市計畫法、國家公園法、建築法、消防法及其相關法規全部或一部之限制；其審核程序、查驗標準、限制項目、應備條件及其他應遵行事項之辦法，由中央主管機關會同內政部定之。

第 27 條　因重大災害有辦理古蹟緊急修復之必要者，其所有人、使用人或管理人應於災後三十日內提報搶修計畫，並於災後六個月內提出修復計畫，均於主管機關核准後為之。

私有古蹟之所有人、使用人或管理人，提出前項計畫有困難時，主管機關應主動協助擬定搶修或修復計畫。

前二項規定，於歷史建築、紀念建築及聚落建築群之所有人、使用人或管理人同意時，準用之。

古蹟、歷史建築、紀念建築及聚落建築群重大災害應變處理辦法，由中央主管機關定之。

第 28 條　古蹟、歷史建築或紀念建築經主管機關審查認因管理不當致有滅失或減損價值之虞者，主管機關得通知所有人、使用人或管理人限期改善，屆期未改善者，主管機關得逕為管理維護、修復，並徵收代履行所需費用，或強制徵收古蹟、歷史建築或紀念建築及其所定著土地。

第 29 條　政府機關、公立學校及公營事業辦理古蹟、歷史建築、紀念建築及聚落建築群之修復或再利用，其採購方式、種類、程序、範圍、相關人員資格及其他應遵行事項之辦法，由中央主管機關定之，不受政府採購法限制。但不得違反我國締結之條約及協定。

第 30 條　私有之古蹟、歷史建築、紀念建築及聚落建築群之管理維護、修復及再利用所需經費，主管機關於必要時得補助之。

歷史建築、紀念建築之保存、修復、再利用及管理維護等，準用第
二十三條及第二十四條規定。

第 31 條　公有及接受政府補助之私有古蹟、歷史建築、紀念建築及聚落建築群，
應適度開放大眾參觀。

依前項規定開放參觀之古蹟、歷史建築、紀念建築及聚落建築群，得酌
收費用；其費額，由所有人、使用人或管理人擬訂，報經主管機關核
定。公有者，並應依規費法相關規定程序辦理。

第 32 條　古蹟、歷史建築或紀念建築及其所定著土地所有權移轉前，應事先通知
主管機關；其屬私有者，除繼承者外，主管機關有依同樣條件優先購買
之權。

第 33 條　發見具古蹟、歷史建築、紀念建築及聚落建築群價值之建造物，應即通
知主管機關處理。

營建工程或其他開發行為進行中，發見具古蹟、歷史建築、紀念建築及
聚落建築群價值之建造物時，應即停止工程或開發行為之進行，並報主
管機關處理。

第 34 條　營建工程或其他開發行為，不得破壞古蹟、歷史建築、紀念建築及聚落
建築群之完整，亦不得遮蓋其外貌或阻塞其觀覽之通道。

有前項所列情形之虞者，於工程或開發行為進行前，應經主管機關召開
古蹟、歷史建築、紀念建築及聚落建築群審議會審議通過後，始得為
之。

第 35 條　古蹟、歷史建築、紀念建築及聚落建築群所在地都市計畫之訂定或變
更，應先徵求主管機關之意見。

政府機關策定重大營建工程計畫，不得妨礙古蹟、歷史建築、紀念建築
及聚落建築群之保存及維護，並應先調查工程地區有無古蹟、歷史建
築、紀念建築及聚落建築群或具古蹟、歷史建築、紀念建築及聚落建築
群價值之建造物，必要時由主管機關予以協助；如有發見，主管機關應
依第十七條至第十九條審查程序辦理。

第 36 條　古蹟不得遷移或拆除。但因國防安全、重大公共安全或國家重大建設，
由中央目的事業主管機關提出保護計畫，經中央主管機關召開審議會審

議並核定者，不在此限。

第 37 條　　為維護古蹟並保全其環境景觀，主管機關應會同有關機關訂定古蹟保存計畫，據以公告實施。

古蹟保存計畫公告實施後，依計畫內容應修正或變更之區域計畫、都市計畫或國家公園計畫，相關主管機關應按各計畫所定期限辦理變更作業。

主管機關於擬定古蹟保存計畫過程中，應分階段舉辦說明會、公聽會及公開展覽，並應通知當地居民參與。

第一項古蹟保存計畫之項目、內容、訂定程序、公告、變更、撤銷、廢止及其他應遵行事項之辦法，由中央主管機關會商有關機關定之。

第 38 條　　古蹟定著土地之周邊公私營建工程或其他開發行為之申請，各目的事業主管機關於都市設計之審議時，應會同主管機關就公共開放空間系統配置與其綠化、建築量體配置、高度、造型、色彩及風格等影響古蹟風貌保存之事項進行審查。

第 39 條　　主管機關得就第三十七條古蹟保存計畫內容，依區域計畫法、都市計畫法或國家公園法等有關規定，編定、劃定或變更為古蹟保存用地或保存區、其他使用用地或分區，並依本法相關規定予以保存維護。

前項古蹟保存用地或保存區、其他使用用地或分區，對於開發行為、土地使用，基地面積或基地內應保留空地之比率、容積率、基地內前後側院之深度、寬度、建築物之形貌、高度、色彩及有關交通、景觀等事項，得依實際情況為必要規定及採取必要之獎勵措施。

前二項規定於歷史建築、紀念建築準用之。

中央主管機關於擬定經行政院核定之國定古蹟保存計畫，如影響當地居民權益，主管機關除得依法辦理徵收外，其協議價購不受土地徵收條例第十一條第四項之限制。

第 40 條　　為維護聚落建築群並保全其環境景觀，主管機關應訂定聚落建築群之保存及再發展計畫後，並得就其建築形式與都市景觀制定維護方針，依區域計畫法、都市計畫法或國家公園法等有關規定，編定、劃定或變更為特定專用區。

前項編定、劃定或變更之特定專用區之風貌管理，主管機關得採取必要之獎勵或補助措施。

第一項保存及再發展計畫之擬定，應召開公聽會，並與當地居民協商溝通後為之。

第 41 條　古蹟除以政府機關為管理機關者外，其所定著之土地、古蹟保存用地、保存區、其他使用用地或分區內土地，因古蹟之指定、古蹟保存用地、保存區、其他使用用地或分區之編定、劃定或變更，致其原依法可建築之基準容積受到限制部分，得等值移轉至其他地方建築使用或享有其他獎勵措施；其辦法，由內政部會商文化部定之。

前項所稱其他地方，係指同一都市土地主要計畫地區或區域計畫地區之同一直轄市、縣（市）內之地區。但經內政部都市計畫委員會審議通過後，得移轉至同一直轄市、縣（市）之其他主要計畫地區。

第一項之容積一經移轉，其古蹟之指定或古蹟保存用地、保存區、其他使用用地或分區之管制，不得任意廢止。

經土地所有人依第一項提出古蹟容積移轉申請時，主管機關應協調相關單位完成其容積移轉之計算，並以書面通知所有權人或管理人。

第 42 條　依第三十九條及第四十條規定劃設之古蹟、歷史建築或紀念建築保存用地或保存區、其他使用用地或分區及特定專用區內，關於下列事項之申請，應經目的事業主管機關核准：

一、建築物與其他工作物之新建、增建、改建、修繕、遷移、拆除或其他外形及色彩之變更。

二、宅地之形成、土地之開墾、道路之整修、拓寬及其他土地形狀之變更。

三、竹木採伐及土石之採取。

四、廣告物之設置。

目的事業主管機關為審查前項之申請，應會同主管機關為之。

第三章　考古遺址

第 43 條　主管機關應定期普查或接受個人、團體提報具考古遺址價值者之內容及

　　　　　　　範圍，並依法定程序審查後，列冊追蹤。

　　　　　　　經前項列冊追蹤者，主管機關得依第四十六條所定審查程序辦理。

第 44 條　　主管機關應建立考古遺址之調查、研究、發掘及修復之完整個案資料。

第 45 條　　主管機關為維護考古遺址之需要，得培訓相關專業人才，並建立系統性之監管及通報機制。

第 46 條　　考古遺址依其主管機關，區分為國定、直轄市定、縣（市）定三類。

　　　　　　　直轄市定、縣（市）定考古遺址，由直轄市、縣（市）主管機關審查指定後，辦理公告，並報中央主管機關備查。

　　　　　　　中央主管機關得就前項，或接受各級主管機關、個人、團體提報已指定之直轄市定、縣（市）定考古遺址，審查指定為國定考古遺址後，辦理公告。

　　　　　　　考古遺址滅失、減損或增加其價值時，準用第十七條第四項規定。

　　　　　　　考古遺址指定基準、廢止條件、審查程序及其他應遵行事項之辦法，由中央主管機關定之。

第 47 條　　具考古遺址價值者，經依第四十三條規定列冊追蹤後，於審查指定程序終結前，直轄市、縣（市）主管機關應負責監管，避免其遭受破壞。

　　　　　　　前項列冊考古遺址之監管保護，準用第四十八條第一項及第二項規定。

第 48 條　　考古遺址由主管機關訂定考古遺址監管保護計畫，進行監管保護。

　　　　　　　前項監管保護，主管機關得委任所屬機關（構），或委託其他機關（構）、文化資產研究相關之民間團體或個人辦理；中央主管機關並得委辦直轄市、縣（市）主管機關辦理。

　　　　　　　考古遺址之監管保護辦法，由中央主管機關定之。

第 49 條　　為維護考古遺址並保全其環境景觀，主管機關得會同有關機關訂定考古遺址保存計畫，並依區域計畫法、都市計畫法或國家公園法等有關規定，編定、劃定或變更為保存用地或保存區、其他使用用地或分區，並依本法相關規定予以保存維護。

　　　　　　　前項保存用地或保存區、其他使用用地或分區範圍、利用方式及景觀維護等事項，得依實際情況為必要之規定及採取獎勵措施。

　　　　　　　劃入考古遺址保存用地或保存區、其他使用用地或分區之土地，主管機

關得辦理撥用或徵收之。

第 50 條　考古遺址除以政府機關爲管理機關者外，其所定著之土地、考古遺址保
　　　　　存用地、保存區、其他使用用地或分區內土地，因考古遺址之指定、考
　　　　　古遺址保存用地、保存區、其他使用用地或分區之編定、劃定或變更，
　　　　　致其原依法可建築之基準容積受到限制部分，得等值移轉至其他地方建
　　　　　築使用或享有其他獎勵措施；其辦法，由內政部會商文化部定之。
　　　　　前項所稱其他地方，係指同一都市土地主要計畫地區或區域計畫地區之
　　　　　同一直轄市、縣（市）內之地區。但經內政部都市計畫委員會審議通過
　　　　　後，得移轉至同一直轄市、縣（市）之其他主要計畫地區。
　　　　　第一項之容積一經移轉，其考古遺址之指定或考古遺址保存用地、保存
　　　　　區、其他使用用地或分區之管制，不得任意廢止。

第 51 條　考古遺址之發掘，應由學者專家、學術或專業機構向主管機關提出申
　　　　　請，經審議會審議，並由主管機關核准，始得爲之。
　　　　　前項考古遺址之發掘者，應製作發掘報告，於主管機關所定期限內，報
　　　　　請主管機關備查，並公開發表。
　　　　　發掘完成之考古遺址，主管機關應促進其活用，並適度開放大眾參觀。
　　　　　考古遺址發掘之資格限制、條件、審查程序及其他應遵行事項之辦法，
　　　　　由中央主管機關定之。

第 52 條　外國人不得在我國國土範圍內調查及發掘考古遺址。但與國內學術或專
　　　　　業機構合作，經中央主管機關許可者，不在此限。

第 53 條　考古遺址發掘出土之遺物，應由其發掘者列冊，送交主管機關指定保管
　　　　　機關（構）保管。

第 54 條　主管機關爲保護、調查或發掘考古遺址，認有進入公、私有土地之必要
　　　　　時，應先通知土地所有人、使用人或管理人；土地所有人、使用人或管
　　　　　理人非有正當理由，不得規避、妨礙或拒絕。
　　　　　因前項行爲，致土地所有人受有損失者，主管機關應給與合理補償；其
　　　　　補償金額，以協議定之，協議不成時，土地所有人得向行政法院提起給
　　　　　付訴訟。

第 55 條　考古遺址定著土地所有權移轉前，應事先通知主管機關。其屬私有者，

除繼承者外,主管機關有依同樣條件優先購買之權。

第 56 條　政府機關、公立學校及公營事業辦理考古遺址調查、研究或發掘有關之採購,其採購方式、種類、程序、範圍、相關人員資格及其他應遵行事項之辦法,由中央主管機關定之,不受政府採購法限制。但不得違反我國締結之條約及協定。

第 57 條　發見疑似考古遺址,應即通知所在地直轄市、縣(市)主管機關採取必要維護措施。

營建工程或其他開發行為進行中,發見疑似考古遺址時,應即停止工程或開發行為之進行,並通知所在地直轄市、縣(市)主管機關。除前項措施外,主管機關應即進行調查,並送審議會審議,以採取相關措施,完成審議程序前,開發單位不得復工。

第 58 條　考古遺址所在地都市計畫之訂定或變更,應先徵求主管機關之意見。

政府機關策定重大營建工程計畫時,不得妨礙考古遺址之保存及維護,並應先調查工程地區有無考古遺址、列冊考古遺址或疑似考古遺址;如有發見,應即通知主管機關,主管機關應依第四十六條審查程序辦理。

第 59 條　疑似考古遺址及列冊考古遺址之保護、調查、研究、發掘、採購及出土遺物之保管等事項,準用第五十一條至第五十四條及第五十六條規定。

第四章　史蹟、文化景觀

第 60 條　直轄市、縣(市)主管機關應定期普查或接受個人、團體提報具史蹟、文化景觀價值之內容及範圍,並依法定程序審查後,列冊追蹤。

依前項由個人、團體提報者,主管機關應於六個月內辦理審議。

經第一項列冊追蹤者,主管機關得依第六十一條所定審查程序辦理。

第 61 條　史蹟、文化景觀由直轄市、縣(市)主管機關審查登錄後,辦理公告,並報中央主管機關備查。

中央主管機關得就前項,或接受各級主管機關、個人、團體提報已登錄之史蹟、文化景觀,審查登錄為重要史蹟、重要文化景觀後,辦理公告。

史蹟、文化景觀滅失或其價值減損,主管機關得廢止其登錄或變更其類

別，並辦理公告。

史蹟、文化景觀登錄基準、保存重要性、廢止條件、審查程序及其他應遵行事項之辦法，由中央主管機關定之。

進入史蹟、文化景觀審議程序者，為暫定史蹟、暫定文化景觀，準用第二十條規定。

第 62 條　史蹟、文化景觀之保存及管理原則，由主管機關召開審議會依個案性質決定，並得依其特性及實際發展需要，作必要調整。

主管機關應依前項原則，訂定史蹟、文化景觀之保存維護計畫，進行監管保護，並輔導史蹟、文化景觀所有人、使用人或管理人配合辦理。

前項公有史蹟、文化景觀管理維護所衍生之收益，準用第二十二條規定辦理。

第 63 條　為維護史蹟、文化景觀並保全其環境，主管機關得會同有關機關訂定史蹟、文化景觀保存計畫，並依區域計畫法、都市計畫法或國家公園法等有關規定，編定、劃定或變更為保存用地或保存區、其他使用用地或分區，並依本法相關規定予以保存維護。

前項保存用地或保存區、其他使用用地或分區用地範圍、利用方式及景觀維護等事項，得依實際情況為必要規定及採取獎勵措施。

第 64 條　為利史蹟、文化景觀範圍內建造物或設施之保存維護，有關其建築管理、土地使用及消防安全等事項，不受區域計畫法、都市計畫法、國家公園法、建築法、消防法及其相關法規全部或一部之限制；其審核程序、查驗標準、限制項目、應備條件及其他應遵行事項之辦法，由中央主管機關會同內政部定之。

第五章　古物

第 65 條　古物依其珍貴稀有價值，分為國寶、重要古物及一般古物。

主管機關應定期普查或接受個人、團體提報具古物價值之項目、內容及範圍，依法定程序審查後，列冊追蹤。

經前項列冊追蹤者，主管機關得依第六十七條、第六十八條所定審查程序辦理。

第 66 條　中央政府機關及其附屬機關（構）、國立學校、國營事業及國立文物保
　　　　　管機關（構）應就所保存管理之文物暫行分級報中央主管機關備查，並
　　　　　就其中具國寶、重要古物價值者列冊，報中央主管機關審查。

第 67 條　私有及地方政府機關（構）保管之文物，由直轄市、縣（市）主管機關
　　　　　審查指定一般古物後，辦理公告，並報中央主管機關備查。

第 68 條　中央主管機關應就前二條所列冊或指定之古物，擇其價值較高者，審查
　　　　　指定為國寶、重要古物，並辦理公告。

　　　　　前項國寶、重要古物滅失、減損或增加其價值時，中央主管機關得廢止
　　　　　其指定或變更其類別，並辦理公告。

　　　　　古物之分級、指定、指定基準、廢止條件、審查程序及其他應遵行事項
　　　　　之辦法，由中央主管機關定之。

第 69 條　公有古物，由保存管理之政府機關（構）管理維護，其辦法由中央主管
　　　　　機關訂定之。

　　　　　前項保管機關（構）應就所保管之古物，建立清冊，並訂定管理維護相
　　　　　關規定，報主管機關備查。

第 70 條　有關機關依法沒收、沒入或收受外國交付、捐贈之文物，應列冊送交主
　　　　　管機關指定之公立文物保管機關（構）保管之。

第 71 條　公立文物保管機關（構）為研究、宣揚之需要，得就保管之公有古物，
　　　　　具名複製或監製。他人非經原保管機關（構）准許及監製，不得再複
　　　　　製。

　　　　　前項公有古物複製及監製管理辦法，由中央主管機關定之。

第 72 條　私有國寶、重要古物之所有人，得向公立文物保存或相關專業機關
　　　　　（構）申請專業維護；所需經費，主管機關得補助之。

　　　　　中央主管機關得要求公有或接受前項專業維護之私有國寶、重要古物，
　　　　　定期公開展覽。

第 73 條　中華民國境內之國寶、重要古物，不得運出國外。但因戰爭、必要修
　　　　　復、國際文化交流舉辦展覽或其他特殊情況，而有運出國外之必要，經
　　　　　中央主管機關報請行政院核准者，不在此限。

　　　　　前項申請與核准程序、辦理保險、移運、保管、運出、運回期限及其他

應遵行事項之辦法，由中央主管機關定之。

第 74 條　具歷史、藝術或科學價值之百年以上之文物，因展覽、研究或修復等原因運入，須再運出，或運出須再運入，應事先向主管機關提出申請。

前項申請程序、辦理保險、移運、保管、運入、運出期限及其他應遵行事項之辦法，由中央主管機關定之。

第 75 條　私有國寶、重要古物所有權移轉前，應事先通知中央主管機關；除繼承者外，公立文物保管機關（構）有依同樣條件優先購買之權。

第 76 條　發見具古物價值之無主物，應即通知所在地直轄市、縣（市）主管機關，採取維護措施。

第 77 條　營建工程或其他開發行為進行中，發見具古物價值者，應即停止工程或開發行為之進行，並報所在地直轄市、縣（市）主管機關依第六十七條審查程序辦理。

第六章　自然地景、自然紀念物

第 78 條　自然地景依其性質，區分為自然保留區、地質公園；自然紀念物包括珍貴稀有植物、礦物、特殊地形及地質現象。

第 79 條　主管機關應定期普查或接受個人、團體提報具自然地景、自然紀念物價值者之內容及範圍，並依法定程序審查後，列冊追蹤。

經前項列冊追蹤者，主管機關得依第八十一條所定審查程序辦理。

第 80 條　主管機關應建立自然地景、自然紀念物之調查、研究、保存、維護之完整個案資料。

主管機關應對自然紀念物辦理有關教育、保存等紀念計畫。

第 81 條　自然地景、自然紀念物依其主管機關，區分為國定、直轄市定、縣（市）定三類，由各級主管機關審查指定後，辦理公告。直轄市定、縣（市）定者，並應報中央主管機關備查。

具自然地景、自然紀念物價值之所有人得向主管機關申請指定，主管機關應依法定程序審查之。

自然地景、自然紀念物滅失、減損或增加其價值時，主管機關得廢止其指定或變更其類別，並辦理公告。直轄市定、縣（市）定者，應報中央

主管機關核定。

前三項指定基準、廢止條件、申請與審查程序、輔助及其他應遵行事項之辦法，由中央主管機關定之。

第 82 條　自然地景、自然紀念物由所有人、使用人或管理人管理維護；主管機關對私有自然地景、自然紀念物，得提供適當輔導。

自然地景、自然紀念物得委任、委辦其所屬機關（構）或委託其他機關（構）、登記有案之團體或個人管理維護。

自然地景、自然紀念物之管理維護者應擬定管理維護計畫，報主管機關備查。

第 83 條　自然地景、自然紀念物管理不當致有滅失或減損價值之虞之處理，準用第二十八條規定。

第 84 條　進入自然地景、自然紀念物指定之審議程序者，為暫定自然地景、暫定自然紀念物。

具自然地景、自然紀念物價值者遇有緊急情況時，主管機關得指定為暫定自然地景、暫定自然紀念物，並通知所有人、使用人或管理人。

暫定自然地景、暫定自然紀念物之效力、審查期限、補償及應踐行程序等事項，準用第二十條規定。

第 85 條　自然紀念物禁止採摘、砍伐、挖掘或以其他方式破壞，並應維護其生態環境。但原住民族為傳統文化、祭儀需要及研究機構為研究、陳列或國際交換等特殊需要，報經主管機關核准者，不在此限。

第 86 條　自然保留區禁止改變或破壞其原有自然狀態。

為維護自然保留區之原有自然狀態，除其他法律另有規定外，非經主管機關許可，不得任意進入其區域範圍；其申請資格、許可條件、作業程序及其他應遵行事項之辦法，由中央主管機關定之。

第 87 條　自然地景、自然紀念物所在地訂定或變更區域計畫或都市計畫，應先徵求主管機關之意見。

政府機關策定重大營建工程計畫時，不得妨礙自然地景、自然紀念物之保存及維護，並應先調查工程地區有無具自然地景、自然紀念物價值者；如有發現，應即報主管機關依第八十一條審查程序辦理。

第 88 條　　　發見具自然地景、自然紀念物價值者，應即報主管機關處理。

營建工程或其他開發行為進行中，發見具自然地景、自然紀念物價值者，應即停止工程或開發行為之進行，並報主管機關處理。

第七章　無形文化資產

第 89 條　　　直轄市、縣（市）主管機關應定期普查或接受個人、團體提報具保存價值之無形文化資產項目、內容及範圍，並依法定程序審查後，列冊追蹤。

經前項列冊追蹤者，主管機關得依第九十一條所定審查程序辦理。

第 90 條　　　直轄市、縣（市）主管機關應建立無形文化資產之調查、採集、研究、傳承、推廣及活化之完整個案資料。

第 91 條　　　傳統表演藝術、傳統工藝、口述傳統、民俗及傳統知識與實踐由直轄市、縣（市）主管機關審查登錄，辦理公告，並應報中央主管機關備查。

中央主管機關得就前項，或接受個人、團體提報已登錄之無形文化資產，審查登錄為重要傳統表演藝術、重要傳統工藝、重要口述傳統、重要民俗、重要傳統知識與實踐後，辦理公告。

依前二項規定登錄之無形文化資產項目，主管機關應認定其保存者，賦予其編號、頒授登錄證書，並得視需要協助保存者進行保存維護工作。

各類無形文化資產滅失或減損其價值時，主管機關得廢止其登錄或變更其類別，並辦理公告。直轄市、縣（市）登錄者，應報中央主管機關核定。

第 92 條　　　主管機關應訂定無形文化資產保存維護計畫，並應就其中瀕臨滅絕者詳細製作紀錄、傳習，或採取為保存維護所作之適當措施。

第 93 條　　　保存者因死亡、變更、解散或其他特殊理由而無法執行前條之無形文化資產保存維護計畫，主管機關得廢止該保存者之認定。直轄市、縣（市）廢止者，應報中央主管機關備查。

中央主管機關得就聲譽卓著之無形文化資產保存者頒授證書，並獎助辦理其無形文化資產之記錄、保存、活化、實踐及推廣等工作。

各類無形文化資產之登錄、保存者之認定基準、變更、廢止條件、審查程序、編號、授予證書、輔助及其他應遵行事項之辦法，由中央主管機關定之。

第 94 條　主管機關應鼓勵民間辦理無形文化資產之記錄、建檔、傳承、推廣及活化等工作。

前項工作所需經費，主管機關得補助之。

第八章　文化資產保存技術及保存者

第 95 條　主管機關應普查或接受個人、團體提報文化資產保存技術及其保存者，依法定程序審查後，列冊追蹤，並建立基礎資料。

前項所稱文化資產保存技術，指進行文化資產保存及修復工作不可或缺，且必須加以保護需要之傳統技術；其保存者，指保存技術之擁有、精通且能正確體現者。

主管機關應對文化資產保存技術保存者，賦予編號、授予證書及獎勵補助。

第 96 條　直轄市、縣（市）主管機關得就已列冊之文化資產保存技術，擇其必要且需保護者，審查登錄為文化資產保存技術，辦理公告，並報中央主管機關備查。

中央主管機關得就前條已列冊或前項已登錄之文化資產保存技術中，擇其急需加以保護者，審查登錄為重要文化資產保存技術，並辦理公告。

前二項登錄文化資產保存技術，應認定其保存者。

文化資產保存技術無需再加以保護時，或其保存者因死亡、喪失行為能力或變更等情事，主管機關得廢止或變更其登錄或認定，並辦理公告。直轄市、縣（市）廢止或變更者，應報中央主管機關備查。

前四項登錄及認定基準、審查、廢止條件與程序、變更及其他應遵行事項之辦法，由中央主管機關定之。

第 97 條　主管機關應對登錄之保存技術及其保存者，進行技術保存及傳習，並活用該項技術於文化資產保存修護工作。

前項保存技術之保存、傳習、活用與其保存者之技術應用、人才養成及

輔助辦法，由中央主管機關定之。

第九章　獎勵

第 98 條　　有下列情形之一者，主管機關得給予獎勵或補助：

一、捐獻私有古蹟、歷史建築、紀念建築、考古遺址或其所定著之土地、自然地景、自然紀念物予政府。

二、捐獻私有國寶、重要古物予政府。

三、發見第三十三條之建造物、第五十七條之疑似考古遺址、第七十六條之具古物價值之無主物或第八十八條第一項之具自然地景價值之區域或自然紀念物，並即通報主管機關處理。

四、維護或傳習文化資產具有績效。

五、對闡揚文化資產保存有顯著貢獻。

六、主動將私有古物申請指定，並經中央主管機關依第六十八條規定審查指定為國寶、重要古物。

前項獎勵或補助辦法，由文化部、農委會分別定之。

第 99 條　　私有古蹟、考古遺址及其所定著之土地，免徵房屋稅及地價稅。

私有歷史建築、紀念建築、聚落建築群、史蹟、文化景觀及其所定著之土地，得在百分之五十範圍內減徵房屋稅及地價稅；其減免範圍、標準及程序之法規，由直轄市、縣（市）主管機關訂定，報財政部備查。

第 100 條　　私有古蹟、歷史建築、紀念建築、考古遺址及其所定著之土地，因繼承而移轉者，免徵遺產稅。

本法公布生效前發生之古蹟、歷史建築、紀念建築或考古遺址繼承，於本法公布生效後，尚未核課或尚未核課確定者，適用前項規定。

第 101 條　　出資贊助辦理古蹟、歷史建築、紀念建築、古蹟保存區內建築物、考古遺址、聚落建築群、史蹟、文化景觀、古物之修復、再利用或管理維護者，其捐贈或贊助款項，得依所得稅法第十七條第一項第二款第二目及第三十六條第一款規定，列舉扣除或列為當年度費用，不受金額之限制。

前項贊助費用，應交付主管機關、國家文化藝術基金會、直轄市或縣

（市）文化基金會，會同有關機關辦理前項修復、再利用或管理維護事項。該項贊助經費，經贊助者指定其用途，不得移作他用。

第 102 條　自然人、法人、團體或機構承租，並出資修復公有古蹟、歷史建築、紀念建築、古蹟保存區內建築物、考古遺址、聚落建築群、史蹟、文化景觀者，得減免租金；其減免金額，以主管機關依其管理維護情形定期檢討核定，其相關辦法由中央主管機關定之。

第十章　罰則

第 103 條　有下列行為之一者，處六個月以上五年以下有期徒刑，得併科新臺幣五十萬元以上二千萬元以下罰金：

一、違反第三十六條規定遷移或拆除古蹟。

二、毀損古蹟、暫定古蹟之全部、一部或其附屬設施。

三、毀損考古遺址之全部、一部或其遺物、遺跡。

四、毀損或竊取國寶、重要古物及一般古物。

五、違反第七十三條規定，將國寶、重要古物運出國外，或經核准出國之國寶、重要古物，未依限運回。

六、違反第八十五條規定，採摘、砍伐、挖掘或以其他方式破壞自然紀念物或其生態環境。

七、違反第八十六條第一項規定，改變或破壞自然保留區之自然狀態。

前項之未遂犯，罰之。

第 104 條　有前條第一項各款行為者，其損害部分應回復原狀；不能回復原狀或回復顯有重大困難者，應賠償其損害。

前項負有回復原狀之義務而不為者，得由主管機關代履行，並向義務人徵收費用。

第 105 條　法人之代表人、法人或自然人之代理人、受僱人或其他從業人員，因執行職務犯第一百零三條之罪者，除依該條規定處罰其行為人外，對該法人或自然人亦科以同條所定之罰金。

第 106 條　有下列情事之一者，處新臺幣三十萬元以上二百萬元以下罰鍰：

一、古蹟之所有人、使用人或管理人，對古蹟之修復或再利用，違反第

二十四條規定，未依主管機關核定之計畫為之。

二、古蹟之所有人、使用人或管理人，對古蹟之緊急修復，未依第
　　二十七條規定期限內提出修復計畫或未依主管機關核定之計畫為
　　之。

三、古蹟、自然地景、自然紀念物之所有人、使用人或管理人經主管機
　　關依第二十八條、第八十三條規定通知限期改善，屆期仍未改善。

四、營建工程或其他開發行為，違反第三十四條第一項、第五十七條第
　　二項、第七十七條或第八十八條第二項規定者。

五、發掘考古遺址、列冊考古遺址或疑似考古遺址，違反第五十一條、
　　第五十二條或第五十九條規定。

六、再複製公有古物，違反第七十一條第一項規定，未經原保管機關
　　（構）核准者。

七、毀損歷史建築、紀念建築之全部、一部或其附屬設施。

有前項第一款、第二款及第四款至第六款情形之一，經主管機關限期通
知改正而不改正，或未依改正事項改正者，得按次分別處罰，至改正為
止；情況急迫時，主管機關得代為必要處置，並向行為人徵收代履行費
用；第四款情形，並得勒令停工，通知自來水、電力事業等配合斷絕自
來水、電力或其他能源。

有第一項各款情形之一，其產權屬公有者，主管機關並應公布該管理機
關名稱及將相關人員移請權責機關懲處或懲戒。

有第一項第七款情形者，準用第一百零四條規定辦理。

第 107 條　有下列情事之一者，處新臺幣十萬元以上一百萬元以下罰鍰：

一、移轉私有古蹟及其定著之土地、考古遺址定著土地、國寶、重要古
　　物之所有權，未依第三十二條、第五十五條、第七十五條規定，事
　　先通知主管機關。

二、發見第三十三條第一項之建造物、第五十七條第一項之疑似考古遺
　　址、第七十六條之具古物價值之無主物，未通報主管機關處理。

第 108 條　有下列情事之一者，處新臺幣三萬元以上十五萬元以下罰鍰：

一、違反第八十六條第二項規定，未經主管機關許可，任意進入自然保

留區。

二、違反第八十八條第一項規定,未通報主管機關處理。

第 109 條　公務員假借職務上之權力、機會或方法,犯第一百零三條之罪者,加重其刑至二分之一。

第十一章　附則

第 110 條　直轄市、縣(市)主管機關依本法應作為而不作為,致危害文化資產保存時,得由行政院、中央主管機關命其於一定期限內為之;屆期仍不作為者,得代行處理。但情況急迫時,得逕予代行處理。

第 111 條　本法中華民國一百零五年七月十二日修正之條文施行前公告之古蹟、歷史建築、聚落、遺址、文化景觀、傳統藝術、民俗及有關文物、自然地景,其屬應歸類為紀念建築、聚落建築群、考古遺址、史蹟、傳統表演藝術、傳統工藝、口述傳統、民俗、傳統知識與實踐、自然紀念物者及依本法第十三條規定原住民族文化資產所涉事項,由主管機關自本法修正施行之日起一年內,依本法規定完成重新指定、登錄及公告程序。

第 112 條　本法施行細則,由文化部會同農委會定之。

第 113 條　本法自公布日施行。

附錄三：文化創意產業發展法

第一章 總則

第 1 條　為促進文化創意產業之發展，建構具有豐富文化及創意內涵之社會環境，運用科技與創新研發，健全文化創意產業人才培育，並積極開發國內外市場，特制定本法。

文化創意產業之發展，依本法之規定。其他法律規定較本法更有利者，從其規定。

第 2 條　政府為推動文化創意產業，應加強藝術創作及文化保存、文化與科技結合，注重城鄉及區域均衡發展，並重視地方特色，提升國民文化素養及促進文化藝術普及，以符合國際潮流。

第 3 條　本法所稱文化創意產業，指源自創意或文化積累，透過智慧財產之形成及運用，具有創造財富與就業機會之潛力，並促進全民美學素養，使國民生活環境提升之下列產業：

一、視覺藝術產業。

二、音樂及表演藝術產業。

三、文化資產應用及展演設施產業。

四、工藝產業。

五、電影產業。

六、廣播電視產業。

七、出版產業。

八、廣告產業。

九、產品設計產業。

十、視覺傳達設計產業。

十一、設計品牌時尚產業。

十二、建築設計產業。

十三、數位內容產業。

十四、創意生活產業。

十五、流行音樂及文化內容產業。

十六、其他經中央主管機關指定之產業。

前項各款產業內容及範圍，由中央主管機關會商中央目的事業主管機關定之。

第 4 條　本法所稱文化創意事業，指從事文化創意產業之法人、合夥、獨資或個人。

第 5 條　本法所稱主管機關：在中央為行政院文化建設委員會；在直轄市為直轄市政府；在縣（市）為縣（市）政府。

第 6 條　中央主管機關應擬訂文化創意產業發展政策，並每四年檢討修正，報請行政院核定，作為推動文化創意產業發展之政策依據。

中央主管機關應會同中央目的事業主管機關建立文化創意產業統計，並每年出版文化創意產業年報。

第 7 條　為促進文化創意產業之發展，政府應捐助設立財團法人文化創意產業發展研究院；其設置條例另定之。

第 8 條　政府應致力於發展文化創意產業，並保障其發展所需之經費。

第 9 條　國家發展基金應提撥一定比例投資文化創意產業。

前項投資之審核、撥款機制與績效指標等相關事項之辦法，由中央主管機關會同相關目的事業主管機關定之。

第 10 條　政府應推廣文化創意有價之觀念，充分開發、運用文化創意資產，並落實於相關政策。

政府用於有形或無形之文化創意資產支出，經濟效用年限達二年以上者，應劃編為資本門經費預算。

各中央目的事業主管機關應訂定各項獎勵或輔導措施，以協助公民營企業及文化創意事業，將創意成果及文化創意資產，轉化為實際之生產或運用。

第 11 條　為培育文化創意事業人才，政府應充分開發、運用文化創意人力資源，整合各種教學與研究資源，鼓勵文化創意產業進行產官學合作研究及人才培訓。

政府得協助地方政府、大專校院及文化創意事業充實文化創意人才，並鼓勵其建置文化創意產業相關發展設施，開設相關課程，或進行創意開

發、實驗、創作與展演。

第二章　協助及獎補助機制

第 12 條　　主管機關及中央目的事業主管機關得就下列事項，對文化創意事業給予適當之協助、獎勵或補助：

一、法人化及相關稅籍登記。

二、產品或服務之創作或研究發展。

三、創業育成。

四、健全經紀人制度。

五、無形資產流通運用。

六、提升經營管理能力。

七、運用資訊科技。

八、培訓專業人才及招攬國際人才。

九、促進投資招商。

十、事業互助合作。

十一、市場拓展。

十二、國際合作及交流。

十三、參與國內外競賽。

十四、產業群聚。

十五、運用公有不動產。

十六、蒐集產業及市場資訊。

十七、推廣宣導優良文化創意產品或服務。

十八、智慧財產權保護及運用。

十九、協助活化文化創意事業產品及服務。

二十、其他促進文化創意產業發展之事項。

前項協助、獎勵或補助之對象、條件、適用範圍、申請程序、審查基準、撤銷、廢止補助及其他相關事項之辦法，由中央目的事業主管機關定之。

第 13 條　　為提升國民美學素養及培養文化創意活動人口，政府應於高級中等以下

學校提供美學及文化創意欣賞課程，並辦理相關教學活動。

第 14 條　為培養藝文消費習慣，並振興文化創意產業，中央主管機關得編列預算補助學生觀賞藝文展演，並得發放藝文體驗券。

前項補助、發放對象與實施辦法，由中央主管機關定之。

第 15 條　為發展本國文化創意產業，政府應鼓勵文化創意事業以優惠之價格提供原創產品或服務；其價差由中央主管機關補助之。

前項原創產品或服務範圍之認定與補助相關辦法，由中央主管機關定之。

第 16 條　中央目的事業主管機關得獎勵或補助民間提供適當空間，設置各類型創作、育成、展演等設施，以提供文化創意事業使用。

前項獎勵或補助辦法，由中央目的事業主管機關定之。

第 17 條　政府機關辦理文化創意產品或服務之採購，其採公開評選方式者，得將文化創意產品或服務之創意、美學列為評選項目。

第 18 條　公有公共運輸系統之場站或相關設施之主管機關，應保留該場站或相關設施一定比率之廣告空間，優先提供予文化創意產品或服務，以優惠價格使用；其比率及使用費率，由主管機關定之。

第 19 條　中央主管機關應協調相關政府機關（構）、金融機構、信用保證機構，建立文化創意事業投資、融資與信用保證機制，並提供優惠措施引導民間資金投入，以協助各經營階段之文化創意事業取得所需資金。

政府應鼓勵企業投資文化創意產業，促成跨領域經營策略與管理經驗之交流。

第 20 條　中央目的事業主管機關為鼓勵文化創意事業建立自有品牌，並積極開拓國際市場，得協調各駐外機構，協助文化創意事業塑造國際品牌形象，參加知名國際展演、競賽、博覽會、文化藝術節慶等活動，並提供相關國際市場拓展及推廣銷售之協助。

第 21 條　為促進文化創意產業之發展，政府得以出租、授權或其他方式，提供其管理之圖書、史料、典藏文物或影音資料等公有文化創意資產。但不得違反智慧財產權相關法令規定。

依前項規定提供公有文化創意資產之管理機關，應將對外提供之公有文

化創意資產造冊，並以適當之方式對外公開。

管理機關依第一項規定取得之收益，得保留部分作為管理維護、技術研發與人才培育之費用，不受國有財產法第七條及地方政府公有財產管理法令規定之限制。

利用人係為非營利目的而使用公有文化創意資產時，管理機關得採優惠計價方式辦理。

公有文化創意資產之出租、授權、收益保留及其他相關事項之辦法或自治法規，由中央目的事業主管機關、直轄市或縣（市）主管機關定之。

第 22 條　政府機關為協助文化創意事業設置藝文創作者培育、輔助及展演場所所需公有非公用不動產，經目的事業主管機關核定者，不動產管理機關得逕予出租，不受國有財產法第四十二條及地方政府公有財產管理法令相關出租方式之限制。

第 23 條　以文化創意產業產生之著作財產權為標的之質權，其設定、讓與、變更、消滅或處分之限制，得向著作權專責機關登記；未經登記者，不得對抗善意第三人。但因混同、著作財產權或擔保債權之消滅而質權消滅者，不在此限。

前項登記內容，任何人均得申請查閱。

第一項登記及前項查閱之辦法，由著作權法主管機關定之。

著作權專責機關得將第一項及第二項業務委託民間機構或團體辦理。

第 24 條　利用人為製作文化創意產品，已盡一切努力，就已公開發表之著作，因著作財產權人不明或其所在不明致無法取得授權時，經向著作權專責機關釋明無法取得授權之情形，且經著作權專責機關再查證後，經許可授權並提存使用報酬者，得於許可範圍內利用該著作。

著作權專責機關對於前項授權許可，應以適當之方式公告，並刊登政府公報。

第一項使用報酬之金額應與一般著作經自由磋商所應支付合理之使用報酬相當。

依第一項規定獲得授權許可完成之文化創意產品重製物，應註明著作權專責機關之許可日期、文號及許可利用之條件與範圍。

第一項申請許可、使用報酬之詳細計算方式及其他應遵行事項之辦法，由著作權法主管機關定之。

依第一項規定，取得許可授權後，發現其申請有不實情事者，著作權專責機關應撤銷其許可。

依第一項規定，取得許可授權後，未依著作權專責機關許可之方式利用著作者，著作權專責機關應廢止其許可。

第 25 條　　政府應協助設置文化創意聚落，並優先輔導核心創作及獨立工作者進駐，透過群聚效益促進文化創意事業發展。

第三章　租稅優惠

第 26 條　　營利事業之下列捐贈，其捐贈總額在新臺幣一千萬元或所得額百分之十之額度內，得列為當年度費用或損失，不受所得稅法第三十六條第二款限制：

一、購買由國內文化創意事業原創之產品或服務，並經由學校、機關、團體捐贈學生或弱勢團體。

二、偏遠地區舉辦之文化創意活動。

三、捐贈文化創意事業成立育成中心。

四、其他經中央主管機關認定之事項。

前項實施辦法，由中央主管機關會同中央目的事業主管機關定之。

第 27 條　　為促進文化創意產業創新，公司投資於文化創意研究與發展及人才培訓支出金額，得依有關稅法或其他法律規定減免稅捐。

第 28 條　　文化創意事業自國外輸入自用之機器、設備，經中央目的事業主管機關證明屬實，並經經濟部專案認定國內尚未製造者，免徵進口稅捐。

第四章　附則

第 29 條　　本法施行細則，由中央主管機關定之。

第 30 條　　本法施行日期，由行政院另定之。

參考文獻

英文資料

Alan Peacock 1994, The Design and Operation of Public Funding of the arts: An Economist's View, *Cultural Economics and Cultural Policies*.

David T. Schwartz, 2000, *Art Education, And The Democratic Commitment, Defence Of State Support For The Arts*.

David Thorsby, 2001, *Economics and Culture*, Cambridge University press.

Hye kyung Lee, 2005, <Rethinking arts marketing in a changing cultural policy context>, *International Journal of Nonprofit and Voluntary Sector Marketing*.

Haag, Ernest Van Den, 1979, <Should the Government Subsidize the Arts?>, *Policy Review*.

中文資料

書籍

Hesmondhalgh, D.著、廖珮君譯，2004，《文化產業》，臺北，韋伯出版社。

中共中央國務院，2005/12/23，〈關於深化文化體制改革的若干意見〉，中發2005-14號。

中華人民共和國文化部，2008/7/30，〈文化部關於進一步深化文化系統文化體制改革的意見〉，文政法發2008-30號。

中華經濟研究院，2011，「中國大陸國內市場相關法令規範及實務與WTO法制之符合性研究」，2011年度國際經貿事務研究及培訓中心計畫，臺北，經濟部國際貿易局。

尹章義、尹章華、尹章中，2005，《文化資產法律實務》，臺北，文笙書局出版社。

尹章義、尹章華、尹章中，2005，《文化資產保存法概論》，臺北，文笙書局出版社。

文化建設委員會，2009，《創意臺灣—文化創意產業發展方案行動計畫98-102年》。臺北，文建會。

文化建設委員會，2009，《創意臺灣—文化創意產業發展方案行動計畫98-102年》。臺北，文建會。

文化建設委員會，2010，《文化創意產業發展法暨相關子法彙編》，臺北，文建會。

文化產業司，2012/2/23，〈文化部「十二五」時期文化產業倍增計畫〉的通知，文產發2012-7號。

文化部，2013，「價值產值化—文創產業價值鏈建構與創新（2013年至2016年）」中程計畫。

文化部，2014，《2014臺灣文化創意產業發展年報》，臺灣，行政院。

文化部、國家廣播電影電視總局、新聞出版署、國家發展和改革委員會、商務部，2005/7/6，〈關於文化領域引進外資的若干意見〉，文辦發2005-19號。

文建會，2008，《文化創意產業發展第二期計畫研究報告》。

日下公人著、倪心一譯，2004，《無摩擦的輸出—文化產業的國際化之路》，臺北。

臺灣文化藝術基金會，2002，《文化創意產業概況分析調查》，臺灣：行政院經濟建設委員會。

臺灣經濟研究院，2003，《文化創意產業產值調查與推估研究報告》，臺北：臺經院。

立法院法制局，2008，《文化創意產業發展法草案評估報告》。

行政院，2002，《挑戰2008：國家發展重點計劃》，臺北，行政院新聞局。

行政院新聞局電影事業處，2011，《100年業務統計資料電影事業概況》。臺北，新聞局。

吳庚，2001，《行政法之理論與實用》，臺北，三民書局。

李世忠，2008，〈我國文化創意產業概念的內涵與外延〉，《黑龍江史志》，11期。

李斌，2012，〈兩岸文化創意產業發展歷程綜合分析〉，林炎旦編《兩岸文化創意產業概論》，臺北，師大書苑公司。

李璞良、林怡君譯，2003，《丹麥的創意潛力》，丹麥文化部、貿易產業部編，臺北：典藏藝術家庭。

周能傳，2008，《九七年度專案計畫出國報告：臺日韓數位內容國際論壇參訪團》。臺北，經濟部工業局。

花建，2003，《文化金礦：全球文化投資贏的策略》，臺北，帝國文化。

花蓮縣政府，2002，《花蓮縣古蹟慶修院之修復計劃》及《花蓮縣歷史建築松園之修復計畫》。筆者當時任職花蓮縣文化局，對修復計畫中運用古代工法加上現代技術修復的創新作法，甚表認同。

邱誌勇，2011，〈文化創意產業發展與政策概觀〉，李天鐸編《文化創意產業讀本》，臺北，遠流出版公司。

金元浦，2008，〈文化創意與城市競爭力〉，發表於「十城十美國際城市表演藝術暨創意產業」國際研討會。國立臺灣師範大學表演藝術研究所暨文化創意產業學程主辦，臺北。

夏學理，2008，《文化創意產業概論》，臺北，五南圖書出版股份有限公司。

國務院，2000/12/18，〈國務院關於支持文化事業發展若干經濟政策的通知〉，國發2000-41號。

國務院，2009/7/22，〈文化產業振興規劃〉，國發2009-30號。

國務院辦公廳，2005/7/14，〈關於進一步加強和改進文化產品和服務出口工作的意見〉，中辦發2005-20號。

國務院辦公廳，2008/8/13，〈文化部關於扶持我國動漫產業發展的若干意見〉，文市發2008-33號。

張苙雲主編，2000，《文化產業：文化生產的結構分析》，臺北，遠流出版社。

郭曜棻，2007，《全球化與地方文化產業之壟斷邏輯》，臺北，師大書苑公司。

陸民仁，2006，《經濟學》，臺北，三民書局。

費約翰著、江靜玲譯，2000，《藝術與公共政策——從古希臘到現今政府的藝術政策之探討》，臺北，桂冠出版社。

黃光男，2011，《詠物成金—文化創意產業析論》，臺北，典藏藝術家庭。

黃怡騰，2007，《著作權之合理使用案例介紹》，臺北，經濟部智慧財產局。

經濟建設委員會，2008，《挑戰2008：國家發展重點計畫—文化創意發展計畫總論》。臺北，經建會。

經濟建設委員會，2009，《愛臺12建設總體計畫》。臺北，經建會。

經濟部，2015，《2014臺灣文化創意產業發展年報》，臺北，經濟部文創產業小組辦公室。

鄧曉輝，2006，《新工藝經濟時代的文化創意產業研究》，復旦大學。

蕭雄淋，2005，《著作權法論》，臺北，五南圖書出版股份有限公司。

賴文智，2007，《著作權一點通》，經濟部智慧財產局著作權FAQ網頁資料。

賴文智・王文君，2007，《校園著作權百寶箱》，臺北，經濟部智慧財產局。錦繡出版社。

羅明通，2005，《著作權法論》，臺北，群彥圖書股份有限公司。

期刊論文

尹章華，2001，〈文化保存國際立法之探討〉，《立法院院聞》，第29卷第8期，頁6。

洪孟啓，2006，〈文化資產保存的世界趨勢與在地行動計畫〉。

翁岳生，1979，〈論不確定法律概念與行政裁量之關係〉，收於氏著，《行政法與現代法治國家》，1979。

劉新圓，2006，〈歐美政府的藝術補助〉，《國政研究報告》，教文研，09005號。

陳愛娥，2000，〈幾種重要的行政組織之形態〉，收錄於李建良等人合著，《行政法入門》，元照出版社。

陳清秀，2000，〈依法行政與法律的適用〉，收於翁岳生編，《行政法》，瀚蘆出版社。

陳榮傳，2002，〈由國際觀點論盜贓文化資產之回復問題〉，《東吳大學法律學報》，第14卷第1期，頁68。

黃錦堂，2000，〈行政組織法之基本問題〉，收錄於翁岳生主編，《行政法》，瀚蘆出版社。

報紙評論

林明德，〈在信仰場域建構文化城堡〉，聯合報，2005年10月28日。

沈中元，〈我們只要一個婆婆〉，中國時報，2002年5月。

李蕙君，〈老番社遺址頻遭盜挖〉，聯合報，2005年1月25日。

郭紀舟，〈資法是雞毛還是令箭〉，中國時報，2005年11月14日。

傅朝卿，〈以眞實性捍衛臺灣古蹟〉，中國時報，2005年6月14日。

黃文杰，〈容積率移轉活絡房地產〉，中國時報，2005年9月22日。

蔡惠萍，〈聚落與文化地景將可保存〉，聯合報，2002年6月21日。

康俐雯，〈打著文化創意園區口號，國有土地恐爲財團瓜分〉，自由時報，2003年8月16日。

漢寶德，〈古物何必分級？〉，中國時報，2005年8月14日。

劉郁青，〈石滬地景，澎湖美麗印記〉，民生報，2005年5月1日。

博碩士論文

詹旺樺，2000，《國際間對文化資產保護之法規範困境與解決途徑》，東吳大學法律研究所碩士論文。

張奇禎，2004，《文化資產所有權之歸屬與返還請求──以國際及兩岸法制爲中心》，國立臺灣海洋大學海洋法律研究所碩士學位論文。

陳慧瑛，1997，《我國電影輔導金制度之研究》，世新大學傳播研究所碩士論文。

洪淳琦，2005，《從多元文化觀點論文化藝術之補助──以臺北市文化局之組織檢證爲例》，國立臺灣大學法律學院法律學研究所碩士論文。

周晏如，2006，《我國文化政策演變及定位認知之研究─藝術團體經費補助觀點》，國立臺北大學公共行政暨政策學系碩士論文。

周宗德，2007，《苗栗縣文化創意產業與觀光節慶活動發展之探討》，中華大學經營管理研究所碩士論文。

鄭純如，2005，《文化創意產業發展策略評估模式之建構及其應用─以臺灣流行音樂產業爲例》，銘傳大學傳播管理研究所碩士學位論文。

網路資料

UNESCO, 2006, Culture, Trade and Globalisation: Questions and Answers. http://www.unesco.org/culture/industries/trade/html_eng/question.shtml。

人民網，1999，〈中央經濟工作會議在京召開（1999年）〉，http://www.people.com.cn/BIG5/channel5/21/20001130/332959.html。檢索日期：2015年7月5日。

人民網，2000，《中共中央關於制定國民經濟和社會發展第十個五年計劃的建議》，http://dangshi.people.com.cn/BIG5/13067740.html。檢索日期：2015年7月7日。

人民網，2006，〈我國文化產業從突破走向規範〉，http://theory.people.com.cn/ BIG5/49157/49165/4102752.html。檢索日期：2015年7月9日。

人民網，2006，《國家十一五時期文化發展規劃綱要》（全文），ttp://finance.people.com.cn/ BIG5/1037/4816960.html。檢索日期：2015年7月9日。

人民網，2009，關於《中共中央關於深化文化體制改革推動社會主義文化大發展大繁榮若干 重大問題的決定，http://theory.people.com.cn/BIG5/16033282.html。檢索日期：2015年7月9 日。

人民網，2010，〈以高新技術創新文化業態推動文化發展〉，http://ip.people.com.cn/ BIG5/11932416.html。檢索日期：2015年7月9日。

人民網，2012，《文化部十二五時期文化產業倍增計劃》解讀，http://politics.people.com.cn/ BIG5/70731/17343959.html。檢索日期：2015年7月7日。

人民網，2013，〈黨的十八屆三中全會新思想新觀點新舉措釋義〉，http://cpc.people.com.cn/ BIG5/n/2013/1115/c368480-23552469.html。檢索日期：2015年7月10日。

中安在線，2003，〈胡錦濤在全國宣傳思想工作會議上發表講話〉，http://news.big5.an- huinews.com/system/2003/12/08/000510026.shtml。檢索日期：2015年7月7日。

中國互聯網網頁資料，2008，文化景觀及其他。http://big5.china.com.cn/chinese/zhuanti/world- heritage/370648.htm。

中國經濟網文化產業資訊，2015，《2014年十大文化產業政策大回顧》，http://www.a.com.cn/ info/domestic/2015/0104/279949.html。檢索日期：2015年7月10日。

文化網網頁資料，2008，http://big5.china.com.cn/policy/txt/2008-12/05/content_16902818.htm

文化學院網頁資料，2008。（http://www.ccmedu.com/bbs13_33333.html）

文建會網頁資料，2008，文化資產業務說明，www.cca.gov.tw。

文建會網頁資料，2008，文化公民權宣言。www.cca.gov.tw/cforum/culture_citizen/main.html。

文建會網頁資料，2008，文建會組織與職掌，www.cca.gov.tw/about.do?method=list&id=3

中國社會科學院，2008，www.cass.net.cn。

香港創意產業基線研究報告，2003，www.info.gov.hk。

新華網，2009，〈孫若風：中國文化產業蓬勃發展已步入快速發展新時期〉，http://www. gx.xinhuanet.com/topic/2009-10/28/content_18069414.htm。檢索日期：2015年7月5日。

經濟部智慧財產局網頁資料，2008，著作權讓與契約之內容，www.tipo.gov.tw。

經濟部智慧財產局網頁資料，2008，著作權授權契約之內容，www.tipo.gov.tw。

國藝會網頁資料，2008，本會簡介www.ncafroc.org.tw/Content/intro.。

傳藝中心網頁資料，2008年11月9日，傳統藝術概述。http://www.ncfta.gov.tw/ncfta_ce/c01/in- dex.aspx。

國家圖書館出版品預行編目資料

藝術與法律／沈中元著. －－二版. －－臺北
　市：五南圖書出版股份有限公司, 2016.09
　面；　公分
ISBN 978-957-11-8783-9（平裝）

1.著作權法　2.文化資產

588.34　　　　　　　　　105015400

1Y38

藝術與法律

作　　　者 —	沈中元(104.6)
發 行 人 —	楊榮川
總 經 理 —	楊士清
總 編 輯 —	楊秀麗
副總編輯 —	張毓芬
封面設計 —	羅秀玉
出 版 者 —	五南圖書出版股份有限公司
地　　　址：	106台北市大安區和平東路二段339號4樓
電　　　話：	(02)2705-5066　　傳　　真：(02)2706-6100
網　　　址：	https://www.wunan.com.tw
電子郵件：	wunan@wunan.com.tw
劃撥帳號：	01068953
戶　　　名：	五南圖書出版股份有限公司
法律顧問	林勝安律師
出版日期	2009年1月初版一刷
	2016年9月二版一刷
	2023年8月二版七刷
定　　　價	新臺幣350元

經典永恆・名著常在

五十週年的獻禮──經典名著文庫

五南，五十年了，半個世紀，人生旅程的一大半，走過來了。
思索著，邁向百年的未來歷程，能為知識界、文化學術界作些什麼？
在速食文化的生態下，有什麼值得讓人雋永品味的？

歷代經典・當今名著，經過時間的洗禮，千錘百鍊，流傳至今，光芒耀人；
不僅使我們能領悟前人的智慧，同時也增深加廣我們思考的深度與視野。
我們決心投入巨資，有計畫的系統梳選，成立「經典名著文庫」，
希望收入古今中外思想性的、充滿睿智與獨見的經典、名著。
這是一項理想性的、永續性的巨大出版工程。
不在意讀者的眾寡，只考慮它的學術價值，力求完整展現先哲思想的軌跡；
為知識界開啟一片智慧之窗，營造一座百花綻放的世界文明公園，
任君邀遊、取菁吸蜜、嘉惠學子！